SÉVERINE

EN MARCHE...

Tout exemplaire est numéroté au verso du faux titre.

PARIS

H. SIMONIS EMPIS, ÉDITEUR

21, RUE DES PETITS-CHAMPS, 21

—

1896

Tous droits réservés.

EN MARCHE...

DU MÊME AUTEUR

PAGES ROUGES.
NOTES D'UNE FRONDEUSE.
PAGES MYSTIQUES.

En préparation :

CARNET FÉMININ.
A LA VITRINE (Portraits).
A LA SAINT-MICHEL.
MON ANNÉE.

Exemplaire N°

2.198

ÉMILE COLIN — IMPRIMERIE DE LAGNY

SÉVERINE

EN MARCHE...

PARIS
H. SIMONIS EMPIS, ÉDITEUR
21, RUE DES PETITS-CHAMPS, 21

1896
Tous droits réservés.

EN MARCHE...

Préambule.

LES ANARCHISTES DE CHICAGO

On a pris ces quatre hommes pleins de vie et de santé, on a jeté sur leurs épaules le suaire qui devait, quelques minutes plus tard, envelopper leurs membres tordus, cacher leur face convulsée — et les yeux jaillissant hors de l'orbite pour les punir d'avoir vu trop loin et trop haut dans l'avenir de l'humanité; et la langue jaillissant hors de la bouche, bâillon de chair violette scellant à jamais ces lèvres coupables d'avoir parlé de justice et de vérité!

Leur marche était chancelante, car ils avaient les chevilles sciées par les cordes qui leur entravaient les pieds, comme on ficelle les pattes des bêtes avant de les coucher à l'abattoir.

Ils étaient pâles, car, l'avant-veille, leur plus cher ami, Louis Lingg, avait sacrifié sa vie, stoïquement, dans l'espoir de sauver leurs quatre existences. Ils avaient entendu l'explosion soudaine, le remue-ménage dans la chiourme, et les cris de souffrance que lui arrachaient ses affreuses blessures. Ils avaient compté les minutes de son agonie, et le sommeil de leur nuit suprême avait été troublé par un double bruit de marteaux : le cercueil qu'on clouait ; la potence qu'on dressait...

Et, la veille, ils avaient détaché leur cœur de ce monde. Les femmes, les mères, avaient sangloté dans leurs bras, gémi contre leur poitrine, embrassé leurs genoux. Il y avait eu, dans ces cachots, des scènes atroces. La compagne de Fisher, celle de Parsoons, la mère de Spies, et cette pauvre belle Nina Van Zandt, sa fiancée, avaient arrosé de leurs larmes la dalle des cellules.

La femme de Parsoons était revenue le matin. Elle s'était traînée jusqu'à la porte de la geôle, avait frappé doucement, avait supplié, avec des paroles à attendrir les fauves, qu'on lui permît d'embrasser une dernière fois celui qui était encore vivant, et dont elle était déjà veuve.

— Non.

Elle n'avait rien dit, n'avait pas crié, n'avait plus pleuré; mais ses ongles incrustés dans les battants de la porte avaient lâché prise tout d'un coup, et elle était tombée en arrière avec un si terrible cri qu'on l'avait entendu dans toute la prison.

Nul ne sait si Parsoons avait reconnu la chère voix; mais, depuis cette minute, d'effroyables rides sabraient son visage; et il semblait avoir soixante ans quand le bourreau l'a pris.

Les quatre condamnés ont écouté, fièrement, quelque chose de surhumain dans le regard, la lecture de l'arrêt de mort. Puis, en marchant vers l'échafaud, Fisher — l'Allemand Fisher — a entonné à pleine voix la chanson française, la MARSEILLAISE *héroïque dont l'aile rouge a flotté sur ces martyrs.*

L'exécuteur les a saisis. La corde ignominieuse s'est nouée autour de leur cou, les trappes ont joué — et les quatre corps se sont balancés dans l'espace, comme quatre grands battants de cloche sonnant le tocsin des représailles dans l'air épouvanté...

Avant de mourir, Spies a dit : « *Salut, temps où notre silence sera plus puissant que nos voix qu'on étrangle dans la mort !* »

Engel a crié : « *Hourra pour l'Anarchie !* »

Fisher a crié : « *Hourra pour l'Anarchie !* »

La dernière phrase du testament de Lingg était : « *Vive l'Anarchie !* »...

Novembre, 1887.

LA DERNIÈRE LEÇON

---

*A la mémoire de Jules Vallès,
mon Maître.*

— Qu'a fait la Commune ? demande-t-on à l'un de ses généraux.

— Elle a fait la République ! répond avec emphase cet illustre homme de guerre, dont le grade et le coup d'œil sont également américains.

Et après ? En quoi le sort du peuple a-t-il été changé ?... En quoi la vie a-t-elle été moins chère ; le salaire moins dérisoire, quant au gain total ; la peine moins grande ; et la condition sociale des travailleurs améliorée ?

C'est kif-kif, vous savez ; et l'on se moque pas mal, dans les taudis où le pain manque, sous les ponts, à la queue des asiles de nuit, au fin fond des carrières, et sur les bancs des squares, que M. Faure soit à l'Élysée, plutôt que Napoléon III aux Tuileries !

Que voulez-vous que cela fasse à ce lamentable dont la culotte est à peine décente ; dont le bourgeron crevé laisse voir la doublure de peau ; que le froid lancine, que le vent gifle, que la faim tourmente, que la fatigue abrutit, et qui use la corne de ses pieds, nocturnement, tout le long des rues, devant la méfiance des sergots, que voulez-vous que cela lui fasse, à celui-là, que X..., à la présidence du conseil, ait remplacé Y...; que Z..., comme député, ait succédé à V...? Ses pattes en sont-elles moins meurtries, sa chair moins gelée, son estomac moins creux? Alors?...

C'est une école de philosophie politique inconnue à nos hommes d'État que la conversation des misérables; et, pourtant, ils en apprendraient là, en dix minutes, plus que dans toute une existence d'égotique admiration — leur nombril, si béatement contemplé par eux-mêmes, n'étant point, quoi qu'ils en pensent, le centre de toute gravité, le pôle de toute sagesse, l'astre autour duquel évoluent les mondes !

Qu'il aille donc, M. le ministre de ceci ou M. le ministre de cela, passer une nuit en quelque refuge, modernisant ainsi l'expérience du bon calife Haroun-al-Raschild. Il en entendra de raides, de dures, inconsciemment dites par des simples qui ignoreront jusqu'à son nom. Les changements de portefeuilles ne les tracassent pas, ceux-là — ils ne savent point, leur destin n'en est pas touché !

Je l'ai dit, il y a longtemps : l'homme qui n'a qu'un sou n'achète pas un journal, il achète du pain !

Mais sans même descendre si bas sur l'échelle de la détresse, en s'en tenant seulement au ménage ouvrier qui vivote au jour le jour, maigrement, péniblement, nos législateurs s'imaginent-ils qu'il lui reste quelque illusion ou quelque espoir?

Remontons encore; prenons le petit commerce, l'infime boutiquier, quiconque lutte contre la faillite, les protêts, les échéances, les cent mille misères du négoce non étayé d'énormes capitaux. Hé! bien, en est-il un seul qui s'imagine voir sa peine finir parce qu'un opportuniste remplacera un royaliste, ou un bonapartiste, un radical? Et un socialiste idem, pardi! Même si celui-là est honnête, même s'il est de bonne foi, il sera envahi, pénétré, gangrené, par ce que Proudhon appelait la « pourriture parlementaire ».

Les réformes promises? Qui y croit, aujourd'hui? Il en est du vote comme de la repopulation : la grève commence — on est las de faire des enfants pour la misère et l'abattoir; on est las de faire des députés qu'on engraisse, sans même l'espoir du réveillon, le festin de la nuit de Noël.

***

L'œuvre de la Commune? La voilà, son œuvre : ce dégoût, cette défiance; et c'est pour cela que je la salue, que je la déclare féconde en enseignements, propice en conseils, vénérable aux générations à venir.

Elle a été (je l'espère, du moins) la dernière révolution « politique » de ce pays; la dernière convulsion romantique d'un état d'esprit qui n'a enfanté que le néant; le dernier essai « parlementaire » de ceux pour qui tout parlementarisme est piège et duperie!

Un de ceux qui en furent, de cette Commune; qui y tint sa place sans cabotinage et sans férocité; dont elle vengeait toutes les douleurs, toutes les humiliations, toutes les blessures; dont elle réalisait tous les vœux; et qui la défendit, fusil au poing, jusqu'à la dernière minute, m'a dit, jadis, en une heure de mélancolie :

— Qui sait s'il ne vaut pas mieux qu'elle ait été vaincue? Nous aurions été, peut-être, bien embarrassés de la victoire...

Et c'est vrai! Des hommes avaient remplacé des hommes, voilà tout; sans que rien fût modifié au rouage social. Ce Dix-Huit Mars serait devenu sans doute un

Quatre Septembre, avec ses assagis, ses repus, ses satisfaits... Oui, mille fois oui, plutôt la défaite, en dépit de l'abominable hécatombe, la constatation de l'impuissance individuelle — et l'avenir prévenu !

Cependant, lui aussi, Vallès, déclara « que la Commune avait sauvé la République ». Mais il écrivait cela en 1878, alors que la République, à peine délivrée de l'Ordre moral, était à temps de payer sa dette. En 1885, année où il mourut, il ne s'attardait point à telle redite, sachant bien qu'elle ne ferait pas honte à la mauvaise débitrice qui préférait nier que solder.

Le mythe, à celui-là non plus, ne suffisait pas : il souhaitait la chose plus que le mot, la vérité plus que l'apparence, le maternel régime plutôt que l'officielle effigie !

Il n'aurait donc pas tiré cette La Palissade de l'armoire aux vieilleries. Mais sans avoir pensé retrouver sa gouailleuse franchise, sa farouche indépendance, je m'étonne que, parmi tous ces survivants, pas un ne se soit dressé qui ait eu la crânerie et la hardiesse de dire :

— Nous sommes les représentants d'un monde fini. Nous avons joué, dans l'Histoire socialiste, le rôle des ilotes dans les rues de Lacédémone. En dépit de notre courage, de notre bonne foi, nous n'avons pu servir qu'à démontrer l'inutilité des mandats, l'impuissance des mandataires, le néant de tout rêve basé sur l'ancienne organisation des sociétés. Que l'exemple serve... et nous aurons fait notre tâche, rempli notre mission, accompli notre devoir !

Mais allez demander telle déclaration à qui vit ou souhaite vivre du bulletin de vote : élus d'hier, candidats de demain !

*
* *

La Commune a procédé des insurrections naïves de

1789, qui substitua le bourgeois au noble ; de 1830, qui mit un d'Orléans à la place d'un Bourbon ; de 1848, qui chassa le d'Orléans au bénéfice d'un Bonaparte.

« Explosion de patriotisme », dit l'abominable petit Thiers, devant la commission d'enquête. Et il n'a pas tout à fait tort, le hibou qui claque du bec en vidant l'orbite des fédérés. Il y a de cela, et aussi de la griserie qui s'empare d'un peuple en armes ; on ne veut lâcher ni ses fusils, ni ses canons. Or, si on a des flingots et des chiens de bronze, contre qui les faire aboyer, sinon le gouvernement ?

Surtout contre celui-là, « qui a trahi ! » Le drapeau rouge de la Commune est fait du drapeau tricolore trempé dans le sang de la défaite !

Et il y a des généraux ! Et l'on se met du galon, de l'or, de l'argent, de l'acier, tout ce qui reluit et amuse l'œil du bipède humain. Queue de la guerre, vous dis-je, habitude de voir passer les soldats et les états-majors !

Ah ! combien je préfère l'aïeule du mouvement présent, la vraie génitrice des émeutes de la misère et de la faim, cette pauvre insurrection de Juin 48, à laquelle la politique est presque étrangère ; qui inscrit sur son drapeau : « Du pain ou du plomb ! », et « Vivre en travaillant, ou mourir en combattant ! » ; qui se bat en blouse, en habits de travail, vêtue de gris dans les rues grises, et défie la mitraille par le cri superbe qu'a traduit Savinien Lapointe :

Qu'importe un trou de plus dans nos haillons ?

La Commune, inférieure à elle par son côté militaire, sabreur et panachon, tant que dure la victoire, ne lui devient égale qu'aux heures tragiques. Même, l'immensité du désastre, l'énormité du martyre, la rend soudain supérieure. Ce que la vanité, l'incohérence des chefs lui avaient enlevé, l'anonymat du grand supplice le lui rend — les personnalités disparaissent comme fétus dans le torrent du sang qui roule parmi la ville terrifiée ! Elle a fait cinq cents morts (chiffre officiel) : on lui en fait trente mille !...

Si bien que ceux même qui la haïssaient, chez les âmes hautes, sous le souffle de tous ces cadavres sentent disperser leur haine. L'anathème s'étrangle dans les gosiers, le geste de malédiction s'achève en une absoute. Une infinie miséricorde s'étend sur le charnier.

Vingt et un ans ont passé là-dessus.

Et plus que jamais, comme je le disais tout à l'heure, on s'aperçoit, après tant de déceptions, d'espoirs irréalisés, de successives déroutes, que la Commune a été, en remontant du présent au passé, comme la monnaie du boulangisme, un éparpillement de popularité, dont la plus influente portion ne pouvait ni chaud ni froid sur le sort des travailleurs.

Ce qui a fait sa force, sa légende, sa grandeur, c'est la défaite ! Elle en a masqué les fautes, en a réparé la stérilité. Le sang caillé a fait fumier et fécondé le sol, sablé jusque-là d'inutiles paroles. C'est grâce à lui que la moisson germera.

Que le Dix-Huit Mars soit donc célébré par qui en bénéficia, la chose est naturelle. Mais c'est devant le charnier du Vingt-Huit Mai que doivent s'arrêter, pensifs, les jeunes. Ceux qui gisent là furent viande à vote, bêtes à suffrage — leur mort seule a servi l'Idée !

Méfie-toi, ô foule, des individus...

ROUSSE ET NOIRE

Pour Victor Richard.

Je demande pardon, aux mânes du grand Stendhal, de cet atroce à-peu-près ; mais, ayant à parler police et magistrature, nuls vocables ne pouvaient aussi bien désigner le double objet de mes amours.

Non que j'aie envie de leur chercher noise — à quoi bon ? Au temps où le noyau vert tenait à la tige comme chiendent au sol ; au temps même où le fruit en pousse, gardant ombre de velouté, restant de prestige, achevait de se gonfler au bout de la branche — faisant sa poire même s'il était nèfle — je comprends que les frondeurs aient lancé contre tous les cailloux du verger.

Mais aujourd'hui ?... Ah ! Seigneur ! Quand je m'en vais rôder par là, mains dans les poches, nez en l'air, je contemple... seulement ! C'est bistre, c'est violacé, c'est moisi ; il y a des trous, des fissures, des suppurations, des mangeures par où l'asticot allonge la tête et me reluque en complice.

— Bonjour, destructeur !

Délicatement, j'envoie une chiquenaude au tronc de

l'arbre. Pas pour nuire, certes ; pas même pour avancer la chute — j'ai bien trop le respect !... Mais par intérêt, au contraire, désir de m'instruire, pure curiosité, uniquement pour savoir où en sont les choses !

Ce mois-ci, on ne peut vraiment pas se plaindre : il y a progrès ! Je ne sais rien d'aussi ahurissant, d'aussi gouailleusement subversif, d'aussi férocement ironique, que le bilan de ces quatre ou cinq dernières semaines, par rapport aux « gardiens vigilants de la loi ». Elle est bien gardée, la malheureuse !

Même, des incidents surgissent qui ont une portée rétrospective ; qui entachent de suspicion tout un règne administratif. Ainsi, à ce que nous apprend l'*Événement*, le père Jacob, l'ancien chef de la Sûreté, est fou. Il a fallu l'enfermer dans un asile, où le pauvre bonhomme va se livrer, sans doute, à des enquêtes sur les crimes commis par ces deux aliénés : le médecin et le directeur.

Loin de moi toute velléité railleuse envers pareille infortune ; je n'ai pas l'âme si noire ! Mais ne peut-on se demander — avec tant de savants, avec tant de philosophes ! — si la craquelure qui fend un cerveau, ainsi qu'une grenade à point, se produit d'un coup, ou n'existe pas à l'état latent, presque depuis la naissance, invisible et secrète comme la fêlure que chanta Sully-Prudhomme, dans le *Vase brisé ?*

Est-ce l'intervention subite du mal, ou seulement sa révélation ? La démence frappe-t-elle d'en haut, ou monte-t-elle d'en bas, lentement, comme la gangrène, tenace et sournoise, avançant par saccades imperceptibles, faisant un saut minuscule à chaque pulsation du sang, grimpant, telle une liane, après l'épine dorsale — pour arriver à s'épanouir dans le crâne : tous les nerfs, tous les muscles, toutes les veines, toutes les artères, lui faisant racines, pompant la force et le vouloir de l'homme ?

Qui le dira ?

Mais ne suffit-il point que le doute subsiste, pour que le principe d'autorité en reçoive une mortelle atteinte ?

Songer : « Celui-là a été le bras droit de la Justice ; il a disposé d'un pouvoir presque illimité. Dans la capitale des capitales, il a été le second, en hiérarchie policière ; le premier, par l'action. Il a dispensé, selon son gré : aux gens sous ses ordres, l'avancement ou la disgrâce ; aux gens sous sa coupe, la prison ou la liberté — parfois le bagne ! Il a brocanté des consciences, trafiqué des rancunes, dressé pièce à pièce l'échafaud... ET IL ÉTAIT PEUT-ÊTRE FOU ! »

*
* *

Voulez-vous un autre exemple, de ce péril d'irresponsabilité où la société se fourvoie, à qui elle fait des sacrifices humains tout comme les sacrifices antiques — car si ceux qui l'acceptent d'un cœur léger sont à peu près certains de n'en être jamais victimes, toujours, éternellement, l'erreur pèse aux mêmes épaules, meurtrit, écrase les humbles, chair à servitude, chair à oppression !

Encore ici, il est question d'aliénation mentale, sujet peu gai ! Seulement, les circonstances qui entourent ce cas pénible sont d'une si extraordinaire cocasserie qu'on se sent empoigné par l'envie de rire nerveuse que fait éprouver la vue d'une glissade sur une peau d'orange, ou d'une culbute par le verglas. C'est très bête, très peu charitable... mais irrésistible !

Oyez plutôt.

Il y a à Pau des magistrats (il y en a partout, hélas !)

et ces magistrats, dans la dernière semaine d'avril, étaient littéralement terrorisés. Je ne dis pas qu'ils ne fissent bonne contenance ; mais ils n'envisageaient plus une sardine sans un petit battement de paupières... à cause de la boîte !

Chaque matin apportait sa lettre de menaces ; et parfois, avec la lettre, sous la rubrique *Échantillon*, une cartouche de dynamite, comme un étui de Géraudel. Vous voyez d'ici le réveil, dans les ménages à deux robes, et les scènes, et les lamentations : « Gustave, démissionne ! », et les imprécations contre ces gueux, ces bandits, ces canailles d'anarchistes !

Plus une minute d'accalmie dans le Tout-Pau judiciaire ! On n'en dormait pas, on n'en mangeait point !

Et voilà qu'un jour — ô horreur ! — en entrant dans son cabinet, M. le procureur de la République faillit tomber à la renverse de saisissement. Les cartons verts, arrachés des cases, étaient retournés, leur ventre blanc en l'air comme des poissons morts ! De chacun, les dossiers s'échappaient, telles des entrailles, coulant sur le tapis. La pendule était dans l'âtre, les chenets sur la cheminée ; la toque au bout d'une ficelle tournoyait sous le lustre ; la toge flottait comme un drapeau au haut de la bibliothèque, où les livres disparus étaient remplacés par les savates intimes des garçons de bureau ; et la table — la table auguste où M. le procureur appuyait ses coudes vénérés ! — offrait aux yeux le plus horrible mélange de paperasses déchiquetées, d'encre répandue, de sciure de bois abondamment versée, et de pains à cacheter nageant dans un liquide jaunâtre, comme des pâtes d'Italie, rares et tristes, dans du bouillon de gargote infâme !

— Ciel ! fit M. le procureur, les bras levés.

— Ciel ! répéta derrière lui, avec la même intonation et le même geste, le personnel accouru.

Une lettre était en évidence, dans ce capharnaüm. On l'ouvrit : elle annonçait la destruction du Palais-de-Justice pour le 1ᵉʳ mai!... Mais, tout en la lisant et relisant, le magistrat avait des distractions d'odorat, humait l'air, prenait le vent. A la fin, il n'y tint plus :

— Mais, sapristi, qu'est-ce que c'est donc qui pue comme ça !

Ce que c'était! Ombre de Lamoignon, voile-toi la face! Bouche ton nez, L'Hospital! Veux-tu mes sels, ô du Harlay?... On avait joint l'outrage à la menace ; et ce n'est pas sa carte de visite que l'anarchiste avait laissée au beau milieu de la table — en presse-papier !

. . . .

On chercha ; on trouva. Savez-vous qui c'était, l'anarchiste, le vandale, l'expéditeur d'explosifs, le semeur d'épouvante?... C'était M. Diard, fils d'un ancien préfet, juge suppléant!

Le malheureux est, lui aussi, enfermé présentement dans une maison de santé Mais attendez ! Environ trois ans auparavant, il avait imaginé d'adresser à notre confrère Albert Bataille, tribunalier au *Figaro*, le compte rendu d'un passionnant et passionnel procès, déroulé devant les assises des Hautes-Pyrénées. Tout y était : aspect de la salle d'audience, physionomie des criminels, interrogatoires, témoignages, réquisitoire, plaidoiries, verdict. Et quelle affaire! Enlèvements, séquestrations, empoisonnements, etc. !

C'était si beau que Bataille, né malin, se méfia. Il s'enquit auprès des correspondants de Pau ; apprit qu'il n'y avait pas un mot de vrai dans toute cette histoire.

Et, trois ans, l'autre exerça! Trois ans cette folie fut investie d'un mandat de sagesse, chargée de faire respecter le droit, d'imposer le devoir, d'édifier les consciences, de départager les intérêts !

Hé ! bien, dites donc ? Et ceux qu'il a condamnés, ruinés, désespérés... tandis que, sous sa toque, l'araignée courait ?

* *

Encore cet ex-chef de la Sûreté, ce magistrat, malheureux déments, victimes après avoir victimé, n'apportent-ils que des arguments involontaires. Tandis que ceux qui agissent en connaissance de cause, en état de raison — voilà ceux que je porte dans mon cœur !

Surtout quand c'est l'amour qui les a guidés : l'amour, maître des dieux et des hommes ; le fatal amour qui perdit Troie !

A dire vrai, il était plutôt dévot d'Hymen que d'Eros, cet agent de Grenoble, Clovis Meunier, tout hanté de rêves de conjungo, qui, désireux de se constituer une dot, mit le feu au commissariat central de Grenoble, afin de s'approprier, sans risques, les 1,019 francs du budget de police et du bureau de charité.

Il faillit faire flamber le théâtre, plein ce soir-là — mais quand on aime !...

Le tribunal de l'Isère l'a condamné, ce sentimental détective, à quatre ans de Centrale. Ça n'efface pas tous les abus de pouvoir auxquels il a pu se livrer impunément avant que d'être pincé comme incendiaire et voleur, toutes les injustices dont il a dû être cause — seulement cela infirme terriblement les verdicts basés sur son intervention, sur ses rapports, sur ses serments !

Ce n'est point du châtiment que découle la moralité, ici ; c'est de l'acte lui-même. Qui était le pire malfaiteur : de lui, qui incarnait la loi, ou du hère, maraudeur, vagabond, qu'il amenait, menottes aux poignets, courbé sous sa trique ?...

Et pour finir par quelque chose de moins vilain, après avoir parlé des fous qu'on enferme, des maladroits qu'on blâme, des coupables qu'on désavoue, causons un peu de ceux qu'on glorifie — ce sont les plus désopilants ! Ils sont deux : Lhérot et Léandre, non, Dresch ! De ceux-ci, la réserve est incomparable, ils ont le triomphe d'un discret !...

Lhérot, le brav' Lhérot, le zouave à tous crins, las des accolades, des félicitations, des pourboires, s'obstine à demeurer caché — telle la violette sous ses feuilles. Il s'est garé de la sympathie de la foule, lors du procès Ravachol ; il s'est soustrait aux ovations, lors des obsèques de son malheureux beau-frère, tué à cause de lui ; il n'a pas figuré au conseil de famille de la petite Jeanne, car même les effusions intimes répugnent à son ombrageuse modestie !

La médaille civique qu'on devait lui décerner demeure en souffrance ; il s'en éloigne comme d'un calice, repousse les présents d'Artaxercès. Et où est-il ? « Gardien à la prison de Melun », raconte celui-ci. « Fonctionnaire aux colonies », riposte l'autre. Et M. Lozé — à lui le pompon ! — susurre : « Garçon de bains en Bavière » !!!

Celle-là, je ne l'aurais pas trouvée !

Pendant ce temps, M. Dresch reçoit de plus en plus congé, dans toutes les maisons où il essaie de transporter ses lares.

A chaque repas — c'est le *Temps* qui nous l'a appris — il change de restaurant ; chaque soir, il élit un nouveau domicile (entre parenthèses, ce fonctionnaire ne sera bientôt plus électeur nulle part) ; chaque nuit, il change de couche, comme je ne sais plus quel despote de l'antiquité. Et quand on lui offre des punchs et des petits cadeaux, la chose se passe dans un sous-sol de café, presque un souterrain, avec séides gardant les issues, mot de passe et signe de ralliement!

C'est le Dresch errant des légendes futures ; il aura bientôt sa complainte, et son image d'Epinal !

Ça va bien, très bien, je vous dis ! Un commissaire en état de vagabondage ; un « sauveur » en fuite ; les sergots qui parlent de grève ; les secrétaires de commissariats qui revendiquent ; les arrestations arbitraires ; le hasard jetant la folie ou le crime en contre-poids au Code, dans les balances de Thémis ; le principe d'autorité battu en brèche de toutes parts ; le krach de la Loi — nos enfants ne s'embêteront pas !

La poire est mûre... j'oserais même insinuer qu'elle est blette !

CAÏN

Pour Georges Montorgueil.

J'y veux revenir encore, à ce petit, avant que se décide son sort ; à ce malfaiteur précoce, à cet assassin de onze ans, qui attend au fond des geôles — comme un homme ! — sa part d'expiation, sa dose de châtiment.

Qu'en va-t-on faire ?

A la suite de son crime, on nous a appris, circonstance aggravante, qu'il était laid, malingre, méchant ; que les siens (pour qui il a tué) ne valaient pas cher..., alors que sa victime était de joli visage, d'agréable tournure, appartenait à une bonne famille.

Et l'opinion, un moment indécise, effarée, troublée jusqu'à la prescience envers tel phénomène psychologique, l'opinion, aux instincts maternels de prime abord, qui s'émeut plutôt qu'elle ne juge devant les tragédies enfantines, s'est reprise ; a suivi, docile, l'impulsion donnée ; s'est tournée tout entière vers Abel ; n'a pas eu assez d'anathèmes, de mépris, de menaces, pour Caïn : vaurien, bandit, gibier de bagne, pâture à guillotine — « anarchiste » ont dit même les plus sévères !

Il a onze ans. Voulez-vous, avant que la loi juge, reviser, loin des clameurs et des influences, le dossier du criminel ?

Certes, je ne demeure pas insensible au sort du blessé, pauvre agneau innocent des discordes dont son sang fut l'holocauste ; et je conçois combien la douleur des parents fut vive, combien leur rancune est amère ! Certes, loin de moi l'idée de glorifier la brutale action ; de faire, du lit de douleur, un socle où se camperait, féroce et joyeux, le « pâle voyou » dont les mains furent rouges...

Mais il est si jeune, ce « pâle voyou », si chétif, si blême, mais de si étranges mobiles armèrent son bras, mais il frappa pour de telles causes, qu'il me semblerait odieux de le laisser happer par la justice sans avoir éveillé l'impartialité publique ; sans l'avoir mis sous la triple sauvegarde de la philosophie, de la science, de la miséricorde ; sans en avoir appelé de ceux qui condamnent à ceux qui plaignent !

Il n'est pas intéressant ? Possible — pour les débitants de morale toute faite ! Pour les autres, empreints de vraie compassion, il l'est davantage, étant disgracié dans son âme plus encore que dans son corps ; destiné à haïr, ce qui est une souffrance, à être haï, ce qui est un malheur !

C'est péché originel, toutes ces imperfections, toutes ces tares, étant fils de gueux ; ayant tété la haine, ainsi que du vitriol, aux mamelles de la misère : la bonté est un luxe comme les autres... et pas à la portée de tous !

Il est deux morales, en vérité. Non pas comme le comprenait le père Nisard : mais une, implacable, pour les favorisés de ce monde qui, saturés de biens, n'ont pas de droit au mal ; et l'autre, toute d'indulgence, pour qui n'a trouvé, dans son berceau, qu'un édredon de neige et une couette de pavés !

Hugo l'a dit, poète des divines pitiés :

> J'aime l'araignée et j'aime l'ortie
> Parce qu'on les hait ;
> Et que rien n'exauce et que tout oublie
> Leur morne souhait...

*
* *

Place Jussieu, des gamins jouaient, courant, se poursuivant, piaillant, se jetant, comme de jeunes chiens, entre les jambes des passants. Dans un recoin de muraille, le petit Albert Pastre-Bermont s'exerçait tout seul, loin de ses camarades, à tirer à la cible, avec un mauvais revolver, un pistolet plutôt, arme de bazar, acheté quelque temps avant, rue Gay-Lussac.

Survint un autre enfant, de dix ans celui-là : Auguste Raynal. Se plut-il à narguer l'autre, comme cet autre devait l'affirmer quelques minutes plus tard ; se mit-il exprès, par taquinerie, pour l'énerver, entre le tireur et son but ? Cela, nul ne le sait. Les deux gosses étaient séparés du gros de la bande, à cet instant ; et personne ne surveillait leurs faits et gestes.

Tout à coup, on entendit un cri déchirant, et Auguste Raynal roula à terre, une balle dans l'épine dorsale. On ramassa le blessé, qui fut porté à la Pitié ; on se jeta sur l'assassin, qui fut mené au plus proche commissariat.

Là, on apprit de curieuses choses.

Cet écolier, ce bambin, était le rejeton d'une famille de malheureux, expulsés du garni dont le père de la victime était propriétaire. Ceci avait chassé Cela — et Cela avait tenté de tuer Ceci ! Ce mioche s'était érigé en justicier, en vengeur des siens, qu'il avait entendus se lamenter, qu'il avait vus souffrir.

On l'accusa alors d'un abominable calcul : d'avoir (je rappelle qu'il a onze ans) choisi la vendetta qu'il supposait la plus cruelle; et, par un raffinement diabolique, vraiment inadmissible à cet âge, d'avoir frappé le fils de préférence, pour que l'ennemi fût davantage atteint.

Je crois qu'il prit simplement un adversaire à sa taille, sans y chercher plus malice que le farouche désir de régler ce qu'il considérait comme une créance commune — une dette de haine qu'il devait acquitter, puisque, n'ayant que des sœurs, il était « l'homme » !...

*
* *

Encore une fois, qu'en va-t-on faire ?

Va-t-on le jeter dans une de ces géhennes, dans une de ces écoles à vices, de ces fabriques à crimes, telles qu'en dépeint Dubut de Laforest, en son beau livre de l'*Abandonné* ? Va-t-on, de ce « passionnel », faire un « habituel »; cultiver ses violences, les greffer d'hypocrisie; lui déprimer le cerveau par la solitude; lui pourrir le cœur par la contagion qui suinte des murailles, traverse les parois, se respire dans l'air, pénètre la peau?

Ah ! cette Petite-Roquette, dont la rotonde, couveuse artificielle, abrite, favorise la croissance des proies qui, plus tard, rabattues par les gendarmes, par les agents, par les juges, s'en iront là-bas, en face, dans le garde-manger de l'Ogresse — cette Petite-Roquette, faisanderie de Thémis, poussinière à bandits, quand verrons-nous ses murs à bas et son sol nivelé !

Envoyer là ce petit ! Vous tenez donc bien à ce que, plus tard, de vieilles rentières, dans le crépuscule des banlieues, aient le cou scié ; ou tirent la langue, parmi leurs tiroirs saccagés, à l'incendie réparateur ? Pourquoi le vouer au mal, au chourinage, à l'échafaud ! Faites-en un laboureur dans des contrées nouvelles ; un mousse ; un enfant de troupe, si vous voulez, où que vous voudrez... pourvu qu'il ait le ciel libre sur sa tête, et de l'air libre dans ses poumons !

Il a essayé de tuer ? Mais si c'eut été en temps de guerre, qu'avec son pistolet de six francs il ait abattu un Prussien, vous lui tresseriez des couronnes, il aurait son nom sur les monuments — et vous l'appelleriez Bara !

Dans cette sévérité, dans cette colère, dans l'appréciation implacable qui pèse sur Albert Pastre, je sens autre chose que la juste horreur du fratricide. Qui a-t-il frappé ? Le fils du propriétaire. Il y a, au fond de tout cela, une question de termes impayés, d'expulsion, d'intérêt, qui aliène à ce moutard tous les cœurs de possédants.

Il n'a pas tiré que sur un enfant, il a visé un principe : et le droit de propriété montre le bout de l'oreille, s'insurge en tapinois ! S'il n'était que Caïn, on pourrait pardonner : meurtre n'est pas crime ! Mais attenter à la plus sainte des causes, faire mouche dans l'arche !... Tous les héritiers d'Abel — car Caïn n'a que des descendants — pleurent, crocodiles sacrés, sur la victime ; laquelle, entre parenthèses, est heureusement hors d'affaire.

Si l'on y mettait aussi ce bambin ? Si on le rendait à ses pauvres diables de parents ? Si on le confiait à de braves gens que n'effraierait pas son incartade, et qui en feraient un honnête homme ? Croyez-vous que la société en pourrait être plus malade ?

Moi pas.

LES CASSEUSES DE SUCRE

(NOTES D'UNE GRÉVISTE)

Pour François Coppée.

Être gréviste sans avoir été ouvrière peut sembler, au premier abord, assez paradoxal. Mais si je n'ai pas tâté de l'usine, tout au moins un jour, c'est la faute aux patrons qui, avant-hier, n'ont point embauché.

Je voulais savoir, techniquement, l'origine et le but de cette grève ; connaître, par expérience plutôt que par ouï-dire, les âpretés, les tristesses de ce métier dont le nom a égayé Paris ; me rendre compte, enfin, de la somme de volonté, d'endurance, de fatigue, qu'est tenue de fournir une créature pour arriver à gagner juste de quoi ne pas mourir — et recommencer le lendemain!

Aller là-bas en « dame », fût-ce en amie, carnet et crayon au poing, reporteresse parmi les reporters, c'était m'exposer à en savoir peut-être moins qu'eux ; en tout cas, à n'en pouvoir faire davantage, à demeurer parquée dans le même cercle d'évolution, dans le même ordre d'idées.

La besogne de journaliste est, malheureusement, besogne officielle, en pareille occurrence; ce qui, sans diminuer son intérêt, la frappe souvent de stérilité. Quel que soit le rang de l'informateur dans la hiérarchie professionnelle, il est connu, obligé de se faire connaître — d'où, infériorité. Les deux parties adverses ne lui disent que ce qu'il leur plaît de lui dire; ne lui laissent voir que ce qu'il leur plaît de lui laisser voir.

Tandis que l'idéal serait de passer ignoré, anonyme, si semblable à tous que nul ne vous soupçonnât; si mêlé à la foule, si près de son cœur qu'on le sentît vraiment battre, rien qu'à poser la main sur sa propre poitrine ... flot incorporé dans l'Océan, haleine confondue dans le grand souffle humain!

Pour les questions de travail, surtout, cela me paraît utile. Décrire la vie ouvrière ne suffit pas — il faut la vivre, pour en bien apprécier toute l'injustice et toute l'horreur. Alors, on sait ce dont on parle ; on est vraiment l'écho de ce qu'on a entendu, le reflet de ce qu'on a vu ; on s'imprègne jusqu'aux moelles de pitié et de révolte !

Faire « de chic », avec la meilleure volonté, le plus beau talent du monde, ne donnera jamais l'impression de sincérité qu'obtient parfois un être inculte, reproduisant barbarement ce dont il fut témoin ou acteur.

Et il n'est pas besoin de consacrer des années, des mois, des semaines, à cette étude, à ce voisinage, à cette épreuve, du moment qu'il n'est point question d'étudier les finesses du métier, d'y devenir apte à conquérir son salaire — ou de catéchiser, comme en Russie, des âmes ignorantes.

Nos ouvriers savent penser sans guide ; et les iniquités

dont ils pâtissent sont tellement évidentes (et, hélas, si monotones) que quelques heures suffisent, pour qui sait regarder et entendre, à les enregistrer.

C'est cela que j'ai fait. Presque une journée, mêlée à ces pauvres filles, vêtue comme elles, j'ai erré sous l'œil des sergots devant l'usine déserte, dans la camaraderie morne de l'inhabituelle oisiveté. Je me suis arrêtée à leurs étapes ; j'ai entendu leurs doléances librement formulées ; j'ai pénétré dans les usines, vu fonctionner le travail de celles qui s'étaient soumises — ayant trop d'enfants ou trop faim ! — et c'est pourquoi je puis aujourd'hui vous dire, en toute connaissance, ce qu'est cette grève, et combien elle mérite d'intérêt et de sympathie.

* *

Tout d'abord, le terme est impropre : ce n'est pas « casseuse » qu'il faudrait dire, mais « rangeuse, » car la tâche consiste à étager, dans des cartons ou des caisses, le sucre coupé en morceaux plus ou moins forts, selon le numéro. Ainsi, le sucre des cafés est du 50, tandis que le *bis*, équarri en cube, est réservé spécialement à l'usage du Midi. Seul, le déchet, poudre et éclats, se vend au poids, ne s'aligne point.

Seulement, ce mot de casseuse est justifié par ceci que l'établi auquel elles travaillent s'appelle « cassoir, » le pain y arrivant entier pour y être débité. Il passe d'abord à côté, par les mains du « scieur », qui le coupe perpendiculairement, absolument comme un radis noir, en rondelles plus ou moins épaisses, suivant la longueur du morceau destiné à la consommation. Ces tranches sont alors placées dans la « lingoteuse » sise à l'une des extrémités, à la tête du cassoir, et qui, ainsi que son nom l'indique, sépare chacune en huit bandes, en huit lingots. Les « bagues », c'est-à-dire les hachoirs de la lingoteuse, sont également plus ou moins rapprochées selon le numéro du sucre.

Ici intervient l'action de l'ouvrière. La « tireuse » enlève les lingots de l'appareil ; la « pousseuse » les installe en rangées sur la partie du cassoir située entre la lingoteuse et l'espèce de mâchoire, de guillotine double, couteau en l'air, couteau en bas, qui, au passage, va détailler les lingots en morceaux. Au delà sont les « rangeuses ».

Car tout ceci est mobile ; une chaîne passant par-dessus une roue, comme les courroies de transmission, pousse sans cesse le travail, de la machine aux femmes, ne laissant à celles-ci pas une minute de trêve.

Afin de comprendre ce qu'est le cassoir, il faut imaginer une grande table très longue, large d'un mètre environ, et rayée parallèlement, comme une portée de musique en relief pour aveugles. C'est entre ces rails que le sucre va défiler — lingot au delà des couteaux, morceaux en deçà — que les six rangeuses, d'un mouvement continu, incessant, mécanique lui aussi, saisissent une file, se retournent, la déposent dans la caisse ou le carton placé derrière elles sur une sorte de banquette de bois ; voltent, recommencent encore, toujours, éternellement, de sept heures du matin à six heures du soir, sans jamais s'arrêter, sans jamais se reposer, *sans jamais s'asseoir*, sauf dix minutes pour la collation et une heure pour le déjeuner.

Par exemple, elles circulent. Quand leur boîte est remplie, il la faut porter aux bascules, situées, chez M. Sommier par exemple, à vingt ou vingt-cinq mètres de là. La moyenne quotidienne des voyages est de quarante. Des femmes enceintes, des fillettes portent jusqu'à mille kilos. Beaucoup sont blessées ; les plus robustes

4.

perdent environ deux ou trois jours par quinzaine, par suite de malaises, exténuées, fourbues, les flancs endoloris, atteintes dans leur maternité ou leur puberté.

.*.

Je ne parle là que de l'effort, car il faut lire, comme je viens de le faire, dans les bouquins médicaux, pour savoir quelles maladies sont inhérentes à ce funeste état.

Elles n'ont plus d'ongles, elles n'ont plus de dents : les uns usés jusqu'à la chair par le maniement du sucre; les autres écaillées, perdues, effritées par les poussières qui s'en dégagent — ces poussières qui leur brûlent les paupières, le gosier ; qui leur éraillent la voix; déterminent les gastrites, la tuberculose — la souffrance toujours, la mort bientôt !

Ce qu'elles gagnent?... Elles gagnaient 60 centimes par 100 kilos, c'est-à-dire, quel que fût le courage, de 3 fr. 25 à 4 fr. par jour. On est venu leur dire, il y a presque une quinzaine : « Vous n'aurez plus que 50 centimes par 100 kilos. La concurrence est trop forte ; c'est à prendre ou à laisser. »

Elles ont laissé ; elles sont parties, préférant crever tout à fait de faim, et vite, que d'en lentement mourir. Car cela les réduisait de dix sous par jour — et vous rendez-vous compte de ce que c'est que dix sous, par jour, dans un ménage ouvrier ?

Elles ont essayé de la grève générale. Les ouvrières des maisons Lebaudy, Lucas, François, ont d'abord suivi le mouvement parti de la raffinerie Sommier. Puis elles se sont lassées... sont rentrées. Seuls, même, les travailleurs, hommes et femmes, de chez Lucas, sacrifient 15 centimes par jour pour venir en aide aux grévistes de chez Sommier. Mais ils sont moins de vingt — et les grévistes plus de cent quarante !

Quelques secours sont venus, de droite, de gauche, envoyés par la solidarité plébéienne ou la compassion de braves gens émus, en dehors de toute politique, de tant de détresse et de tant de vaillance. On a pu distribuer trente sous par jour; et des familles de cinq, six personnes ont vécu là-dessus de pain et d'eau — mais ne cédant pas!...

*
* *

J'ai été les retrouver, lundi, à l'aube, vers les six heures, tout en haut de la rue de Flandre. La veille, trois déléguées étaient venues me trouver, me raconter ce qui précède; et comme je leur avais fait part de mon idée d'aller passer une journée là-bas, de me faire embaucher si possible, elles s'étaient montrées enthousiastes, un peu incrédules, toutefois, sur la mise à exécution.

Cependant, la « secrétaire », Hélène Milani, une grande fille blonde à l'œil décidé, à l'allure crâne, m'avait dit: « A demain! » Mais elle avait ajouté un : « Vous ne pourrez jamais, Madame » qui m'avait piquée au vif. Je ne suis pas non plus une femmelette ; et ce que je veux, je le veux bien.

Aussi, me voilà qui débarque chez l'une d'elles, à l'heure dite. En un tour de main, j'ai enlevé gants, voilette, chapeau, manteau, et me voici nu-tête, les cheveux bien tirés — oh ! ces diables de cheveux, ce qu'ils se rebiffent! — en jupon et en corsage de toile, un fichu aux épaules, un tablier à la taille, un panier à la main, si pareille à toutes qu'elles s'extasient, amusées.

Nous sommes descendues dans la rue de Flandre, poussant jusqu'à la grande bâtisse de la raffinerie Sommier, afin de savoir si on n'embauche point. Je me glisserai dans le tas des renégates, quitte à être un peu « attrapée » par les grévistes que je viens défendre.

La rue est pleine d'agents, avec et sans uniforme. Je n'ai peur que de Granger, le député de l'arrondissement, qui est là, dans un groupe, avec Lhermite, de la Bourse du Travail, et notre confrère Degay, de la *Marseillaise*. Tous trois sont venus, parce que, l'autre jour, la police a été vraiment brutale, et, qu'en cas de récidive, l'écharpe de Granger sortirait.

S'il me reconnaissait, peut-être ne retiendrait-il pas un geste d'ahurissement, et ce serait fini de l'incognito qui me permet d'aller, de venir à mon aise, de causer avec mes compagnes.

Les attroupements sont interdits ; quand on est plus de trois et qu'on reste en place, un agent intervient. Et comme je m'attarde devant la porte de l'usine, n'en perdant pas une brique, contemplant le portier dans son bel uniforme bleu à boutons de métal, semblable à un grognard, avec ses terribles moustaches blanches, et qui semble plutôt flatté de l'examen, un sergot me pousse doucement :

— Allons, hop ! ma belle ! Circulez ! Faut pas rester là.

J'obtempère, et me réfugie, avec beaucoup d'autres, à « notre » bureau, situé presque en face, au 122, chez le marchand de vins qui porte pour enseigne : « Allons chez Charles. »

Je vais chez Charles. On file devant le comptoir, où quelques ouvriers et pas mal de mouchards se désaltèrent, et l'on se réunit au fond, dans une sorte de modeste hall éclairé par le haut, mi-salle de bal, mi-jeu de paume... comme il y a cent ans ! Seulement, grâce au ciel, personne ne pérore ; on discute simplement, sans phrases, ce qu'il y aurait de mieux à faire dans l'intérêt commun.

Ma qualité de nouvelle ne les inquiète pas — une des déléguées, madame Gasse, a répondu de moi — et je constate encore, avec une émotion indicible, combien ce peuple méprisé, exploité, a (en ses femmes surtout), de bonté native, de douceur, de résignation. Pas ou peu de paroles colères, rien qu'une mélancolie à voir combien l'entente est difficile, et, malgré tout, l'espoir qu'elle se fera.

— Nous ne demandions rien ; qu'on nous rende seulement ce que nous avions... M. Sommier n'est pas méchant, il voudra bien : il est si riche !... Que c'est ennuyeux, quand on n'y est pas fait, de ne pas travailler !

Au vrai, elles sont là comme des corps sans âme, ces laborieuses, bien qu'entre leurs doigts à peine cicatrisés, le crochet d'os happe la laine. Sur une petite table est un encrier, du papier, une boîte en bois, un registre. De temps à autre, une gréviste arrive, signe, touche ses trente sous — s'en va les tenant, dans sa main crispée, comme le noyé se tient à la branche ! Elle ne s'arrête pas, ne bavarde point, court... on attend après pour manger !

Ah ! les pauvres visages, émaciés, aux lèvres anémiées, presque pas roses dans la blêmeur des chairs ; les pauvres yeux cernés, les pauvres créatures !

Une, dans un coin, a entr'ouvert son caraco pour donner le sein à un enfantelet qui semble un vieillard tant sa peau est plissée, tant son teint est cireux !

Et le maigre sein apparaît, arme parlante de toute la race, qui a faim avant que d'avoir des dents, qui a faim lorsqu'elle les a perdues — qui a faim toujours !...

*
* *

Une de mes guides vient me prendre :

— A la collation, on va embaucher chez François, rue Ricquer. Venez-vous ?

Je me lève et la suis.

Chez François, pour ces dix minutes de repos, le personnel s'évade en tumulte. La plupart sont jeunes (les autres étant mortes ou retirées), beaucoup sont vêtues de cotillons et de camisoles d'étoffe claire à fleurettes, un mouchoir noué en marmotte, cornes au vent, sur leurs cheveux givrés de sucre. Au premier abord, c'est presque joli, sous ce clair soleil de septembre, comme un lever de grisettes aux Porcherons.

Mais vite l'illusion cesse devant les brèches du sourire, les bouches gercées, les épaules étroites, les gorges rentrées, les petites toux sèches qui retentissent un peu partout. Ce qui avait paru animer ces joues, c'était le feu de la fièvre. Au fur et à mesure que les gouttelettes de sueur se sèchent aux tempes, le rouge disparaît des pommettes. Les voici pâles comme des poupées fanées...

Nous nous sommes faufilées dans la cour.

— Tenez, voilà le Vésinet, me dit ma compagne.

C'est un sous-sol obscur où des machines, des formes humaines, se distinguent vaguement.

— Qu'est-ce que cela ?

— C'est où l'on travaille. Mais venez au-dessus, c'est mieux.

En effet, en haut du perron de quelques marches, la salle est claire, au moins. Mais c'est même chaleur écrasante, même buée, même poussière de sucre, qui vous asphyxie, vous étouffe...

Il y a là des cassoirs ; et l'autre me donne une leçon de choses, m'indique comment l'appareil fonctionne, et ce que j'eusse dû faire.

— Seulement, me dit-elle, le soir, vos doigts auraient pissé le sang.

Et elle m'indique, de l'œil, les mains des femmes, entourées de chiffons, de bandelettes, de poupons de linge.

Voici le contremaître. Timidement, elle l'aborde, lui expose notre requête. Le regard ailleurs, mais très poli, il répond :

— J'ai mon monde pour aujourd'hui. Revenez demain à six heures, on vous embauchera.

Je rentre dans ma poche le livret emprunté pour la circonstance à ma sœur de lait, et nous repartons, traversant la cour, à l'encontre des ouvrières qui rentrent.

Sur le seuil, une gréviste, venue pour surveiller les défections, m'interpelle :

— Feignante, va !

Ça non, par exemple !

* * *

Il ne me reste plus qu'à essayer d'entrer chez M. Sommier, pour avoir un aperçu de l'établissement.

— Il n'y a qu'un moyen : faut porter un litre à Barthélemy !

Je veux bien porter un litre à Barthélemy, mais encore faut-il m'expliquer comment s'y prendre.

— Voilà. Barthélemy est porteur de bassins à la raffinerie, au-dessous de l'endroit où nous travaillons d'habitude. Les porteurs de bassins ne sortent jamais ; on leur amène du dehors ce qu'ils ont besoin, jusqu'à trois heures. Mon homme lui a porté son déjeuner, mais on peut bien encore lui porter un litre.

— Comment ferai-je ?

— Vous passerez sous le nez du portier sans rien lui dire, vous irez tout droit dans la cour, vous descendrez quelques marches, et là, dans la cave, c'est les porteurs de bassins. Alors vous crierez : « Hé ! Barthélemy ! » Et vous aurez vu comme c'est rude aussi, leur métier, et ce qu'il y fait chaud !

Aussitôt dit, aussitôt fait; le programme a été exécuté de point en point. J'ai filé devant le concierge, et lesto, presto, dégringolé dans le sous-sol. Dès l'entrée, j'ai eu un éblouissement, tellement la température y est torride. Des hommes en pantalon de toile, le torse nu, la poitrine et le ventre garantis par une sorte de tablier de corroyeur, passent en file indienne, un énorme récipient de cuivre entre les bras, qu'ils vident, l'un après l'autre, dans l'appareil où sont les moules à pains. C'est le sucre en fusion qu'ils transportent ainsi; il faut voir leur geste las, quand ils ont versé la charge, et repartent en rechercher une autre dans leurs vases de métal! Et ces imbéciles de peintres qui s'entêtent à portraiturer les Danaïdes, quand ces créatures en chair et en os, que voici, donnent un tel spectacle d'art, superbe et navrant!

Tout autour, comme en une énorme fonderie d'obus, les moules sont alignés les uns contre les autres, la pointe en bas.

Cependant, je n'ose pas crier : « Hé! Barthélemy! » Je m'informe.

— Connais pas! répond le premier.

— Attendez donc... fait un autre. Mais c'est l'Andouille!

— Hé! l'Andouille!... reprend tout le sous-sol d'une seule voix.

Un grand garçon frisé, l'air bon enfant, émerge des profondeurs.

— Qui c'est qui me demande?

— C'est ta payse qui t'apporte un litre.

— C'est pas ma payse, mais tout de même je veux bien du litre.

Je le lui tends en souriant :

— C'est de la part d'Eulalie.

— Vous lui direz que je la remercie bien. Et vous aussi, mademoiselle.

— Au revoir, monsieur Barthélemy.

En m'en allant, je flâne un peu. Je regarde le bel ordonnancement de l'usine, je calcule quelle source de richesse sont ces bâtiments, ces machines, cette puissante organisation du Capital.

Et je songe soudain à une visite que je fis, voici bien longtemps, au château de Vaux-Fouquet, à cette résidence royale d'un royal surintendant, et dont M. Sommier est aujourd'hui le possesseur. Je pense aux statues dans les charmilles, à la fraîcheur des sous-bois, aux ombrages merveilleux, à tout ce bien-être, à tout ce luxe, à ces jouissances de Mécène, relevant de ses ruines un pareil séjour.

Elles ont raison, ces pauvres filles ; il est impossible qu'on soit implacable ayant de telles satisfactions ici-bas.

Dehors, les déléguées me rejoignent.

— Nous venons de faire la dernière démarche auprès du patron. Même partager la différence, les deux sous, nous donner 55 centimes, il ne veut rien entendre.

Une sanglote :

— Qu'avez-vous ?

— Il a été de glace... il nous a parlé si durement !

— Et quelle raison à ce refus ?

— M. Sommier a dit comme ça qu'il ne peut pas, que ses moyens ne le lui permettent pas.

. . . .

Sur l'indigence de votre maître, pleurez, nymphes de Vaux : Elle fait en pleurer bien d'autres, cette indigence qui rogne les salaires et loge en des palais ; qui fait que tant de jeunes enfants, de vieilles mères, de femmes épuisées, dépérissent lentement en l'un de nos faubourgs.

DISCIPULI

Pour Catulle Mendès.

Ecoutez, bons drilles des Ecoles, élèves de la « Centrale », escholiers de France et de Navarre, choyés par l'opinion, soutenus par la presse, chéris par leurs concitoyens, Benjamins des races latines, écoutez l'humble, la grave plainte qui s'élève là-bas, tout à l'autre bout de l'Europe, vers l'Oural...

Ecoutez-les, vos frères slaves — et vous pèserez ce que sont vos légers ennuis près de leurs lourdes douleurs !

Ils disent : « Ce n'est pas le désir de faire une gaminerie qui nous a poussés au désordre ; c'est un désir sérieux et raisonné d'améliorer notre situation. Ce n'est pas pour susciter simplement du scandale que nous risquons notre avenir, que nous nous fermons l'Université dont l'accès est si difficile. Est-il possible que nous agissions encore avec légèreté après tant d'années d'expériences pénibles ? Non. Nous avons tous conscience de ce qui nous attend, et cependant nous ne voulons pas nous arrêter à mi-chemin, parce que notre conviction est profonde et nos revendications justes. Vaudrait-il mieux rétrograder ? A quoi bon ? Notre situation est faite. Nous sommes inscrits sur le Livre noir de l'inspection. Nous serons, un jour ou l'autre, expulsés de l'Université et ceux qui resteront ne seront guère plus favorisés. Nous n'avons pas d'espoir. Nos professeurs nous ont abandonnés ; la société est indifférente ; la presse ne souffle mot. S'il faut des victimes pour attirer l'attention sur notre triste cause, offrons-nous en holocauste... »

Pauvres jeunes hommes ! Quelque chose du fatalisme de l'Orient, quelque chose des résignations bibliques, émane de cette espèce d'offrande de soi que fait l'actuelle jeunesse slave, pour que la génération qui pousse, les petits qui seront des hommes demain, aient plus grosse portion de savoir et moins pesant fardeau de peines.

Mais ce mot d' « holocauste » n'est-il pas bien fort ?... Dans notre imagination d'Occidentaux, il évoque, de suite, de sanglantes ou violentes images. Si, en quelque manifeste, nos étudiants, ici, l'employaient, il serait accueilli par un éclat de rire. S'agit-il donc, là-bas, de vie ou de mort ?

Il s'agit de plus, pour ces garçons austères et réfléchis, esprits à peine éclos qui considèrent l'existence comme l'accomplissement d'une tâche auguste, d'un devoir sacré, qu'on n'a pas de temps à perdre pour remplir. Il s'agit d'être privé du pain de l'intelligence — qui déjà leur est si mesuré ! Il s'agit, pour ces fervents de science, de renoncer à la communion intellectuelle ; de voir s'éloigner, à tout jamais, l'hostie vers laquelle se tendent leurs lèvres et leurs âmes, avec une ardeur de premiers chrétiens !

C'est pour cela qu'ils luttent — rien que pour cela !
Leur pauvre dignité même, si humiliée, ne vient qu'en
second lieu. Ah ! camarades de France, que nous voilà
loin des monômes et des revues !

.*.

La vie de l'étudiant slave ! Qui s'en doute ? Il est
l' « ennemi », rien que de ce fait qu'il tend à l'instruction. En voulez-vous la preuve, une preuve autorisée,
publique en quelque sorte, car je l'extrais du Rapport du
Conseil de l'Université de Saint-Pétersbourg ?

« Il faudrait cesser de considérer la jeunesse comme un
élément dangereux et nuisible ; ne pas oublier que, depuis
plusieurs années, nos jeunes gens n'ont pas entendu une
seule parole affable, mais, au contraire, des reproches ;
qu'ils vivent d'une vie isolée, accablés de soupçons, et se
trouvent dans une situation des plus pénibles... Des représentants du gouvernement, avec lesquels la jeunesse
se trouve journellement en contact, les premiers sont
les membres de la police... Et la surveillance exercée
sur les étudiants est la même que celle employée envers
les criminels. Elle pénètre dans tous les détails de la vie
privée. Où va l'étudiant ? De quoi s'occupe-t-il ? A quelle
heure rentre-t-il ? Quelles sont ses lectures ? A qui
écrit-il ? Telles sont les questions que la police adresse
aux concierges, c'est-à-dire à des personnes incultes et
peu délicates, qui répondent sans aucun tact. De plus,
les obligations que la police impose aux propriétaires, et
les visites domiciliaires qu'elle fait à tout propos ennuient
ceux-ci à tel point qu'ils refusent complètement de louer
des chambres aux étudiants. »

Oui, un suspect, un éternel suspect, cet enfant de

vingt ans, qui déjà traîne derrière lui une sorte de
casier judiciaire, acte officieux, non officiel, dont il ne
pourra jamais prendre connaissance : la fameuse
« Caractéristique secrète » qui, délivrée par le directeur
du lycée dont il sort, le précède à la Faculté où il va.
En même temps est envoyée, aussi mystérieusement,
l'appréciation sur l' « aptitude pécuniaire » des parents,
et est directement remis à l'élève son diplôme de « maturité ». Des trois pièces qui le concernent, à sa naissance universitaire, celle-ci est la seule qui lui soit com-
muniquée.

Si la « Caractéristique secrète » l'accuse d'inclination
au libéralisme, ou seulement d'*extrême impressionnabilité*
— c'est le terme technique — le refus d'admission est
certain. Il peut être, en germe, Franklin ou Newton,
Claude Bernard ou Edison..., jamais les portes largement ouvertes aux cancres « bien pensants » ne s'entre-
bâilleront pour lui !

Quant aux autres, aux admis, interdiction absolue
d'avoir, par cotisation (dans ce pays où il n'y a ni cafés,
ni restaurants à la portée des petites bourses) des « po-
potes » corporatives, où l'on serait entre soi ; où la vie
serait moins chère ; où l'on pourrait se chauffer, se
nourrir en commun. Défense également d'organiser des
cabinets de lecture, des « Sociétés », de quelque nature
qu'elles soient : littéraires, scientifiques, musicales,
gymnastiques, d'escrime ou de jeu. Défense de se
grouper sur la voie publique. Défense de se réunir
dans les cours ou couloirs de l'Université. Enfin, écoutez
bien ceci : défense à l'étudiant de recevoir chez lui, à la
fois, *plus de deux amis*. S'il en vient trois, la police n'intervient pas, mais ajoute aux notes : « Mauvaises tendances ». S'il en vient quatre, le concierge doit, sous
peine de complicité, courir avertir au poste voisin

du complot qui se trame contre la sûreté de l'Etat !
Ne souriez pas — c'est vrai.

..

Les règlements de 1884, modifiant les franchises accordées par les règlements de 1863, furent appliqués rigoureusement voici deux ans. Déjà, depuis 1870, la tolérance se restreignait. En vingt années, elle arriva à n'être plus qu'illusoire; puis, brusquement, disparut. La *Société scientifique et littéraire de Saint-Pétersbourg*, qui offrait aux étudiants quelques ressources de causerie, de lecture, d'échanges d'idées, de développement du sens critique, fut dissoute.

En même temps, de profondes modifications étaient apportées à l'organisation universitaire. Les professeurs, désormais, n'avaient plus voix au chapitre pour la nomination de leurs collègues ou des hauts fonctionnaires de l'Université; non seulement le droit d'élection, mais le droit même de présentation des candidats aux chaires vacantes, leur étaient retirés ; leurs programmes d'études devaient être censurés ; leurs appréciations, même scientifiques, conformes aux tendances gouvernementales — interdiction de Buchner, de Darwin, de Michelet, de Quinet, d'Auguste Comte, et de toute l'histoire de notre Révolution !

Les chefs de l'Université furent choisis en dehors de l'enseignement ! C'est ainsi que le directeur de district, le *Popietchitiel* (curateur) qui exerce une surveillance « morale », nomme, déplace, destitue les professeurs de l'enseignement secondaire, est, le plus souvent, un général ! Son immédiat inférieur hiérarchique est le *Director*, placé par le ministre à la tête de chaque établissement. Pour diriger l'Ecole d'agriculture on choisit

Yung, un oculiste! Après lui, vient l'*Inspector*, le policier avéré celui-là, généralement haï, et presque toujours cause des troubles.

C'est pour défendre les droits de leurs maîtres, de la pensée mutilée, de la dignité nécessaire à tout homme, que s'y livrèrent les étudiants. Il était moins question d'eux que de leurs professeurs, spoliés et humiliés, et de la science qu'on rognait et falsifiait.

Mais à qui s'adresser? Leurs pétitions sont refusées, comme émanant d'unités sans mandat, dispersées, n'appartenant point à un corps reconnu.

Ils usèrent de leur seule ressource, de l'obligation où ils sont acculés de faire des désordres, pour attirer l'attention sur leur infortune. Ces désordres consistent à se « réunir » dans la cour de l'établissement, à afficher leurs doléances sur la muraille. La police, les gendarmes, les Cosaques arrivent, les cernent, leur font traverser la ville entre une haie de soldats jusqu'au prochain manège de cavalerie. Là, on les enferme avec ou sans nourriture. Puis, le lendemain, on les dissémine dans les postes de police — et ils passent en jugement devant le tribunal universitaire.

A ceux de la 1re et de la 2e catégorie (les moins coupables) fut imposé, en 1890, l' « acte de contrition » qu'ils durent signer pour n'être pas chassés, reniant leurs camarades, attestant leur profond repentir de s'être « réunis ». La 3e catégorie subit un renvoi limité. La 4e fut exclue de l'Université où avaient eu lieu les troubles. La 5e fut chassée à jamais de toutes les Facultés de de l'Empire.

A l'Ecole d'agriculture de Petroskaia, 175 jeunes gens s'étaient fait arrêter; à l'Université de Moscou, 515 en firent autant. A l'Université de Saint-Pétersbourg, 2 à 300; à l'Ecole polytechnique, 264; à l'Ecole forestière, 300.

A l'Institut agronomique de la Nouvelle-Alexandria, près Varsovie, 200. Ceux-là, dans leur détresse, ne sachant qui invoquer, remirent leur pétition au général Yasikof, qui les venait arrêter...

Aux mesures universitaires s'ajoutent toujours, en pareil cas, les mesures « administratives », sans règles, ni lois, dépendant uniquement de l'arbitraire. Beaucoup des exclus sans rémission furent internés, dans quelque bourg pourri, au fond des provinces ; d'autres, jetés en forteresse. Plusieurs furent incorporés, pour trois, quatre ans, dans les *Disciplinarny bataliony*, le Biribi de là-bas. Il en fut qui s'en allèrent à pied, sous les coups, jusqu'en Sibérie — qui y sont encore !...

LES MINEURS

AU PUITS DE LA MANU

Saint-Étienne, 7 décembre.

Au débarqué, j'ai retrouvé Colombet, le conseiller général du canton Nord-Est dans lequel, justement, est situé le lieu de l'explosion. Il y a couru l'un des premiers ; il a fait partie de cette « cordée » qui s'est jetée dans les « cages » à deux heures et quart, dès que la fumée a permis de descendre parmi l'atmosphère pestilentielle, les poussières du charbon, les miasmes cadavériques qu'exhalent presque aussitôt ceux qu'a frappés le grisou. Nul mieux que lui ne pourra donc me renseigner ; et je l'interroge, tandis qu'au grand trot la voiture nous emmène vers le Treuil.

C'est à midi treize minutes qu'a eu lieu la catastrophe, annoncée en ville par cette tressaillante détonation que connaissent trop, hélas, ceux qui ont habité en contrée minière. Alors, de tous les points de l'horizon, le troupeau lamentable des femmes est accouru. Les bras au ciel, les cheveux au vent, hurlant au soleil, elles se sont engouffrées dans l'enclos, se sont ruées sur le « plâtre ». Il a fallu que les hommes présents se colletassent avec elles, pour empêcher les pires malheurs. Puis les gendarmes ont dû, à leur tour, faire le vide, pour enrayer la sublime et inutile folie coutumière qui empoigne les mineurs quand tout sinistre les jette au gouffre avant que l'accès en soit possible; augmente le chiffre des victimes sans atténuer en rien le sort affreux des autres.

Puis un incident, atroce à l'impatience des assistants, s'est produit, quand on a commencé d'organiser les secours.

Lors de la première tentative de descente, à vingt mètres de profondeur, il avait fallu s'arrêter; faire remonter la cage sous peine d'asphyxie. Lors de la seconde, un des cordeaux s'est brisé, et il a fallu une heure et demie — une heure et demie! — avant que ce soit réparé.

Double agonie pour les quelques malheureux qui exhalaient en bas leur dernier souffle, et pour les vivants, dont le cœur râlait à attendre ainsi!

Enfin, quand on croyait tout fini, il a fallu se mettre à allonger le câble qui, par suite du bouleversement souterrain, n'atteignait plus à la seconde « recette ». Alors on a pu descendre.

Tout à coup, de la première cage remontée, une espèce de singe atroce, saignant, glapissant, a jailli.

— Non, pas de remèdes! Rien, rien, rien! Je veux ma femme, ma femme!

C'est un nommé Jean Garnier, un élu du destin, qui doit la vie à ce miracle : une chute abominable faite dans le puisard. Tandis qu'il y barbotait, le grisou a fauché ses compagnons, demeurés dans la galerie.

Il est à demi fou. Ses yeux roulent tout blancs dans sa face calcinée. Ses lèvres crevassées n'ont qu'un cri :

— Ma femme! Je veux voir ma femme!...

On le hisse en voiture et on l'emporte chez lui, tandis que commence la lugubre ascension des cadavres.

Cinquante-six hommes, cinquante-six chevaux. On emporte les hommes à l'hôpital du Soleil ; on dépèce les chevaux que l'on remonte quartier par quartier.

— Et la mine? demandai-je à Colombet.

— La mine? plus rien : c'est le chaos !

M'y voici : dans la boue, sous la pluie, de hautes piles d'énormes bûches s'entassent, fraîchement coupées, fraîchement dépouillées, toutes blanches parmi ces ténèbres. Sous le haut hangar de la recette, des lueurs flambent; et, tout à coup, une ombre géante apparaît, comme un pendu fabuleux qui oscille lourdement après le harpon.

C'est un grand cheval pommelé, un percheron puissant, qu'on a pu remonter d'un bloc. Sa crinière flotte, dans l'âpre bise qui nous gèle tous ; ses yeux gardent une impression d'horreur ; ses membres retombent avec un geste presque humain... la lassitude de l'être fatigué qui, enfin, se détend !

Il demeure allongé sur le sol ; puis, avec des cordes, on le hisse sur la charrette, pleine des débris de ses camarades de peine et de délivrance. Le mouvement lui fait prendre des attitudes tragiques de coursier de champ de bataille, dont la mitraille a cassé les pattes et qui essaie de se relever. Tout à l'heure aussi, le poitrail soulevé, avec l'homme qui, debout, lui maintenait la tête, il a rappelé d'étonnante manière les chevaux de Marly qui gardent l'entrée des Champs-Elysées.

Un mineur, à côté de moi, avait les larmes aux yeux :

— C'est-il pas dommage! Une si belle bête! Et puis si avenante ; et puis si courageuse ! Un ami, quoi !

Lentement, l'animal a semblé s'étendre sur l'amas de charognes, comme sur une bonne litière.

— Après tout, pauvre vieux, il se repose! a repris l'ouvrier, paraphrasant sans le savoir, avec une envie mélancolique, le mot de Luther au cimetière de Worms.

Ils se reposent aussi les cinquante-six malheureux que je viens de voir étendus dans les salles de l'hôpital; en ce faubourg du Soleil, qui est comme le Belleville de Saint-Etienne. Mais de quel repos! Ils sont allongés à la file, tout habillés, leur numéro d'ordre épinglé sur la poitrine, sur une couche de paille. Tous ont les poings tendus en avant, dans un geste uniforme de défense ou de menace : les uns suppliant la mort, d'autres l'injuriant.

C'est là qu'on les vient chercher, un par un, pour procéder à la mise en bière. Tels quels, avec leurs vêtements, ils sont roulés dans un drap ; puis posés sur une couche de son, de cette sciure de bois, phéniquée à outrance, dont le tas s'élève dans la cour à hauteur d'homme.

Alors, le cercueil refermé s'en va rejoindre les autres, dans l'humble chapelle où, sur des civières, les premiers prêts attendent.

Une lampe à reflets de phare éclaire ce terrifiant spectacle ; ce naufrage de tant d'existences ; cette flotte de barques à couvercle, en route pour l'éternité !

Nous sortons de là le cœur chaviré.

Contre la grille, sous la pluie, dans l'ombre, des femmes se tiennent le front appuyé, ombres entrevues à peine mais dont on entend les sanglots. Quand les porteurs traversent le préau, pliant sous le poids de leur funèbre colis, chacune interroge les ténèbres.

— Est-ce le mien ?

LES FUNERAILLES

Des soldats, et encore des soldats, autour de l'hôpital du Soleil! Dragons, gendarmes, fantassins, troupes à cheval, troupes à pied, tous les porte-fusils et tous les porte-sabres de la région — quiconque se coiffe d'un képi ou se carre dans un baudrier...

Ils sont ici par ordre, comme ils exécutent passivement la consigne reçue ; et c'est contre ce « par ordre » là que je m'élève, car il constitue une hypocrisie sacrilège, car il blesse l'instinct populaire, et expose le peuple en uniforme à l'indirecte injure du peuple en blouse.

Celui-ci est un simple, qui s'en prend à l'obstacle immédiat, à l'arme dont il est frappé : à la lame inerte du bancal, à la bille de plomb du flingot. La main qui dirigea la poignée, le doigt qui pressa la gâchette, ne sont atteints de sa riposte que par ricochet. Il pense, confusément, au but lointain, mais il vise au plus proche. Sa rancune s'arrête en route, va mourir, comme une balle perdue, au pied de la cible qu'elle devrait crever ou jeter bas.

Voilà pourquoi c'est balourdise, manque de tact, de

mettre en présence, derrière le cercueil de malheureux qui ne connurent l'armée que comme gardienne et servante de l'intérêt patronal, cette armée et les survivants. Tous en souffrent : les soldats, qui pâtissent d'une cruelle malveillance ; les ouvriers, qu'outrage cette figuration de regrets bottés, éperonnés, casqués, les mêmes pour la grève que pour l'explosion, pour la menace que pour le deuil...

Dans la multitude, point farouche, cependant, un mot courait ; frissonnait sur toutes les bouches ; faisait la chaîne de groupe en groupe : « Fourmies, Fourmies ! » Et ce n'étaient point des agitateurs qui le lançaient, pour tâter le pouls à l'opinion, savoir qui l'emporterait de la résignation ou de la révolte. C'étaient des vieux tout blancs, qui branlaient la tête d'un air de doute ; de placides travailleurs, dont la face honnête blâmait sans que la haine y burinât son rictus.

Il faut dire aussi que la consigne donnée à la troupe était faite pour enrager les plus tranquilles, ameuter les plus pacifiques. Partout, les rues étaient barrées ; partout, étroites ou larges, les voies étaient transformées en impasses, gardées par les chiens de fusils, obstruées par le poitrail des chevaux.

— On ne passe pas !

Saint-Étienne avait, aujourd'hui, l'aspect d'une ville en état de siège, d'un bourg terrorisé. Je sais des familles qui n'ont pas pu rejoindre leur mort ; des femmes qui pleuraient en tenant des fleurs, des médaillons funéraires, suppliantes derrière la haie des capotes bleues ; et des mineurs, venus à pied de Firminy, de la Ricamarie, de Rive-de-Gier même, délégués par leurs syndicats, qu'on a empêchés de se joindre au cortège.

Un des adjoints a dû mettre son écharpe, et *sommer* un officier de le laisser passer. La couronne de la Bourse du travail a été trouée d'un coup de baïonnette, et ses immortelles ont égoutté rouge tout le long du chemin.

* *
*

Ce n'est pas uniquement mon opinion personnelle que je donne là : elle pourrait n'être pas impartiale. C'est l'opinion générale, autant vaut dire unanime. Elle était formulée énergiquement, d'ailleurs, derrière l'hôpital, dans la longue avenue bordée de cyprès où, sur deux files parallèles, les cinquante et une bières étaient alignées ; chacune avec son contingent de parents et d'amis, de désolées sanglotant sous leur coiffe de crêpe, de désespérés serrant les poings, le regard fixe, se mordant les lèvres pour ne pas pleurer — chouans du centre, avec leurs minces anneaux d'or aux lobes, leur courte veste, leur ceinture de laine, leur feutre à larges bords !

Sur chaque cercueil, un drap noir ; sur chaque drap noir, une croix blanche, et aussi deux petites couronnes dont l'une porte en exergue cette inscription : *Le Conseil municipal*. Chaque famille a ajouté ce qu'elle a pu. Beaucoup n'ont rien d'autre que l'officiel hommage. Même dans la misère, il n'est point d'égalité.

Tout autour de ce jardin, la vue s'étend. Des collines chauves, des plaines pelées, des maisons basses à façade lépreuse, et des puits innombrables, des puits si voisins que la fumée des cheminées se mêle, barre l'horizon d'un nuage puant !

Le ciel est bas, la terre est bossuée. Au-dessus, tout est gris ; au-dessous, tout est sombre. Il brume de la suie, il tombe du brouillard. Une mélancolie effroyable enserre le cœur !

Des voix s'élèvent. C'est M. Guillain, représentant le ministre des travaux publics ; c'est le préfet, M. Lépine ;

c'est Colombet, qui disent quelques paroles. L'un promet, l'autre projette, le troisième proteste. Sa thèse, à celui-là, est curieuse, singulièrement émouvante :

— Après chaque catastrophe, les mineurs ont vu se réaliser, enfin, quelqu'une des réformes souhaitées et si longtemps attendues. Cette fois-ci nous vous apportons cinquante-six cadavres ! Qu'est-ce que vous allez nous donner en échange ? Qu'est-ce que vous comptez faire pour nous ?

M. Guillain regarde M. le colonel Chamoin, envoyé de l'Elysée. M. le colonel Chamoin regarde les autres autorités. Les autres autorités regardent ailleurs... Un malaise règne, qu'interrompt le signal du départ.

Le monde officiel défile d'abord, compassé et endolori, galonné, chamarré, enrubanné, d'une tristesse correcte et de bon goût. Puis les élèves des Mines, casquetés de bleu, et tous les fonctionnaires du canton.

— Portez... armes ! crie une voix retentissante, dans la rue de Monteil.

Et les porteurs hissent les civières sur leurs épaules. Derrière la plus humble d'entr'elles j'ai marché, avec trois petits enfants dont les larmes étoilaient le pavé. La musique militaire joue la marche qu'elle a jouée, il y a seize mois, en conduisant à Notre-Dame les quatre-vingt-dix victimes de Villebœuf : elle n'a pas eu le temps de la désapprendre.

Aujourd'hui, on s'arrête à Sainte-Barbe ; et les cinquante-et-une bières s'allongent côte à côte, dans le chœur et la nef qu'elles emplissent. Le cortège est entassé au pied de l'autel que domine le dais rouge et grenat où, mitre en tête, crosse au poing, trône le cardinal de Lyon, primat des Gaules : Mgr Foulon.

Dans les bas côtés, pleurent et s'agenouillent les familles. Le spectacle est inouï d'angoisse et de majesté.

Et voilà que l'orgue, à son tour, gémit et se lamente ; mêle sa voix à l'écho des cuivres arrivant par la grand'-porte demeurée ouverte.

Tant de pompe, tant de lumières, pour ceux qui ont vécu sans pain, ont végété dans les taudis, sont morts dans les ténèbres! Ce *de profundis* qui s'élève des vivants vers le ciel, il me semble, à moi, qu'il monte des entrailles de la terre vers la surface; des morts vers les bien-portants qui sont là — et qui feraient mieux d'accorder la miséricorde humaine, avant que de solliciter la miséricorde divine pour ces malheureux, trépassés à leur service !

Priez pour ceux-ci, ô prêtre... et non pour ceux-là !

*
* *

Midi et demi. Un court trajet, de l'église au cimetière qui enguirlande de tombes le puits Saint-Louis. Entre eux, le mur est tout bas : si jamais il y arrive un malheur, ce sera bien commode ! La suie tache les tombes. Les ouvriers ont sous les yeux, avant de descendre au travail, la quintuple rangée des défunts de Verpilleux ; et ceux de Châtelus ; et ceux de Jabin. Ceux de Villebœuf sont là-bas, en face, sur cette colline où les croix blanches, ailes déployées, mettent comme un vol de colombes.

En cercle, les cinquante-et-un cercueils sont déposés. Le clergé absout. Le pasteur bénit. Et Girodet, député, maire de Saint-Etienne, Chalumeau, délégué des trente-six syndicats de la Loire, dont le plastron a été éraflé par les baïonnettes traversant la couronne dont il était porteur, prononcent des discours.

. . . .

Tout le monde parti, il ne reste, autour des bières que l'on a dépouillées de leur drap noir, et qui demeurent nues sous la pluie, que les proches, les intimes, en prières ou en pleurs. De l'autre côté, la large tranchée attend ; plus quelques fosses à part.

Un vieux mineur se penche sur l'une. Et, avec une satisfaction professionnelle, un « plaisir » à rencontrer de l'ouvrage bien fait, il dit, désignant du doigt le caveau tapissé de quelques minces planches :

— A la bonne heure ! Celle-là est boisée !...

O sainte philosophie des simples ! Quels gredins sont-ils, ceux qui vivent de toi !

LA CITÉ DES LARMES

VISITE A CEUX QUI RESTENT

Saint-Étienne, 11 décembre.

Sous un ciel de meurtre, plaqué de traînées rouges comme si on y avait égorgé le soleil ; au haut d'escaliers si emplis de ténèbres que j'y avançais anxieuse, les mains tendues, le pas hésitant ; tout au fond des faubourgs gris de suie, tout au fond des campagnes noires de houille, en pleine boue, en plein vent ; dans des taudis si affreux que beaucoup, chez nous, n'y voudraient pas loger leur chien, j'ai entendu aujourd'hui les hurlements de la douleur humaine.

Sur mes joues, d'autres larmes ont coulé que celles que je versais moi-même ; des bras convulsifs se sont noués à mon cou ; j'ai senti battre, contre mon cœur désolé, des cœurs bondissant d'aiguë souffrance — et jamais je n'ai compris davantage la fraternité intime qui unit toutes les femmes, quelle que soit leur situation, dans le regret et dans le désespoir!

Rien, vous entendez, rien, ne peut donner idée de ce que je vois depuis deux jours!

Grâce à la générosité d'un bon riche, qui m'a envoyé quinze cents francs pour parer aux premières détresses, j'ai pu ne pas arriver les mains tout à fait vides; donner dix francs par enfant dans les familles nombreuses, autant aux veuves seules, autant aux tristes vieilles mères sans soutien désormais — entre leurs doigts tremblants la goutte d'or glissait comme le grain d'un rosaire...

Les victimes sont des victimes, et on n'a jamais à discuter la moralité de ceux qu'après une vie aussi dure atteint une fin aussi cruelle. Les chrétiens n'ont qu'à se signer, sur les sépultures; et les autres qu'à y laisser tomber l'adieu mélancolique de ceux qui pensent que l'injustice du sort, le labeur sans repos, la misère sans trêve, servent d'absolution aux morts toujours — et souvent aux vivants! Pour le blâme, donc, on doit se taire, devant le cercueil des pauvres; mais pas pour l'éloge! Et il faut dire que jamais catastrophe ne frappa travailleurs plus sérieux; pères, maris, fils plus irréprochables; êtres plus méritants, sous tous les rapports, que ceux qui, cette fois, furent fauchés comme blé mûr, par la lame bleue du grisou.

Cela se comprend: l'accident est arrivé un dimanche, le jour où ne descendent que les hommes qui tiennent plus à augmenter leur salaire qu'à courir la ville avec les camarades.

On avait antérieurement fêté la Sainte-Barbe, la grande patronne de la corporation. On avait, l'autre semaine, célébré, en un banquet monstre, les débuts de la Mine aux mineurs de Monthieu. Dans le tiroir de la ménagère, les sous s'espaçaient : il fallait réparer cela! L'homme a pris son fourniment, et, le cœur un peu gros (parce qu'il faisait beau temps et que c'eût été bon de se promener avec les mioches), a allongé le pas vers le Treuil.

De son côté, la femme, astiquant son petit ménage, raccommodant les hardes de la maisonnée, se disait, pensant à lui, avec cette jolie expression du terroir :

— Bosaigne! j'ai tout de même de la brave compagnie!

Boum!... Une détonation secoue le sol. Elle se jette au dehors, d'instinct, comme s'y jettent les voisines à la moindre alerte, en cette contrée de massacre.

Toutes d'une seule voix : « La fumée! d'où sort la fumée? »

Ah! malheureuse! c'est de la Manu! Tu n'as plus de mari, les enfants sont orphelins!

*
* *

A l'hôpital du Soleil, dans les lits à rideaux de cotonnade bleue, autour desquels volète, comme une mouette apprivoisée, la coiffe blanche d'une sœur, trois blessés sont étendus.

L'un, Charles Garnier, est ce sauvé par miracle dont, précédemment, je vous ai conté l'histoire : ce garçon que le choc a précipité de l'orifice de la galerie dans le puisard; qui s'est, instinctivement, accroché aux guides des bennes; et qu'on a retrouvé ainsi suspendu, à moitié fou, deux heures après. Comment n'a-t-il pas lâché prise? Jamais on ne le saura!... Lui non plus n'en sait rien d'ailleurs. Au fond de ses prunelles inquiètes, une terreur semble blottie; le regard y vacille, comme si un souffle invisible s'efforçait de l'éteindre; et ses doigts, qui si longtemps se cramponnèrent, gardent après les draps le geste machinal. Celui-là a un enfant.

Les deux autres, Nicolas, qui a cinq petits, Morizon, qui en a quatre, et dont les faces pâles, charbonnées de poil grillé, ressortent de l'oreiller comme des masques japonais à expression tragique, ces deux-là étaient palefreniers. Dans l'écurie, ils virent tomber, foudroyés, leurs vingt-sept chevaux. Eux, après, s'endormirent doucement. Par quel prodige les retrouva-t-on quasi asphixiés mais respirant encore? Cela aussi demeure inexplicable !

Les cinq ou six autres blessés, que j'ai vus en ville, et qui ont, suivant la formule courante, « avalé le mauvais goût », ne savent pas non plus, eux, comment ils ont échappé.

L'un, de peur, avait perdu la mémoire, ne se rappelait plus son chemin. Il vaguait dans l'obscurité, à travers les vapeurs nauséabondes, les poussières étouffantes. Non loin de lui, des soupirs filaient, comme le dernier son d'une corde qui se brise. Plusieurs cris de bête qu'on écrase percèrent le silence. Parfois, il marchait sur quelque chose de mou, et une main eut, autour de sa jambe, l'étreinte suprême — vite desserrée.

L'autre, enseveli sous un éboulement, la poitrine écrasée par une poutre, attendit cinq heures sa délivrance, ne sachant si on le découvrirait. Des cheveux blancs lui vinrent aux tempes, pendant ces cinq heures-là !

Quant aux veuves, quant aux mères, moins que les blessés elles se répandent en paroles — ils exhalent leur joie de survivre : elles n'en ont que la douleur !

Une madame Burine, dont le mari disparu n'a pas encore été retrouvé, demeurait immobile, les yeux à terre, tandis que, dans la pénombre, s'esquissaient les silhouettes de ses deux fils : un grand garçon, presqu'un homme ; et un gamin. Et comme j'essayais de consoler l'épouse avec les espoirs de la mère, de lui dire que, plus heureuse que bien d'autres, il lui demeurait un soutien, elle m'interrompit d'un geste navré :

— Oh ! madame, voyez-le !

Je relevai la tête : le chapeau en arrière, les traits tordus, un rictus atroce lui barrant le visage, l'aîné riait... il est idiot ! Et il descend dans la mine où on le surveille, de crainte qu'il ne fasse quelque coup.

Il faut bien manger !

Celle-là, madame Monnard, sans parents aucuns, sans secours d'aucune sorte, toute seule au monde, serre contre elle trois tout petits. Je la regarde — ses flancs sont lourds, son tablier de toile bleue relève du bas, elle est enceinte !

Cette autre, madame Gounon, assise entre deux femmes très âgées, sa mère et sa belle-mère, sanglote éperdument. Il y a huit mois qu'elle était en ménage ; son mari et son beau-frère sont restés au fond du Treuil. Et, alors, je me tourne vers celle des aïeules qui avait porté, nourri, élevé les deux victimes. Son homme, à celle-là, fut assassiné voici vingt ans ; et isolée, sans vouloir donner de beau-père à ses garçons, elle a suffi à tout. Elle en avait fait de braves et beaux gas... défunts maintenant !

Ici, chez les Mané, le mari est au lit, blessé. Dans l'autre lit, la femme est étendue, plus blanche que trépassée ; et un nouveau-né vagit sur la table, tandis que trois autres bambins errent par la chambre. Sans la pitié des voisins, sans la sainte solidarité des malheureux, ils seraient morts tous voici bien des heures.

La veuve Royet, dont le logis ouvre en face de la Manu, avait sept enfants — elle n'en a plus que cinq aujourd'hui. L'un avait été tué dans une antécédente catastrophe ; cette fois, le père et l'aîné y ont passé. Il lui reste, à cette infortunée, après ce triple deuil, quatre marmots et un adolescent de quinze ans, que voilà chef de famille!

Chez la mère Teissier, quatre hommes sont partis au travail le dimanche matin. Deux de ses fils, deux bons sujets, qui n'avaient point voulu se mettre en ménage pour ne la point quitter, son petit-fils, et un pensionnaire. Aucun n'est rentré — la vieille, tout en larmes, a, pour sa part, escorté quatre cercueils!

Et celle-là, vingt-deux ans, à peine mariée depuis seize mois, cette petite Penel dont les plaintes emplissent le quartier de la Talaudière, aux poings de laquelle pendent des mèches de ses cheveux arrachés! A quatre ans, elle était orpheline, son père étant victime du puits Jabin; elle a grandi sans une caresse, sans une gâterie, vivant presque à la charité. Son mari, elle l'adorait avec ferveur, avec folie : il était toute sa famille, le monde entier, pour cette âme d'abandonnée! Ils ont eu un enfant, un bébé de six mois aujourd'hui; et elle ne veut pas croire au malheur, crie que c'est faux, ou se roule à terre en d'épouvantables crises, se refuse à être consolée.

— Mon homme! mon homme! mon homme!...

On n'entend que cela. Et tandis qu'elle se blottit contre moi, comme pour me demander asile contre la vérité, j'aperçois, accrochée au mur, au chevet du lit conjugal (de ce lit où les époux se sont connus, aimés, ont fait de la vie!), la couronne en perles noires qui, hier, ornait le cercueil, que l'on y reportera demain, quand la bière aura été mise en terre et la croix plantée!

C'est toute l'existence des mineurs, ce symbole de mort suspendu au-dessus de leurs joies : *Mané*, *Thécel*, *Pharès* cruel, immérité, que tressent en verroterie, contre le mur blanc, les doigts mauvais du destin!

Oh! les pauvres, pauvres gens!

EN HOLOCAUSTE

TREIZE MOIS APRÈS

Il y eut un an, le 3 décembre, que le grisou fit des siennes au puits de la Manu.

L'*Éclair* m'expédia là-bas, et je racontai toutes les désolations dont j'étais le navré témoin — les cinquante-six cadavres hissés du fond de la mine et rangés dans la paille, avec un falot pour cierge, à l'hôpital du Soleil ; puis, les obsèques terrifiantes, le long des rues de Saint-Étienne, les femmes hurlant à la mort, comme des louves, derrière les cercueils ; enfin, les détresses fatales : veuves, orphelines, vieilles mères, sanglotant, grelottant, sous leur mince robe noire, dans les logis sans feu, sans lumière, et sans pain !

Deux ans auparavant, j'avais fait même pèlerinage, en même circonstance, en la même ville. Seuls, le lieu de l'explosion et le chiffre des victimes différaient ; la catastrophe du puits Pélissier, concession de Villebœuf, atteignait ce nombre : deux cent — soixante-dix blessés, le reste au cimetière !

Précédemment, le désastre avait eu lieu à Verpilleux ; antérieurement, à Châtelus ; auparavant, au puits Jabin. Si bien que, presque tous les deux ans, le Moloch souterrain s'adjuge son lot de viande humaine, prélève la dîme sur le troupeau des travailleurs.

Que fait-on pour les préserver, pour les sauver ? Quelles mesures nouvelles sont prises, afin de déjouer le fléau ? De quelles garanties environne-t-on l'existence de ces malheureux, menacés de mort subite ou de mort lente, suivant que la « benne » les remonte refroidis ou mutilés ?

Car les plus à plaindre ne sont point les défunts ! Celui qui traîne sur terre ses membres estropiés n'est pas davantage utile aux siens que celui dont les membres pourrissent, sous terre, en quelque charnier. Bien au contraire ! Il était le gagne-tout, il devient le mange-tout ! Alors, il mendie...

Et Saint-Étienne, cité prospère, est, au point de vue de la déformation humaine, succursale de la Cour des miracles.

Des êtres sans yeux — je ne dis pas aveugles, je dis *sans yeux*, les paupières arrachées, les orbites rouges et caves suintant de vagues larmes — surgissent à un détour de rue, la main implorante, avec cette retenue dans la prière que garde toujours l'homme qui gagnait sa vie avant de la quêter.

Succédant à ceux-là, voici des larves, des formes rampantes dont la moelle est atteinte, dont les reins furent tordus ; avec des semelles sur le cou-de-pied, aux genoux, aux mains... cloportes écrasés dont les moignons trébuchent, et qui avancent de douze mètres en une heure !

Voici les défigurés : ceux qui ont le rire figé sur la

4.

face comme le Gwinplaine de Hugo; ceux dont les traits expriment l'horreur; ceux qui n'ont plus visage de chrétien et qui s'abritent de l'épouvante sous une sorte de cagoule !

Voici le menu fretin, le déchet, les veinards qui s'en sont tirés à bon compte; ceux dont la manche est vide, ceux dont la quille est de bois; les soudain bossus, les borgnes, les bancroches, les fiévreux, les hallucinés ! Tout cela est à la borne, après arrangement amiable — pour manger on n'attend pas — avec les Compagnies. Ils auraient eu quelques sous quotidiens, s'ils avaient pu patienter... Impossible ! Et pour une *grosse* somme : trois cents, cinq cents, mille, ou quinze cents francs, ils signent la renonciation à leur dû, l'abdication de leurs droits !

Quand la *grosse* somme est épuisée (pour peu qu'une demi-douzaine de mioches mordent à même, cela va vite !) ils sont « à la charité ». On était des hommes, on est des mendiants; on conquérait le salaire, on sollicite l'aumône... et l'on gémit aux passants le long des routes.

Que fait la sollicitude des heureux contre ces crimes de hasard, cette déchéance imméritée, les affres de cette chair douloureuse? Qu'enfantent la pitié et le savoir, en leur union féconde, pour le rachat des misérables ?

Rien.

Si — on juge !

*
* *

Dans la foule des humbles, on en choisit un, parmi ceux qu'une parcelle de pouvoir investit d'un semblant de responsabilité, ou qui, auteur effectif du sinistre, a agi par ricochet — victime faisant d'autres victimes, intermédiaire d'une force qu'il ignore, bonne ou mauvaise, transmise ainsi que reçue !

De cette unité, de cette faiblesse, de cette inconscience, placée par son mauvais sort sur le lieu de l'événement, tous ceux que menaçait la colère publique, tous ceux qui ont intérêt à ce qu'elle dérive, vont faire un coupable.

Il est, ce simple, le gérant de la catastrophe ; l'homme de paille voué aux mois de prison. L'humilité de sa situation ne cesse que lorsqu'il s'agit d'endosser une haute et éclatante réprobation. Alors, on le tire de son ombre, on l'exhibe, on l'élève à niveau du châtiment.

Lui, hébété, fou de chagrin, bien sûr qu'il est fautif puisque tant de gens le lui répètent, se laisse faire, perd le Nord. A se voir « devant les tribunaux » ; à songer que sa femme et ses petits vont jeûner, tandis qu'il sera en geôle ; à s'exagérer la flétrissure judiciaire ; à en calculer, pour l'avenir, la portée cruelle, beaucoup ont souhaité mourir, l'ont essayé, même... ont parfois réussi !

Alors, on proclame que ce sont les remords qui ont déterminé le suicide ; que le criminel « s'est fait justice ». Et la routine, la négligence, la cupidité, élaborent d'autres désastres — et de pareils responsables !

Je ne dis pas que c'est exprès ; je n'ai pas, grâce au ciel, assez de parti pris obtus dans le cerveau, pour supposer, pour dire, que les Conseils d'administration, composés de cannibales, se réunissent à seule fin de machiner la mort du pauvre monde. Ce serait idiot !

Mais la puissance formidable que décerne l'argent donne forcément le dédain de cette monnaie plébéienne qu'est l'existence du bétail à gain : ouvriers, clients. Les mêmes hommes qui sont d'excellents fils, de parfaits maris, de tendres pères, très capables, à l'occasion, du bon mouvement individuel envers un gueux, deviennent, réunis en leur ensemble, masqués d'anonymat, les molécules d'un tout féroce — comme les crimes de foules sont toujours suspects de ce calcul vil, de cette arrière-pensée ignoble : l'espoir de l'impunité!

Ce qu'on ne ferait pas personnellement, on le fait communément, se sentant le pouvoir invisible du faisceau dont les brindilles sont toutes semblables ; étayé par les vices bien plus sûrement que par les vertus ! La moralité s'émousse, à ce jeu terrible; et la *self-defense*, d'accord avec l'usage, les précédents, d'accord avec la loi, sacrifie ce qu'il faut d'holocaustes pour assurer sa suprématie et sa sécurité.

De là, ces surprises, ces ahurissements de l'opinion, devant les maigres morceaux qu'on lui jette en pâture. Des semaines, elle s'est indignée, a grondé, a rugi ; la presse a tonné, invoquant prompte et sincère justice, protestant que, cette fois, on n'amuserait point, par des hors-d'œuvre, sa fringale de vérité.

Alors, en grande pompe, on lui livre « l'émissaire », un mécanicien, un contremaître, un passant, un employé subalterne — un « gens de rien »!

C'est, pour la catastrophe de Saint-Mandé, le conducteur Caron ; c'est, pour l'explosion de la Manu, le gouverneur Moulin.

Seulement, cette fois, les juges, moins cruels, s'en sont tenus au minimum : cent francs d'amende, un mois de prison.

Ça met le cadavre, l'un dans l'autre, à vingt sous pièce... c'est pour rien !

.
. .

Qu'on ne se méprenne pas à mes paroles, qu'on ne

me suppose pas choquée de cette indulgence — je ne suis choquée que de la condamnation!

Car, si faible soit-elle, par cela même, son inutilité, son inconséquence, son illogisme, n'en ressortent que plus clairement. Il n'y a pas à crier, comme lors de ces verdicts, scandaleux de férocité, qui concilient à l'inconnu de la veille les sympathies publiques : savant ou ignorant, inventeur ou ouvrier; Turpin, dans la prison d'Etampes, Caron, dans la prison de Poissy.

Non, l'arrêt est humain, quant au total adjugé... mais alors pourquoi le rendre? Car le dilemme est absolu. Ou ce meneur de machines, ou ce surveillant de travaux, est l'auteur réel de la tuerie, de l'écrabouillement sur les voies, dans les fosses — et, alors, que pèse le mois de détention infligé à Moulin, et même les vingt-quatre mois de Caron? Ou l'un, comme l'autre, est innocent — alors pourquoi le punir?

« Responsabilité mitigée »? Oui, je sais, c'est la formule. Mais alors, qui en endosse l'excédent? Comment voulez-vous que le pourquoi de ces palinodies ne soit pas visible aux yeux les moins clairvoyants? La loi est formelle : il lui faut son gibier, une cible à accusation, discussion, réquisitoire, défense, et tout ce qui s'ensuit. Pourvu qu'elle ait un nom à mettre entre ses grimoires, et un homme à asseoir au banc d'infamie, elle est contente, la chère ogresse!

Elle est d'origine, d'instinct, avec les riches contre les pauvres — puisque ce sont les riches qui l'ont faite! Pourquoi irait-elle chercher le fin du fin, là où les apparences, pour les esprits non subtils ou les cœurs non sincères, lui donnent raison!

Elle juge, elle condamne. Quand jurés et magistrats sont de braves gens, ils s'efforcent de mettre d'accord leur conscience et le code, en mitigeant le plus possible les rigueurs pénales. Quand ce sont des gredins, ils l'exagèrent, par pure haine des malheureux.

Mais quand donc établira-t-on le bilan que je réclame, le bilan que l'on a droit de réclamer, en présence de catastrophes si réitérées, si proches ; et desquelles, je vous assure, le public et le peuple, l'un consommateur, l'autre producteur, commencent à se lasser ?

Simplement ceci : établir les bénéfices de l'entreprise ; le prix de revient de l' « accident »... et ce qu'auraient coûté les précautions à prendre, les réformes à apporter, les changements d'outillage, l'augmentation de personnel, les frais d'entretien, pour éviter ledit accident.

En vérité, je vous le dis, le sinistre avec sa moyenne ordinaire de victimes — cent à cent cinquante — représente encore du boni.

Concluez.

LES SATISFAITS

> Le dos au feu, le ventre à table,
> Un bon bourgeois dans sa maison...
> BÉRANGER.

Pour Jean-Louis Forain.

J'ai parlé des misérables, souvent ; de leur nombre sans cesse augmentant ; de leur détresse accrue à chaque tour l'horloge ; de ce grondement de sanglots, encore lointain semble-t-il aux durs d'oreille, mais qui se rapproche en cyclone ; de cette marée de larmes qui a, depuis longtemps, dépassé le vieil étiage, et monte, monte, comme le flot formidable des inondations !

J'ai dit que les grands envahissements dont parle l'histoire : les Asiates, les Africains, débordant sur l'Europe, ainsi que des légions de rats, ainsi que des nuées de sauterelles ; que les révoltes d'esclaves ou de serfs, précédées de la terreur, torche au poing, suivies de la dévastation, faulx en main, et qui laissaient le sol ras, Ilotes, Bagaudes, ou Jacques; que la Révolution, celle dont on nous exhibe les friperies sans nous en rendre l'âme — j'ai dit que tout cela serait et paraîtrait jeux d'enfants auprès de l'Insurrection de la faim !

Ce ne sont pas là menaces... Les menaces sont vaines, ne prouvent rien, ne servent à rien. C'est la constatation désolée d'un état social auquel le seul remède possible serait que la bourgeoisie, elle aussi, après cent ans de jouissance, se résignât à abdiquer; à imiter ceux qu'elle déposséda jadis; à avoir, cette parvenue, l'élan qu'eurent ses seigneurs, dans la nuit du 4 août.

Y consentira-t-elle ? Cela n'est guère probable. En dépit de son élévation, elle garde la tache originelle, le sceau de médiocrité des castes intermédiaires — ignorante de l'éducation qui tient lieu de vertu, parfois, aux aristocrates; incapable de l'instinct qui jaillit du cœur des simples !

Elle s'empara des biens de la noblesse, elle ne sut acquérir aucune de ses audaces, aucune de ses élégances, aucun de ses désintéressements; aussi peu apte à bien s'habiller qu'à bien mourir, ou qu'à se ruiner avec grâce; hostile à tout art nouveau, à toute fiction généreuse, n'agréant que la banalité du succès; écrasant, sous son talon noir, les fleurs de lis de France et les rouges pavots de la Liberté !...

Tout un demi-siècle, elle accepta qu'on mourût pour elle, qu'un fils de gueux vendît sa peau, afin qu'un fils de banquier continuât, loin des horions, à parfumer et soigner la sienne. Ainsi, la bourgeoisie, inconsciemment, préparait sa déchéance; en ce pays où le courage fait les chefs, après avoir fait les rois ! Quand elle se sentit trop méprisée, elle accepta de subir la loi commune; mais, plus de cinquante années, elle avait esquivé l'impôt du sang — et sa légende de « prudence » était établie.

Non qu'il n'y eût parmi elle des courageux ; et le ciel me garde de conclure de la majorité à l'unanimité ! Si, au cours des guerres civiles, il n'y eut point de héros dans ses rangs — l'idée seule fait des héros, et non l'intérêt — il y eut tout au moins des hommes résolus, qu défendirent leur situation au péril de leur existence.

En Juin 48, surtout ; contre cette émeute inquiétante qui ne procédait pas de la politique, mais de la famine : mère de celle que nous verrons demain. En Décembre 51 aussi, quelques vaillants garçons, en haut-de-forme et redingote, se firent tuer pour les beaux yeux de cette Marianne qui avait mitraillé les ouvriers, et que les ouvriers regardaient égorger à leur tour, les mains dans les poches, plutôt gouailleurs.

En Mars 71, tant qu'on crut que ce n'était pas sérieux, les bourgeois restèrent. Mais, dans la nuit du 23, après la fusillade de la place Vendôme, tous les quartiers riches retentirent d'un galop de panique. Devant chaque porte, cinq, six fiacres attendaient, qui roulaient bientôt, chargés de bagages, emportant les valeurs... et les hommes ! Le 24, au matin, chez ceux qui auraient dû se défendre à coups de fusils, comme leurs pères de 48, il ne restait que les femmes, les enfants, les domestiques, les vieillards, et les impotents !

Il est vrai que les autres rentrèrent — derrière l'armée de Versailles ! — après deux mois de villégiature ; plus acharnés que les soldats (harassés par dix mois de campagne) à l'œuvre de répression !

*
* *

Ah ! non, vous savez, elle n'a rien qui enthousiasme cette reine d'hier, qui dépense trois cent mille francs pour la mascarade de son apothéose, alors qu'en bons de pain, de viande, en arriérés de loyer, cette grosse somme eût soulagé tant de détresses, apaisé tant de colères, séché tant de pleurs !

Voilà l'hiver qui vient, avec son cortège de souffrances, tout le supplément de tortures qu'il ajoute aux maux des pauvres gens. Croyez-vous que les mânes des vainqueurs de Valmy, des chaussés de paille et des sans-gamelle qui sauvèrent la République, n'eussent pas été mieux honorés à songer que leurs descendants, ceux qui n'ont point profité de leur effort, auraient dû, au souvenir de l'héroïsme ancestral, quelques jours de soupe chaude, une carmagnole de laine, une paire de souliers ?...

Mais allez donc lui demander de ces inspirations, à la bourgeoisie ! Elle ne peut les avoir : elle hait les plébeiens. Elle ressent, à leur égard, toute la rancune d'Harpagon envers ses héritiers ; avec cette aggravation abominable : qu'ils hériteront DE SON VIVANT ! Ils l'inquiètent, ils la gênent, ils sont le convive qui attend, qui va prendre la chaise et le couvert, alors qu'elle se sent si bel appétit ; qu'elle préférerait, en tout cas, crever d'indigestion, jeter les vins à la Seine et les victuailles à l'égout — plutôt que de leur en laisser seulement renifler l'odeur !

Pour une belle âme, elle a une belle âme !

Son socialisme actuel est fait de sa peur, comme aussi son amour de l'armée. L'un fera patienter, espère la présente génération de possédants, assez pour qu'elle tire son épingle du jeu. L'autre est sa sécurité, son appui, sa garde ; on la veut forte « contre l'ennemi », dit-on en clignant de l'œil vers le Rhin. Mais le regard trahit, s'abaisse, se retourne vers l'intérieur : contre les partageux...

Seulement, comme nos maîtres sont étriqués, ils ne savent même pas faire des prétoriens. Le peuple en uniforme n'est guère mieux traité, dans le fond de ses casernes, que l'autre dans le fond de ses ateliers ; si l'armement occupe, le bien-être individuel du soldat est chimère. Il pourrit de fièvre typhoïde, dans des bâtisses malsaines ; buvant de l'eau dont les conseillers municipaux ne voudraient pas pour leur chien. Il s'en va périr, dans les expéditions lointaines, supplicié, décapité, pour la plus grande gloire de tel ou tel politicien — sans même être sûr que sa mère portera son deuil, ou que sa promise ne sera pas avisée d'un faux décès!

César est adoré de la foule en armes, mais César fait largesse, mais César s'inquiète de la santé et de l'humeur de ses hommes, et veut qu'ayant été à la peine ils soient à la liesse...

.˙.

Reste Dieu — qui, paraît-il, est l'ennemi! Il a servi longtemps à détourner l'attention des multitudes : qui regarde Notre-Dame tourne le dos à la Banque.

Aujourd'hui, le procédé paraît usé. Et quand on apprend que le gouvernement alloue 20,000 francs à l'enlèvement de la croix du Panthéon (qui ne gêne personne!) les moins dévots se demandent si encore ces 20,000 francs-là n'auraient pas été mieux employés au soulagement des malheureux.

Nul ne s'en est avisé.

Mais que lui reste-t-il donc, à cette classe régnante, si elle n'a ni la pitié, ni l'héroïsme, ni la foi?

Qu'aime-t-elle?

Notre bourgeoisie, en général, aime bien l'Argent... Et il est curieux de constater à quel point son égoïsme, sa férocité s'exaspèrent, lorsqu'elle croit, lorsqu'elle sent son bien visé — et si le pauvre, las de ramasser les miettes dans la poussière et sous les semelles, étend sa maigre main vers le pain convoité.

Ecoutez plutôt.

Voici, dans le *Figaro*, l'interview de M. Alphonse de Rothschild, par Jules Huret. Je n'y veux point m'appesantir, puisque, après quarante-huit heures, l'intéressé en a rétracté quelques points ; cependant, il contient des déclarations d'une philanthropie éminemment discutable. « Les ouvriers sont très satisfaits de leur sort, ils ne se plaignent pas du tout... Si le partage n'est pas équitable, si les ouvriers ne se trouvent pas assez payés, ils ont le droit de grève. Qu'ils s'en servent !... N'est-il pas naturel que celui qui apporte le capital soit mieux rétribué et ait plus de jouissances que l'ouvrier grossier et brutal qui n'apporte à l'œuvre que le concours intelligent de ses bras ?... »

Après le grand financier, voici le gros bourgeois, l'abonné du *Temps*, qui explique bien posément que Bonsans, l'ouvrier tombé d'inanition à Corbeil, a reçu, en quinze jours, du bureau de bienfaisance de cette localité, pour lui et sa famille, 6 kilos de pain et 500 grammes de pot-au-feu. Le certificat médical du docteur Vigne porte : « Mort de besoin », ce qui est bien différent, on en conviendra, de : « Mort de faim ». L'abonné du *Temps* a hésité longtemps à faire cette rectification ; il n'a ouvert sa main, pleine de vérités, que parce que Bonsans, comblé de tels bienfaits par sa ville natale, avait fait preuve, en se laissant mourir sur son territoire, de manque de tact et d'ingratitude.

Mais ceux-là ne sont que des dédaigneux, des indifférents. Il en est d'implacables ; témoin la lettre suivante, à moi adressée par un bonhomme que je ne désignerai pas, sachant, dans cette région du Mans, quelques gens de tempérament un peu nerveux.

Après des aménités personnelles, donc sans intérêt, et basées sur ceci : que je défends « la canaille », mon aimable correspondant entre au vif de la question.

« Vous soutenez les ouvriers, cette clique qui ne demande qu'à gagner de l'argent pour se saouler. Combien y en a-t-il qui ne vont pas boire tout au cabaret ?

« De même dans vos grèves. Les grévistes, en voilà des gens intéressants ! Calvignac, entre autres, un rude chenapan ! Quand on veut être maire, IL FAUT AVOIR LE MOYEN DE L'ÊTRE, ou ne pas accepter. Tous coquins et bandits !

« Ils ont, dites-vous, des enfants, un, trois, six. Et pourquoi les font-ils ? Toujours pour la même raison, parce qu'ils sont saouls, rentrent chez eux, se couchent... » (Ici une phrase impossible à transcrire.) « Tant pis pour eux, fallait pas qu'ils en fassent ! Ceux qui en veulent, qu'ils en subissent les conséquences.

« Ah ! si j'étais dans la possibilité de le faire, savez-vous ce que je voudrais ? Une main de fer sur la France ; supprimer mille fois la liberté de la presse ; en cas de grèves, envoyer des régiments qui cerneraient le pays ; plus de syndicats !

« Quant à tous ceux qui emploieront l'insolence, ou feront des réunions, et empêcheront les bons ouvriers de travailler — devant le peloton d'exécution et fusillez-moi ça sans jugement, séance tenante, voilà ce qu'ils méritent !

« Retenez bien ceci : nous allons à une catastrophe, et c'est vous qui y poussez ! »

. . . .

Je n'y pousse pas, bon Manceau — je la sens venir, comme Cassandre errant dans Troie. Seulement, après lecture de votre lettre, les vivacités révolutionnaires à prévoir, et qui chiffonnaient mon respect d'autrui, m'apparaissent, je ne sais pourquoi, sous un autre aspect... réponse de la bergère au berger que vous êtes, amène capitaliste!

Et, en récompense de ce don de propagande involontaire, de transformer ainsi mes sentiments, de faire pousser des crocs aux brebis, non, décidément, je ne donnerai pas l'adresse de ce bourgeois-là...

Il est un trop beau spécimen de sa race — j'y tiens!

PARCE QU'ANARCHISTES...

POUR UN LAPIN!

A Émile Bergerat.

Je sais bien que les anarchistes sont un petit peu moins que les chiens : aux yeux des bourgeois d'abord — cela, c'est la guerre ! — mais surtout aux yeux des socialistes gouvernementaux, des socialistes d'Etat. Jamais frères ne furent davantage ennemis ; jamais voisins ne s'exécrèrent si cordialement ; jamais plus de détritus et de projectiles ne franchirent le mur mitoyen !

La fameuse devise de nos murailles : *Liberté-Égalité-Fraternité*, garde au moins les apparences envers le commun des mortels, est de mise à peu près pour tous ... sauf pour les compagnons ! Ces gens, à qui est demandé le respect de la loi, sont d'avance hors d'elle ; quoi qu'ils fassent, c'est le maximum !

Il faut trouver un jury intelligent et humain, comme celui devant qui comparut Francis, pour que l'anarcho soit traité, non pas avec faveur, mais en simple citoyen. Et que si un président est poli, que si juges et jurés en agissent envers l'homme comme il devrait toujours en être à l'égard d'un prisonnier, d'un accusé, au lieu de les encourager dans cette voie (qui est la bonne), un charivari d'imprécations s'élève : « Ah ! les lâches... qui ont eu peur ! »

Comme c'est malin ! Comme c'est digne ! Et comme c'est juste !

Si bien qu'il y a, en vérité, deux catégories d'individus : le tas de messieurs, républicains, monarchistes, radicaux, opportunistes, pour qui le Code est fait ; à la tutelle, à l'intervention, à la clémence duquel ils ont recours, de droit — et le groupe qui ne connaît, du même, que la négation en matière de protection, et l'outrance en matière de châtiment !

Il en est de cela absolument comme des familles où le dernier né, sans qu'on sache pourquoi, est la cagnotte à gifles, la tirelire à coups de pied. L'amour paternel, maternel, qui se manifeste, envers les autres, par des caresses, des gâteries, des friandises, et des noms d'oiseau, prend, envers le cadet de la race, le culot, cette forme particulière. Et l'on s'étonne qu'il ait de « mauvais instincts » ! Et l'on s'effare qu'il tourne mal !

Mais c'est s'il tournait bien qu'il y aurait de quoi rendre l'âme... de saisissement ! Chaque fois qu'il est question de l'anarchie, de ses rapports mouvementés avec la magistrature, je songe au douloureux et sardonique *Poil-de-Carotte*, de Jules Renard, cette féroce, cette impitoyable satire de certains élevages modernes.

— Comme cet enfant est méchant !

Oui, monsieur, oui, madame, il est incontestablement méchant. Mais si vous saviez que de peine on s'est donné, avant que d'en arriver là ; si vous saviez avec quelle sollicitude on l'a arrosé de vitriol, ce jardin des primes vertus, afin que rien n'y pousse — combien plus vous vous extasieriez !

Les anarchistes sont des monstres ; c'est convenu, entendu ! On les taxerait même d'anthropophagie, que je ne me risquerais pas à protester. Mais, veut-on me dire *depuis quand* ils sont des monstres, *depuis quand* ils ont passé de la théorie à l'action, et mis des signets rouges à la Bible de la Révolte ?

Quel est le fait qui a pétrifié l'implacabilité en ces âmes, tué l'instinct de compassion, enragé les plus timides ? Quelle est la déterminante de ce changement, de cette évolution ?

Et il faut toujours revenir à l'affaire de Clichy, non pour les horions échangés dans la bagarre (on risquait la mort de part et d'autre !) mais pour l'atroce et odieux martyre infligé par les agents du poste aux prisonniers !

Parlez de Decamps, de Ravachol, aux compagnons. Ils se fichent pas mal des verdicts qui ont envoyé l'un aux geôles, l'autre à la guillotine. Cela, c'est l'enjeu — la liberté ou la tête — de la partie perdue. On paie : et il n'y a rien à dire.

Mais où les yeux flambent, où les poings se crispent, où les voix s'enrouent de fureur, c'est lorsque sont évoqués les « passages à tabac » de l'un ou de l'autre ; ces scènes immondes où vingt hommes se ruent sur un désarmé, l'assomment, le pilent, lui font jaillir le sang de la peau !

Ce n'est plus de la chasse, cela, c'est la curée des chiens !

Et l'impression d'horreur qui s'en dégage est si vive que j'ai retrouvé même frisson chez les maltraités de Satory ou de Nouméa. Relisez *Mon Bagne*, d'Humbert, ce récit tout chaud, tout palpitant, d'un forçat à qui l'avenir réservait quelques jolies revanches ; causez avec Jaclard, et encore d'autres. Ils vibrent bien moins au souvenir des fusillades sommaires qu'au rappel des sévices humiliants, des férocités lâches, de la cruauté vile : manifestée par les pékins à coups de canne, de parapluie, d'ombrelle ; par les soudards à coups de crosse, de fourreau... ou de bottes !

L'arme blesse — le crachat envenime !

.·.

Et j'en apprends tant et tant, chaque jour ; de si étranges, de si invraisemblables constatations s'imposent, que, sincèrement, j'en arrive à peu près à tout comprendre, sinon tout excuser !

Certes, s'il n'y avait que moi pour allumer des mèches, les architectes et les vitriers n'attraperaient pas de courbatures ; mais il est impossible, en toute bonne foi, de ne pas reconnaître qu'on semble prendre à tâche d'alimenter les fièvres, de fomenter les haines, d'exaspérer les indignations !

Je ne romantise pas, je vous assure ; je ne menace pas non plus... rien n'est plus bête ! Et je pontifie encore moins, nul, sauf idiotie, ne pouvant se targuer d'influer sur le cours des choses ; de tenir, au bout d'un fil, la révolution sociale. D'ailleurs, si on me l'avait confiée, je l'avoue ingénuement : il y a belle lurette qu'elle aurait pris son vol !

Beaucoup d'humilité, la conscience de sa parfaite impuissance, un brin de philosophie — avec cela on peut regarder passer les événements. Non que je manque de partialité : j'en suis pétrie ! Mais, en telle matière, l'étalage de sa propre conviction me semble importer moins que la mise en valeur, la mise en lumière, des ambiances qui la peuvent servir.

Dire d'un adversaire : « C'est un coquin ! » prouve seulement qu'on n'est pas d'accord. Et le public blasé, édifié, las de voir « battre comtois » passe, haussant les épaules. Ne vaut-il pas mieux exhiber la coquinerie... avec un bout de toilette, mais sans se prononcer ?

L'auditoire, alors, devient tribunal. Il juge, de lui-même. Et le cœur de l'homme est ainsi fait qu'il attache une bien autre importance à son propre verdict qu'à votre personnelle opinion, en quelque estime qu'il vous puisse tenir.

Il a raison : la sienne est meilleure ! Plus instinctive, plus neuve, elle a encore cet avantage de ne pas résumer l'impression d'une unité, de se multiplier à l'infini. Comme la calomnie dont parle Bazile, mais pour le bien, elle fait avalanche, elle fait torrent, gonfle, gronde. Alors, c'est l'Opinion — qui entraîne les rois, renverse les ministres, casse les arrêts de la justice... et le juge avec !

∗
∗ ∗

Ainsi, tenez, je soumets à cet arbitrage deux cas inouïs : l'un qui eut l'Italie pour théâtre, et Reggio pour scène, voilà deux ans passés ; l'autre, tout actuel, qui se produisit à Paris et attend son dénouement.

Commençons par le plus ancien.

A Mirandola, près Bologne, éclata, un jour, une polémique des plus vives entre le journaliste Ceretti et le groupe anarchiste de l'endroit. Ceretti, ainsi qu'il est d'usage entre gens différant de vues politiques, traita les anarchistes de mouchards ; et les anarchistes — après refus de rectification — ripostèrent en assommant Ceretti.

On avait bien aussi un peu joué du couteau, mais

c'est là distraction transalpine sur laquelle il est de meilleur goût de point insister. D'ailleurs, l' « exécution », pour brutale qu'elle fût, n'avait point été féroce. La preuve en est que la victime, égratignée et non lardée, fut, heureusement, vite debout.

Parmeggiani faisait de la propagande, Parmeggiani était gênant... les autorités voulurent persuader à Ceretti que Parmeggiani était l'un de ses meurtriers.

Or, dans la bagarre générale, le publiciste n'avait pas pu distinguer grand'chose, s'était trouvé blessé sans trop savoir comment. Sur un seul point, il était affirmatif : c'est qu'il n'avait pas vu Parmeggiani, c'est que Parmeggiani n'en était pas !

Singulier criminel, que celui qu'il aurait tenté d'occire ignore !

Ni injonctions, ni prières, ne vinrent à bout de Ceretti. Contre les unes, contre les autres, il se défendit comme un beau diable ; refusant obstinément de porter plainte ; criant, à qui voulait l'entendre, qu'on accusait un innocent.

Il y a mieux. D'une attestation signée par trois Français et cinq Italiens, fixés en Angleterre — des négociants, des artistes, des professeurs, tous citoyens de métier et d'humeur plutôt pacifique — il ressortit, clair comme le jour, qu'à l'époque de l'événement Parmeggiani *était à Londres !* Le propriétaire de la maison qu'il habitait alors, 10, Richemond Building, place Soho-Topdon, était parmi les signataires ; et, pour qui connaît les rapports habituels entre anarchos et proprios, ce témoignage est décisif.

Il ne le fut pas pour la cour de Reggio. Imperturbable, elle prononça l'arrêt que voici : **trente ans de bagne, dix ans de sujétion policière !**

Et, depuis, Parmeggiani erre, à la merci des traités

d'extradition. L'Italie réclamant, l'Angleterre l'envoya délibérément promener ; la France, elle, hélas, Parmeggiani sous clef pour d'autres motifs, en délibéra.

Mais le second fait, d'origine plus infime, de résultat non moins inique, de menace davantage terrible, est, peut-être, encore mieux significatif. Il débute en abbaye de Thélème : on le veut faire aboutir à l'abbaye de Monte-à-Regret.

Trois bonshommes, Forêt, Perrin, et un autre, avaient projeté de manger une gibelotte. En soi, l'idée n'était pas subversive ; mais pour faire une gibelotte, il en est comme du lièvre par rapport au civet : il faut du lapin ! Or, ni Perrin, ni Forêt, ni le troisième, n'en avaient la première patte.

Il y avait bien ceux de la Compagnie de l'Urbaine, élevés sous les remises : de beaux lapins charnus, dodus, avec un râble de chantre, une petite bedaine de financier...

C'est dégoûtant, lorsqu'il y a des gens si maigres, de voir des lapins si gras ! On se donna le change, on voila le profane désir de gueuleton, de la théorie protestataire contre l'embonpoint mal acquis. Et il fut décidé qu'on goûterait des lapins de l'Urbaine.

Je ne dis pas que le procédé soit délicat ; j'en userais avec difficulté pour moi-même ; mais, enfin, supposez qu'il s'agisse de simples gourmets, ayant des appétits et point de conviction ; supposez que le gardien leur ait allongé un coup de fusil qui ait étendu l'un des visiteurs nocturnes raide sur le carreau — et voyons l'indignation légitime qu'eût soulevée le cas de ce pauvre diable : *tué pour un lapin !*

Est-ce vrai ? En pareille occurrence, les défenseurs les plus acharnés de la propriété hochent-ils la tête, déplorant qu'on ait déployé telle rigueur et chargé à balle, alors que le sel ou la grenaille suffisait ? Oui ou non, cela est-il exact ?

On sait bien que oui... et vous allez voir quelle portée donne cette simple supposition à ce qui s'en est suivi !

Quatre habitants de la localité veillaient ; des boutiquiers voisins, dans leur rôle, après tout, et qu'en bonne équité l'on ne peut qu'estimer d'un courage inhabituel à leur pacifique corporation. Des grincheux objecteraient, peut-être, qu'ils n'avaient que faire de jouer les Lecoq ; et qu'ils furent des foudres de guerre, ignorant que leurs adversaires étaient armés.

Mais il ne faut jamais écouter les grincheux — ils rendent impossible toute illusion !

Bref, les quatre mousquetaires, après avoir veillé dans l'ombre, sous l'œil de Dieu et de Gaboriau, se précipitèrent munis de triques... ils furent reçus à coups de revolver ! J'ai oublié de dire que ceci se passait dans la plaine Saint-Ouen, où pas un sportsman attardé, pas un reporter en quête d'informations, pas un boursier trottant vers sa villa d'Enghien ou de Montmorency, ne s'aventure, à la nuit, sans être armé.

Tiens ! On peut rencontrer des agents !

*
* *

Ce qui arriva, on le devine. Le plus téméraire des quatre habitants reçut une balle dans le gras du bras ; tous poussèrent des cris de pompe à feu ; la police survint ; un des amateurs de lapins fila — et les deux autres ont comparu en Cour d'assises le vendredi de l'autre semaine.

Mais ce que je mets au défi de deviner, c'est le verdict !... Jusqu'ici, j'ai pu plaisanter, parce que si la théorie du vol me trouve rebelle, il ne s'agissait guère là que de maraude. Puis aussi, parce que le blessé, heureusement, se porte à merveille, ce qui supprime net, on en conviendra, toute question de sentiment. Même les lapins, menacés — ô sort épouvantable ! — de sombrer en des estomacs anarchistes, ont connu la douceur des estomacs bien pensants.

Sur qui donc aurais-je larmoyé ?

Tandis qu'aujourd'hui, il est une victime, une vraie... Et c'est pour qu'un crime ne se commette pas que j'élève la voix ; que je soumets le cas à l'arbitrage du public ; que j'invoque non seulement la clémence des ayants droit, mais tout ce qui peut subsister de justice dans les âmes saines et les consciences droites — quelle que soit l'opinion !

Perrin a été condamné à deux ans de prison ; Forêt a été condamné à LA PEINE DE MORT ! Pour un lapin ! Car personne ne sait de quel revolver est partie la balle dont fut atteint le notable ; personne ne l'a établi.

A l'échafaud : pour un lapin ! Le chef tranché : pour un lapin ! Cela semble fou !

Aussi y a-t-il autre chose... Perrin s'est tu ; Forêt a crâné, fait de la doctrine, terrifié les jurés ! Les rois se contentaient de percer du fer la langue qui avait proféré le sacrilège ; les bourgeois veulent la tête entière, afin que, même mutilée, la langue qui les fit trembler soit muette à jamais !

Puis il a, le malheureux, conté son « passage à tabac ». Et d'une lettre de Gallau, père du complice en fuite, j'extrais ceci : « Ce que la police est venue chercher chez moi, c'est le linge ensanglanté de Forêt, condamné à mort ; sa chemise, qu'il m'a envoyée du Dépôt, où les traces des coups de sabre qu'il a reçus au poste sont évidentes — elle voulait faire disparaître les pièces à conviction.

« Forêt, ne voulant pas dire son nom, fut attaché les mains derrière le dos, et frappé atrocement par les agents, à coups de poing et à coups de sabre, pendant que l'un d'eux le tenait... »

Ici se place un détail d'une telle cruauté, d'un tel réalisme, qu'il ne saurait trouver place en un feuillet signé d'une femme. Mais le cœur défaille de ces ignominies.

A se les rappeler, Forêt a perdu la tête, a laissé crier sa colère et sa douleur — on a répondu par un arrêt de mort !

S'exécutera-t-il ? Verra-t-on s'élever la guillotine de « tendances », comme, jadis, il y en eut les procès ? Coupera-t-on le cou à un homme pour ses opinions... et parce qu'il les a proclamées véhémentement ?

Il n'en a fait ni plus ni moins que l'autre : osez donc dire que ce n'est pas l'anarchiste que vous frappez en ce chapardeur !

TUEURS DE FEMMES

Pour Paul Adam.

Il ne faut pas s'y méprendre, on ne s'y doit pas tromper : les trois quarts des gaillards qui assassinent leur légitime n'ont aucunement l'excuse de la jalousie, le prétexte de la passion.

La passion est rare, entre gens qui *se doivent* de l'amour — comme on se doit de l'argent! — la contrainte par corps, supprimée entre particuliers pour dettes ordinaires, existant, dans toute sa vigueur, pour dettes conjugales.

Il s'agit de faire honneur à sa signature, de payer (à vue) les traites qu'il plaît à l'époux de présenter. Car celui-ci, ne l'oubliez pas, peut se soustraire, par la fuite, à un déplaisant règlement de comptes : la banqueroute masculine est admise; la force armée n'a que faire aux trousses du mari déserteur.

Tandis que, pour la femme, il en est tout différemment. *Urbi et orbi,* en sa patrie, elle reste sous la coupe du maître ; le carcan demeure rivé à son cou ; et, si sa retraite est découverte, le maître peut la faire ramener à l'ergastule par le gendarme — parfaitement! — tout comme une voleuse ou une criminelle.

Pourquoi le gendarme la ramène? Mon Dieu, n'insistons pas. La loi, si sévère à l'indécence, si ridiculement prude envers un dessin leste, un couplet grivois, sait, quand besoin est, se transformer en matrone ; emploie son action à de singulières entremises, son personnel à d'étranges besognes.

Pourquoi Pandore reconduit Madame à Monsieur? Dans quel but? A quelles fins?... Tout juste pour que la malheureuse subisse la contrainte que le Code punit du bagne si on ne l'a pas consulté, s'il n'est pas intervenu.

Il y a, somme toute, entre le devoir conjugal imposé à la femme, et le libre don de sa personne, la même différence qu'entre la prostitution administrative et la prostitution libre. L'Etat protège l'une et combat l'autre : l'Etat, qui a adjugé cette femelle à ce mâle, n'admet pas qu'elle se refuse ; punit le viol d'étranger à étrangère, et patronne le viol légal commis par l'époux sur l'épouse.

Il faut, pour qu'il se résolve à les disjoindre, les coups et les injures laissant traces (devant témoins) les torts pécuniaires — toutes les herbes de la Saint-Jean! Mais il est encore à inventer, le tribunal qui admettra, comme rédhibitoire, le grief d'incompatibilité d'humeur, la révolte de la chair, hostile dès le premier jour, ou fatiguée du joug!

Certes, on ne peut m'accuser de vénérer la matière ; j'en ai le dédain, j'en ai le mépris! Je crois à l'âme immortelle, captive en sa cangue de boue vivante ; je crois à l'éternité du beau, du bon... comme je crois à la splendeur des astres, à la douceur des roses, à la fécondité des moissons! De mon moi terrestre, je sens parfois, dans les nuits claires, dans les aubes irisées, dans les crépuscules opalins, comme un grand oiseau qui prend essor vers les sphères inconnues; s'en va cogner de l'aile contre la coupole bleue des cieux; retombe meurtri; et repart encore — inlassable, en son élan vers l'au-delà!

Je ne suis donc point suspecte de matérialisme, au sens strict et un peu bas du mot. Mais il n'en est pas moins vrai que, par bien des côtés, nous sommes des bêtes; que la « guenille » a ses droits, imprescriptibles d'autant qu'ils sont, plus qu'on ne le croit, lorsqu'il s'agit du libre arbitre, jumeaux de la pensée.

Or, lorsqu'un être n'en peut, ou n'en peut plus, physiquement, supporter un autre, l'immoralité est de le contraindre à un acte qui n'a d'autre atténuante que l'amour ... ou la faim!

.˙.

D'où vient donc cette intervention de la loi; cette partialité en faveur du fort contre le faible; ce vieux reste de barbarie qui entache notre pseudo-civilisation?

Ne cherchez point! Il en est de cela comme de l'autorité paternelle, comme de la bénignité des châtiments qui frappent les parents bourreaux ou les maris chourineurs.

C'est le legs de la vieille législation romaine : le pouvoir illimité du chef de famille sur les siens; l'enfant *propriété* du père, la femme *propriété* de l'époux!

Voilà le grand mot lâché : propriété! Car c'est l'instinct de possession, encore, qui se retrouve au fond des crimes de foyer. Il assure — les coupables l'espèrent, du moins, et l'événement, souvent, leur donne raison — l'impunité, ou la presque impunité, du forfait. Ceux qui le commettent, investis d'une sorte de mandat légal leur semble-t-il, ne ressentent ni les appréhensions, ni les remords des simples mortels. Beaucoup sont étonnés des poursuites ; ils croyaient avoir le « droit » — que ce fruit de leurs entrailles leur appartenait comme les produits de leur champ ; que cette acquisition conjugale était là au même titre que l'horloge ou le bahut !

Et pas seulement à la campagne, mais à la ville, c'est cela, ce sentiment, exaspéré comme un calcul déçu, une spéculation déjouée, qui arme la main de presque tous les meurtriers.

Passion? C'est vite dit ! A part quelques Othello souvent ridicules, plus souvent odieux, la passion n'exerce pas tels ravages en notre tiède époque.

Je distingue bien mieux, dans ces explosions de fureur, colère d'acquéreur riche qui se trouve « floué » ; colère d'allié pauvre qui se juge lésé. La femme veut reprendre sa personne, la marchandise livrée et payée : « Au voleur ! » La femme, si c'est elle que la fortune a favorisée, veut reprendre sa personne et sa dot : « Au voleur ! »

Et le « volé » tire dans le tas ; tue un passant, un concierge, un cocher, une amie... comme cela se fit, boulevard Malesherbes.

Encore celui-là s'est-il fait justice, a-t-il débarrassé son épouse et la société de sa vilaine présence. On avait d'abord parlé d'un drame de la jalousie ; et les gens insensibles aux peines de l'amour libre — « Fi ! Pouah ! Comme les bêtes, alors ? » — et sensibles seulement aux déboires du conjungo, avaient déjà tiré leur mouchoir.

Or, voilà ce que le *Temps* en dit, de ce héros inconsolable qui ne pouvait se faire à l'idée du divorce.

« Bailleul jouait aux courses et n'avait pas de profession bien définie. Il vivait, en réalité, aux crochets de madame Bailleul...

« A plusieurs reprises déjà, celle-ci avait eu à subir ses

exigences. Il cherchait tous les moyens de tirer des ressources de sa femme, sans ignorer le moins du monde quelle en était l'origine. C'était, somme toute, un peu intéressant personnage. »

Et combien d'autres dans le même cas !

.·.

Mais sans aller chercher si loin, si bas, contentons-nous des exemples que le train-train du crime fournit ; et voyez si la férocité qui s'en dégage ne rappelle pas, étrangement, la cruauté du maraîcher envers le maraudeur, du paysan envers le chemineau.

— Tu m'as fais tort dans mon bien, je te massacre ! Et plus que tu souffriras, mieux que je serai revanché !

Et, pour une reinette, pour une gaulée de noix, le fusil casse des bras, le piège à loups mâche des jambes. Le proprio se pâme d'aise, il n'en sent plus l'affront... sa terre a bu du rouge ! Volontiers, il insulte à la torture du blessé, étendu à terre ou pris dans les crocs de l'engin. Au besoin, il lui allonge un coup de pied, droit dans la plaie !

C'est ça ! Ce n'est que ça ! Voyez le drame de l'avenue Trudaine, ce monstrueux infirme égorgeant une pauvre fille, afin que nul ne cueillit cette innocence dont il ne pouvait profiter, et qui était à lui, à lui seul — *de par la loi !*

Etait-ce par amour que Langlois fit feu à trois reprises sur sa pauvre jeune femme ; la tua devant sa mère, contre le berceau de ses enfants ? Celui-là non plus (qui, cependant, la rouait de coups) ne pouvait supporter la pensée du divorce !

Et le drame de Puteaux, un an après la séparation prononcée entre les époux Baudhuin ? Il acheta un revolver; alla l'attendre à la station de Puteaux ; lui logea deux balles dans la tempe et la nuque; envoya le restant de la charge à des gens qui s'interposaient. Etait-ce l'amour, le fait de ce brutal, de cet ivrogne fieffé?

Et, ici, le boulanger Watry, séparé aussi depuis deux ans, qui, pris d'une lubie, repart à la recherche de sa femme ; la rejoint; et, pour la punir de s'être mise en ménage avec un autre, décoche également une demi-douzaine de projectiles soit à cet autre soit à elle ? La passion aussi, n'est-il pas vrai?...

Enfin, celui-là, à Kergan, en Saint-Caradec, qui, sans ombre de motif, parce qu'il la soupçonnait d'être lasse de lui, se précipite sur sa misérable compagne ; lui déchire le corps avec ses dents; lui fait plus de vingt-quatre morsures, si profondes qu'elle « n'était plus qu'un paquet de chairs sanglantes » et qu'elle rend le dernier soupir, le lendemain, au milieu des plus atroces souffrances — c'était évidemment l'amour qui l'avait enclin à ces vivacités ?

Non ! L'amour, la passion, s'ils s'égarent parmi les conventions sociales, demeurent à l'état d'infimes exceptions. On peut s'aimer, quoique mariés, certes... et bien tendrement! Mais dès que la répulsion ou la haine s'en mêlent, il ne reste plus en présence, dans le mariage, qu'un maître et une esclave : celle-ci, la chose, le bien de celui-là !

Fureur d'amant? Nenni! Violence de proprio, que l'on lèse, que l'on frustre — et qui se venge!

STAMBOULOFF

> ..... Voilà l'homme rouge qui passe !
> V. Hugo.
> (*Marion Delorme.*)

Un jour, à Sofia, dans le square peut-être le plus fréquenté de la ville, deux promeneurs causaient. Soudain, une détonation retentit : l'un des interlocuteurs s'affaissa, raide... tandis que de fugitives silhouettes disparaissaient, parmi la complicité ambiante.

Alors on vit ceci : le compagnon du mort, sans venir en aide à la victime, sans se jeter sur la piste des meurtriers, prendre ses jambes à son cou — et s'enfuir. Il allait si vite, il détalait si fort, qu'on faillit le perdre de vue. Cependant, on le vit se précipiter dans une boutique de fruiterie.

On l'y chercha, longtemps, vainement, jusque dans la cave. Enfin, on finit par le découvrir, blotti sous le comptoir, perdu dans des hottées de légumes. Alors, on reconnut avec stupeur que cet être défaillant, grelottant, suant de lâcheté, n'était autre que le premier ministre du royaume, le mauvais génie du prince, le tourmenteur de la Bulgarie : Stambouloff le bravache, Stambouloff le bourreau.

Quand il eut repris ses sens, quand il se comprit en sûreté, avec le calme l'arrogance lui revint. Il eut l'exaspération de sa peur, et la réflexion spéculatrice. Il fallait se venger d'avoir eu un pareil trac, de s'être révélé si ignominieusement couard ; mais il fallait aussi — et surtout ! — tirer parti de l'événement au mieux de ses haines.

Or, celui qu'il haïssait entre tous, c'était Karaveloff, son prédécesseur : Karaveloff, qui lui avait fait dire de se tenir tranquille, de respecter sa disgrâce, s'il ne voulait pas être perdu sans retour, *avec preuves à l'appui.* Ah ! ce qu'il l'avait rongé son frein, Stambouloff, à songer que quelque part, dans cette cité qu'il tenait cependant à sa merci, sous son talon, il y avait, cachée, l'arme de Damoclès, tournée contre lui, le réduisant à l'impuissance, le contraignant à la neutralité !...

Seulement, cette fois, l'occasion était trop belle pour la laisser échapper : il fallait risquer le tout pour le tout ! Et se poser en victime, d'abord. Ce n'était sûrement pas Beltcheff, le défunt, que l'on prétendait atteindre, mais certainement lui, si dévoué à son maître, si nécessaire à sa patrie !

Ceci permettait la rafle en masse des suspects ; les fouilles de fond en comble, dans leurs demeures ; et peut-être, qui sait ? — la fortune a de ces faveurs pour les audacieux qui se confient à elle ! — la main-mise sur les fameuses pièces, garantie de l'existence et du repos de Karaveloff.

Alors, on rirait...

       *
  * *

Et ainsi fut-il. Karaveloff, Orschakoff, Ilia Tzanoff, ex-ministres ; Pritantcheff, Bacheff, Garvanoff, Mnieff, députés ; le banquier Kalopoff, l'ex-préfet de police Nechoff, furent arrêtés, mis sous les verrous. Dans quelles conditions, nous le verrons plus tard.

Le coup était fait. Réussit-il complètement, surprit-on la pie au nid, Stambouloff entra-t-il en possession des preuves qui tant l'avaient maté? On ne sait trop. Il se peut que, remises à des personnes sûres mais faibles, elles restassent dépôt mort, alors que toute direction était anéantie de par l'incarcération des chefs. Si cela est, on les verra reparaître.

En tout cas, Stambouloff agit comme s'il n'existait plus rien qui le pût confondre ; et cette témérité — la seule dont il fût capable — lui réussit.

Aucun des prisonniers n'était pour rien dans le meurtre de Beltcheff, dû, j'ai quelques raisons de le croire, à des causes d'ordre privé, à des motifs tout intimes. Qu'importait ! C'était le prétexte, rien autre.

Et, sous ce prétexte-là, deux cents malheureux (les parents, les amis, les connaissances, les voisins, les fournisseurs de Karaveloff ; quiconque l'avait approché de près ou de loin ; lui avait écrit ; lui avait présenté une supplique ou une facture), deux cents hommes enfin, furent arrachés à leurs foyers, à leurs occupations, et jetés au plus profond des cachots.

Cela se passait en mars 1891... la plupart y sont encore !

C'est en vain que les mères, les sœurs, les épouses, les

filles, les fiancées des captifs en appelèrent à l'Europe; en vain qu'elles adressèrent aux puissances un Mémoire relatant des faits qui eussent ému un tigre! N'était-il pas question, encore l'autre jour, de « châtier » madame Karaveloff, coupable de fidélité conjugale et d'admirable dévouement?

Et la terreur régna en Bulgarie. Panitza, enlevé nuitamment de la forteresse où il végétait depuis de longs mois, avait été retrouvé, à l'aube, par sa veuve et ses enfants, ligotté à un arbre, plus percé de balles que saint Sébastien de flèches. Viltchef, à Plevna, enchaîné si étroitement que tout geste, tout mouvement lui était interdit, était soumis à la question de la faim, restait quarante-huit heures sans nourriture.

L'arbitraire sévissait tel qu'à Alitos un magistrat, ayant besoin d'argent, faisait emprisonner quelques notables; leur confisquait quatre mille francs qu'il s'appropriait; puis les laissait en prison, afin de n'avoir pas à leur rendre de comptes.

Quiconque hait, dénonce; quiconque arrête, escroque; quiconque interroge, supplicie!

Stambouloff donne l'exemple, préside aux agapes de sang! De sa main, il cingle de coups de fouet le visage de Karaveloff prisonnier — de Karaveloff qu'on arrivera bien à « suicider », en cellule, si l'Europe n'intervient.

Que lui faut-il donc pour intervenir? Davantage?... Alors, écoutez.

Le 31 mars 1891, Tufektchieff, un adolescent de dix-huit ans, fut appréhendé, ligotté, et mené à la maison d'arrêt. Le soir, Stambouloff arriva pour, lui-même, le questionner. Comme l'autre ne répondait point à son gré, ne sachant rien ou ne voulant rien dire, le ministre employa sa nuit à faire donner la bastonnade au captif, pendu par les pieds.

Le 2 avril, nouvelle séance. On le ferait bien parler, cet obstiné!

Cette fois, on lui défonça les côtes, jusqu'à ce qu'un flot de sang jaillit, comme une fontaine, de sa bouche. Alors, on le reporta dans son cachot, où il faisait 13° de froid...

La nuit du 30 au 31 mai, Stambouloff l'en fit de nouveau extraire — ce garçon l'intéressait, décidément! Puis, il avait fait une trouvaille qu'il n'était pas fâché d'expérimenter. Par son ordre, devant lui, *les mains et les pieds du moribond furent enduits de pétrole, et l'on y mit le feu!*

. . . .

Ceci n'est point de mon cru; c'est consigné tout au long dans le Mémoire des femmes bulgares, c'est la pure et stricte vérité.

* *

Or, pour les incrédules, de nouveaux témoignages surgissent; le procès de Stambouloff s'instruit pour la postérité — puisque notre temps est assez lâche pour laisser sévir de pareils monstres!

Aujourd'hui, c'est le capitaine Khristo-Tscherdaroff, le compagnon de Panitza, qui, ses trois ans de détention subis, vient de s'évader de Bulgarie, s'est réfugié à Saint-Pétersbourg. Il raconte, ce témoin oculaire, les tortures qu'il endura; et elles sont inimaginables!

Il fut (comme Panitza l'avait été) à tout instant soumis au supplice de la flagellation avec d'étroits sacs remplis de sable mouillé. C'est un raffinement réservé aux chefs, car, malgré l'effet si douloureux que le patient en arrive à perdre connaissance... *cela ne laisse pas de traces.*

Néanmoins, les geôliers de l'officier apportèrent quelque fantaisie à ce régime. Plusieurs jours, on le nourrit de harengs salés, sans lui accorder une goutte d'eau. Pour ne point devenir fou de souffrance, il enfonça ses dents en sa chair et se désaltéra de son sang — Beaumanoir aussi héroïque et plus malheureux que le nôtre !

A deux reprises, on lui rompit les jambes ; à trois reprises, on lui fractura le bras gauche. Il a résisté à tout, il est demeuré vaillant et fier ; mais, portant en soi le deuil de sa patrie, il met désormais son épée au service du czar, s'engage dans l'armée russe.

Resté à Sofia, il demeurait soumis à la surveillance de la haute police... comme les malfaiteurs !

Du temps où il y avait une France, elle ne tolérait pas ces infamies. Moins peut-être par sa force matérielle que par la vigueur de son âme, elle était la guerrière du Droit, la chevalière de l'Idéal, la grande Justicière que l'on n'invoquait jamais en vain.

Aujourd'hui, j'écris ceci sans le moindre espoir d'être entendue, mais me fiant au destin (*) qui, dans les cataclysmes suprêmes, épargne parfois l'ébauche éphémère qu'a tracée sur le mur la main d'un enfant.

L'histoire est faite de ces surprises — et il faut que, fût-ce par une femme, ce misérable soit cloué au pilori !

(*) Voir page 248, *La Fin du Tyran.*

LEUR PATRIOTISME !

Pour Lucien Descaves.

Il est entendu, n'est-ce pas, que tous les suppôts de l'idée anarchiste sont des canailles; que quiconque prêche la fraternité universelle est un « malfaiteur »; que quiconque rêve l'abolition des frontières est un utopiste; que quiconque souhaite le désarmement général est un émeutier. Et, devant tous, on dresse en épouvantail ce grand spectre : Patrie !

Je suis de ceux qu'encore elle émeut, l'ayant connue dans ses désastres; ayant, enfant, pâti pour elle. Les hommes de ma race, soit du paternel, soit du maternel, sont tous Lorrains; les femmes sont toutes Parisiennes. Et l'atavisme de cette double lignée, l'une de chauvins, l'autre de frondeuses, se double du contraste entre l'éducation et la réflexion. De pli pris, d'accoutumance, d'élan, j'aime la Patrie; orgueilleuse de ses gloires, endolorie de ses défaites, vibrante au souffle des clairons — je reste la fillette que son père tirait par la main, emboîtant le pas aux régiments, tout près des cuivres, leur faisant la conduite jusqu'aux portes des casernes.

Et, m'y obstinant sans le vouloir, l'ayant ancrée au cœur, je sens l'inanité de ma tendresse! Je me rends compte, très distinctement, qu'elle est une des formes de cet égoïsme qui va de l'individu au foyer, du foyer au village, du village à la province, de la province à la nation.

Je devine, à ne m'y pas tromper, quel sort l'avenir fera aux distinctions conventionnelles entre les hommes — et quels barbares nous paraîtrons!

Déjà, la voix du sang, ce stupide préjugé qui fit la fortune de tant de drames, de tant de romans, est reléguée à sa vraie place : entre la croix de ma mère et le sabre de mon père! On aime qui vous aime, qui vous a élevé, qui vous a soigné, qui vous fut bon et pitoyable; on aime qui vous ressemble intellectuellement, qui se révèle votre proche par des affinités communes, la parité mystérieuse des âmes et des cerveaux...

Entre hameaux, les rivalités sont moins acharnées que jadis, les rencontres plus rares ; et la fonte des provinces, dans l'unité nationale, en estompant les limites, a effacé aussi les démarcations entre les caractères, les usages, les mœurs. Evidemment, chaque latitude a gardé les coutumes inhérentes à ses conditions d'existence; et nos Bretons différeront toujours de nos Provençaux. Mais la pénétration insensible, lente, d'une région dans l'autre, s'est effectuée ; les quatre points cardinaux ont versé leur écot dans ce creuset central qu'est Paris — et où s'élabore le Grand œuvre de fraternité!

Pourquoi n'en serait-il pas de même quant à ces grandes provinces d'Europe ayant chacune leur bannière, leur seigneur... et le troupeau des vassaux, serfs et corvéables, voués à la mort, en temps de guerre, comme à la peine en temps de paix ?

C'est l'avenir, cela, croyez-le ; l'avenir inéluctable, que nous ne verrons pas, bien certainement, ni nos fils non plus, mais que verront peut-être leurs enfants !

*
* *

Alors, pourquoi tant de fureur contre qui annonce cette ère bénie, pourquoi tant d'insultes à qui invoque son avènement ? Parce que, pour un Reclus, un Kropotkine, un Tolstoï, que compte la doctrine, ces théories sont formulées, le plus souvent, avec brutalité, sans élégance et sans art ? Parce que le style en est familier et l'adjectif extravagant ? Parce que la forme est aussi lâchée que le fond est subversif ?

Est-ce bien cela ?... Non ? Ce n'est point question de dilettantisme, répugnance de lettrés à voir malmener la grammaire ? Alors, c'est question de sentiment, souffrance de croyant à entendre attaquer un principe cher, un culte vénéré ? Ceux qui aiment la Patrie filialement, qui l'ont servie, qui sont prêts de nouveau à se sacrifier pour elle, ne sauraient entendre contester l'utilité de son existence, la foi de toute leur vie ?

Voilà qui est parler — et l'on s'incline ! Cependant, ce noble attachement ne saurait émouvoir que si la sincérité en est évidente, prouvée. Sinon, que penser de gens considérant qu'il faut un patriotisme, pour le peuple... et plaçant leur intérêt personnel, dans la pratique, très au-dessus de l'intérêt national, tant prôné, tant invoqué par eux !

Je ne sais rien de plus exécrable que le mauvais prêtre ; je ne vois rien d'autant méprisable que le faux chauvin.

Alors, regardez donc vers le Nord, vers le Midi, ces

patrons qui huent les sans-patrie, et engagent des Belges, et engagent des Italiens, afin de payer moins cher la main-d'œuvre, d'amaigrir le salaire, d'engraisser le dividende !

Ils affament leurs compatriotes, ces patriotes, parce que dans le Français il y a le patron ; et que l'internationalisme, tant reproché aux travailleurs pour l'affranchissement de leur classe, ils l'exercent, eux, de façon éhontée, pour le mieux de leurs spéculations. Mais ils acclament le drapeau, sont décorés — et invitent le général à dîner !

Quelle ignominie, quel cynisme doublé de cafardise, chez ces manieurs d'argent !

* *

Quand donc verra-t-on qu'il en est du patriotisme comme de la religion, jadis, chez les tartufes qui faisaient jeûner leurs gens, et faisaient gras ; qui prêchaient l'abstinence, et pratiquaient la bombance ; qui exigeaient la chasteté, et se ruaient discrètement à la débauche !

Dans l'armée, ce sentiment qui est son essence même, sa raison d'être, est demeuré davantage probe. D'être pauvre, l'épée ne ment pas. Si, parfois, elle frappe pour de mauvaises causes, au moins sa lame est d'acier ; et l'or de sa dragonne est souvent bien terni, bien rougi, bien élimé...

Mais les mercantis, qui se battent le moins possible ; dénoncent les fraternitaires à l'universelle réprobation ; braillent la *Marseillaise ;* convoquent le peuple aux armes — et appellent l'étranger au secours de leurs intérêts, ça fait regretter 93, et les lois sur les accapareurs !

Voyez donc, du côté d'Aiguesmortes, la cause initiale du massacre, et ce que vaut le patriotisme de ces gens-là !

MOULIN-A-CAFE

Pour Auguste Marin.

C'est ainsi qu'au Palais on désigne couramment la Correctionnelle : la juridiction qui broie, qui « moud » en un clin d'œil, sans s'arrêter, d'un mouvement continu et monotone, l'honneur, l'avenir des pauvres gens.

Qui sort de là — sauf acquittement bien rare — en sort taré, portant, non plus à l'épaule mais sur son casier judiciaire, la marque des suspects. Légère parfois, négligeable souvent, aux yeux des philosophes, elle est écrasante par rapport aux réguliers. En province, dans les campagnes, l'homme « qui a une condamnation » est traité en paria, doit crever de faim ; ou subir la plus honteuse des exploitations. Je sais des fermiers qui, sous mine de philanthropie, n'emploient que des repris de justice : ils coûtent moins cher !

Le citoyen irréprochable qui, poussé par le besoin, pour nourrir sa famille, frapperait à ces portes, offrirait ses bras, serait impitoyablement repoussé. Car, même bien misérable, il aurait droit au salaire ordinaire, pourrait discuter la réduction ou ne l'admettre que passagèrement, susceptible d'être employé ailleurs. Tandis que les autres ! Ils sont bien forcés d'accepter ce qu'on veut, comme on veut : en quarantaine, dans leur déchance; taillables et corvéables à merci, puisqu'ils ont le choix seulement entre la soumission et la mort.

Ou bien, ils cachent leurs antécédents, parviennent à se faire embaucher. Et, dénoncés par quelque confident, reconnus par quelque voisin de prison ou d'audience, ayant eu la langue trop longue, un soir de dimanche, au cabaret, ils sont chassés sur l'heure, impitoyablement. Le maître décroche son arme, si le serviteur de la veille fait mine de rentrer dans la maison ; la maîtresse, comme une poule effarée, rallie les petits autour d'elle ; la servante, en jetant le bagage dehors, dans la poussière, y allonge un coup de pied sournois.

Il n'est guère que le chien, qui file par la tangente, et s'en vienne, plus loin, faire une caresse à celui qui ne le battit jamais, lui donna, parfois, une bouchée de son pain. Mais c'est une bête...

Et va, chemineau, reprends ta besace, reprends ta course, parmi l'universelle méfiance, Ashavérus de la misère et du travail ! Un jour par ci, un jour par là, tu trouveras à gagner ta vie — mais ce n'est pas pour toi que sont faites les calmes et constantes besognes; que la grange rit au soleil; que la forge s'allume dès l'aube; que le petit atelier s'entr'ouvre dans la rue paisible, pavée d'herbe autant que de grès !

Sur ton passage, les filles rentreront; les huis se barricaderont d'eux-mêmes; les hommes t'envisageront avec hostilité, les gendarmes avec menace... Étant l'étranger, tu seras l'ennemi ! Pas une meule ne flambera à dix lieues à la ronde; pas un écu ne disparaîtra des sacoches; pas une volaille ne sera égarée des poulaillers sans qu'on ne t'en rende responsable! Heureux encore si le crime ne s'en mêle pas! Car sans preuves, sans présomptions, *sur la mine*, Pandore abattra sa poigne gantée de daim sur ton collet dépenaillé!

Et il en sera ainsi, TOUJOURS — jusqu'à l'heure où ta carcasse roulera, à bout de souffle, en quelque fossé. A moins que, trop las, tu ne déroules ta ceinture pour l'évasion, ne l'accroches à quelque branche, n'y passes la tête... et ne te réfugies dans l'éternité!

*
* *

Cependant, qu'a fait cet être, pour mériter tel destin? Souvent rien — ou si peu!

De même que tout le fruit tient dans le pépin, que tout l'arbre tient dans le noyau, toute l'existence tient dans son origine, dans son inconscient et *innocent* début. Je souligne, à dessein, ce dernier adjectif; car si l'Eglise a fixé l'âge de raison à sept ans, pour la conception idéale du bien et du mal, la notion psychologique du libre arbitre, nous savons bien, nous, qu'eu égard aux rapports sociaux, relativement aux droits et aux devoirs civils, il faut au moins tripler le délai. Celui que la loi ne reconnaît pas apte à voter, à se marier, à être soldat, ne jouit donc ni de la plénitude de son intellect, ni de la plénitude de son développement physique? Sa responsabilité, alors, ne saurait être entière... et que signifie cette émancipation du mineur seulement pour le bagne et l'échafaud?

Le système social actuel fait des bêtes féroces, contre lesquelles, en conséquence, il y a obligation de garer les faibles. Il est, je l'avoue, des chenapans de dix-huit ans, irrémédiablement pourris, et auxquels je ne confierais pas le dernier de mes roquets! Mais, presque toujours ils portent, comme tache originelle, ou l'abandon des parents, ou la condamnation trop forte encourue pour une peccadille. Du premier faux pas, leur vie dégringole, et s'en va choir à l'égout.

Et, le terrible, c'est que les juges, blasés, n'y entendent pas malice. Le propre du magistrat étant de condamner, ils condamnent — tout naturellement; comme l'olivier donne ses olives, et le nèflier ses nèfles! Ils accomplissent une fonction factice avec l'ingénuité de la plante ou de l'arbuste; très étonnés qu'on en puisse contester l'agrément... et la nécessité! Ils sont spontanés, ils sont sincères — ils sont **honorablement malfaisants!**

*
**

Plus d'un sursautera, sur son siège, à la lecture de ces deux mots si bizarrement accouplés, et que j'écris sans colère, sans passion, sans ombre de haine : en observatrice obligée de se pincer, parfois, en de certains prétoires, pour s'assurer qu'elle est bien contemporaine du spectacle; qu'elle n'est pas le jouet de quelque cauchemar suranné, tantôt comique, tantôt cruel, de quelque vision remontant le cours des âges, datant de Sésostris ou de Confucius...

Cette loi implacable que l'on invoque; ces articles du Code, marmonnés comme des patenôtres, en un bredouillement incompréhensible; ces hommes, soit enrobés de noir, soit enrobés de rouge; ces gardes galonnés d'or; et ces captifs d'aspect gris ou brun, couleur de terre ou couleur de fumier, échappés d'ergastule dont le sort se décide en un clin d'œil — dix grains peut-être dans le filtre du sablier! — tout cela, oui, relève plus de l'archéologie que de l'histoire, du songe que de la réalité, du passé que du présent !

Une immense curiosité, narquoise quant aux uns, émue quant aux autres ; un ébahissement profond... voilà tout ce que cet appareil, ce cérémonial, le principe même dont ils sont l'accessoire, inspirent au penseur attentif !

Et nulle part autant qu'à la correctionnelle, ceci ne s'affirme. En assises, l'idée des victimes, de leur sang répandu, de leurs souffrances endurées, trouble l'impassibilité auditrice. Un peu de la barbarie primitive, du Talion et du Lynch, bout dans les veines ; l'humanité, en ce qu'elle a de moins noble, se réveille au cœur de l'assistant.

Ici, au « Moulin-à-café », rien de pareil. Nulle fureur, nulle frénésie ne fait tressaillir les âmes ; la raison ne s'enfièvre ni pour, ni contre ; l'instinct combatif demeure endormi. On voit de plus haut, on voit de plus loin. Et l'enjeu, moindre semble-t-il aux superficiels, m'apparaît davantage important — comme la mort bagatelle auprès de la vie !

Car le couperet conclut ; tandis que la première condamnation ouvre, bien bénévolement parfois, à de bien minces coupables, l'horizon désolé où les voilà parqués à jamais. Le trépas du lépreux me laisse indifférente, plutôt allégée ; ce qui m'emplit d'angoisse, c'est le moment de la contagion, l'instant où l'être sain gagne le mal.

Or, le grand foyer d'épidémie, c'est la Correctionnelle. Punir un homme de ce qu'il n'a pas de pain, de ce qu'il n'a pas d'abri, de ce qu'il tend la main, est fait abominable ! Comme il est terrible aussi, pour un enfantillage, le détournement de quelques fruits, le mot vif à un agent, une batterie de gamins, l'acte de stigmatiser, indélébilement l'avenir d'un adolescent.

A la va-vite, on les condamne ; dossiers tournés du bout des doigts, textes tombés du bout des dents. Et d'autres juges, après, s'arment de cette sentence, en font la base d'autres sévérités...

Ah ! que Banville avait raison :

Aux pauvres gens tout est deuil et misère !

LEUR PITIÉ !

Pour Laurent Tailhade.

Mon opinion sur l'attentat de Barcelone ?... Ah ! s'il croit m'embarrasser, le malin qui me défie de la dire, il se trompe fièrement ! Son petit calcul n'est difficile ni à deviner — ni à déjouer.

Entre ma miséricorde et ma tendance, il a espéré m'enfermer dans un de ces dilemmes chers à Dupuy. Bonne aubaine, si je m'affirmais implacable, en approuvant le carnage ! Excellente affaire, si le sursaut de la pitié me jetait hors le camp des révoltés, me faisait répudier, du jour au lendemain, moitié par indignation, moitié par peur, mes sympathies de la veille !

On a vu de ces reniements ; de saint Pierre à Louis Blanc, la liste en est longue de ceux qui s'affolèrent — surtout quand la réprobation se faisait menaçante, et qu'on sentait passer le vent de la hache...

Je ne connais pas ces terreurs ; j'ignorerai toujours ces

lâchetés. Pas plus, d'ailleurs, que je ne saurais admettre d'inverses intimidations. Mes plébéiens d'aïeux étaient de la bonne race — celle qui ne craignait rien, sinon de voir le ciel lui tomber sur la tête !

Donc, j'ai mon franc-parler ; envers les uns, envers les autres.

Envers les uns, parce que je sais ce qu'ils pèsent, ce qu'ils valent ; parce que j'ai vu le fond de leurs hypocrisies ; parce que je suis édifiée sur la pourriture du vieux monde, père de tous les crimes... ceux qu'il commet, ceux qu'il tolère !

Envers les autres, parce que l'anarchie s'affirme la liberté ; parce que nul de ses partisans n'a reproché jamais, soit à Kropotkine, soit à Grave, soit à Reclus, de rester de purs théoriciens, hors de l' « action » ; parce que le propre de la doctrine est, justement, de laisser à chacun l'indépendance de son tempérament, de son caractère, de son jugement — d'accueillir, sans embrigader.

De là, sa puissance singulière, son attraction mystérieuse ; de là, ce personnel chaotique, où les éléments les plus divers, les forces les plus contradictoires, les courants les plus opposés, se rencontrent, s'assemblent, se combinent... les spécialistes érudits comme Charles Malato, Sébastien Faure, faisant route avec des instinctifs théoriques comme Mirbeau, Rosny, Descaves, Tailhade, Paul Adam, Zo d'Axa, Bernard Lazare, Darien, Tabarand, Zévaco, Fénéon, Bonnamour, Conte, etc., toute une jeune génération d'écrivains épris d'art, mais assoiffés aussi de justice et de vérité.

Les suppléments littéraires de la *Révolte* en disent long, là-dessus ! C'est en eux que, plus tard, les historiens de l'avenir devront aller chercher le secret de la révolution accomplie (mettons l'évolution, pour n'effaroucher personne); comme ceux qui nous ont instruits du passé durent remonter aux encyclopédistes — dont l'encrier enfanta le monde nouveau !

⁂

La guillotine y aida ; aujourd'hui, c'est la bombe... L'une comme l'autre me glacent d'épouvante ; l'une comme l'autre me font également horreur.

Mais cette horreur, sincère et impartiale en moi, puisqu'elle s'applique à tout massacre, je la comprends moins chez ceux qui se réclament de l'échafaud, déifient Carrier ou Lebon — et réprouvent la dynamite, et guillotinent Ravachol. Que devient le « bloc », en ces distinguo ?

Parce que l'explosif frappe en aveugle, en brute, des innocents, des inconnus ? C'est bien mon avis. Mais n'y avait-il que des « coupables », que des aristos, dans les noyades de Nantes ou les fournées de Louisette ? Consultez les listes... c'est plein de gens du peuple. Et il y en avait, des femmes ! Et il y en avait, des enfants !

Qu'une pleurnicheuse comme moi (et qu'à cause de cela on blague volontiers) s'émeuve et défaille, rien que de naturel ! Quand je vois un blessé, je ne m'inquiète pas d'où lui vient sa blessure : je le ramasse — suivant, en cela, l'instinct du sexe et les préceptes de ma foi.

Mais vous, nos maîtres, déployer subitement tels trésors de sensibilité ? Vous attendrir au point que j'en paraîs de pierre ? Et tonner si superbement contre la cruauté des barbares ? Ouais ! Que ceci sonne donc faux !

La pitié ? Elle est Une : elle suit la charrette à Samson et le convoi des morts de Barcelone. Parce qu'elle domine les artificiels démêlés de la politique, et l'intrigue vile des intérêts, elle est implacablement logique... tout ce qui souffre, sans exception, fût-ce les méchants, a droit à ses soins, a droit à ses larmes. Elle est la rançon sublime, immarcessible, de vos ignominies, de vos hontes !

Mais « votre » pitié — qui triche, qui louvoie, qui biaise : masque à frayeurs, servante à rancunes, gardienne de coffres-forts, fille à bourreaux? Maudite soit-elle !

Car, étant exclusive, elle est suspecte; car, étant illogique, elle est convaincue de pharisaïsme et de partialité. Alors, qu'est-ce, sinon la pire des fourberies : celle qui exploite l'âme des crédules, en fait jaillir les pleurs, en stimule l'indignation... au profit de soi-même ?

Certes, mon cœur se fond, à l'idée de ces malheureux qui, n'ayant peut-être jamais fait le mal, ignorants, inconscients, pour la plupart, de privilèges originels, ont payé pour leur classe; certes, je n'arriverai jamais à comprendre que le théâtre soit un lieu coupable, puisque, parmi les anarchistes que je connais, tous l'adorent, et que même quelques-uns rêvent d'écrire pour la scène, admirable tribune ; certes, je trouve que les bombes, puisque bombes il y avait, eussent été placées ailleurs moins inhumainement — mais, ceci dit, il me semble qu'un autre devoir s'impose...

.. .

Désabusé de Tartufe, Orgon s'écrie :

Tant de fiel entre-t-il dans l'âme d'un dévot !

Ce qu'il faudrait savoir, pour être juste, c'est le travail effrayant qui se perpètre dans une conscience humaine, aux fins de l'amener à semblable cruauté. Comment un homme, fils de la femme, pétri de cette chair qui est boue, mais que l'esprit épure, comment un homme a-t-il pu concevoir et accomplir sans hésitation cet affreux projet?

Tandis qu'on pleure sur les victimes, je pense, moi, invinciblement, à cet inconnu dont le visage m'échappe, qui était là, qui regardait, qui choisissait, aux gaies clartés du lustre, à quelle place il allait lancer la mort. Je plonge en cet abîme de ténèbres, frémissante d'effroi, gagnée d'une immense désolation... car pour qu'il n'ait pas faibli, pas fait grâce, il fallait que son être fût corrodé de haine jusqu'aux moelles, il fallait qu'il eût souffert d'autant de souffrances qu'il en a semé autour de lui!

— Un monstre! décident péremptoirement les pressés qui ne s'embarrassent pas de psychologie.

Il n'y a pas de monstres, ô gens de peu de foi! Il y a des malades, par l'atavisme de la misère ou l'hérédité du vice; il y a des désespérés, presque toujours du fait social!

Cette croyance dérange, je le sais, la théorie du châtiment; déplace l'intervention nécessaire; si bien, qu'au lieu de réprimer, il faudrait prévoir, guérir, consoler... et que deviendrait l'antique outillage de la répression? Si bien que, même ce qui crève les yeux, on le nie; que, dans le laminage de la grande machine, ce qui est entré douleur ressort révolte — et qu'on s'en remet à l'agent, au juge, au bourreau, du salut public.

Y suffiront-ils?... Qui oserait le dire? Les anarchistes de Xérès, après bien d'autres, ont levé le drapeau noir: on les a pris et on les a étranglés. Par représailles, Pallas a lancé sa bombe: on l'a empoigné et fusillé. A ses mânes, viennent d'être sacrifiées cent êtres, morts ou blessés. Si l'on découvre le coupable, il sera sûrement (et sans que lui, ses complices s'il en a, ses compagnons, demandent grâce, car c'est duel sans merci), il sera sûrement exécuté.

Et après ?

C'est cet après-là qu'il faut envisager. Les chirurgiens politiques prônent l'opération sans trêve : si l'on faisait plutôt un peu d'antisepsie? Si l'on essayait que le sort soit moins dur aux pauvres, et de traiter par la fraternité les cœurs ulcérés ?

Car, enfin, sait-on ce qu'on ferait, soi, échoué en de certains milieux ; ayant vu périr les siens sans leur pouvoir porter remède ; à bout de courage, à bout d'espoir? Et les enfants qui gémissent, et la femme qui pleure... et le luxe des riches, tandis que le pain, le feu, la lumière, manquent au taudis grelottant?

Cette pitié qui s'affiche, qui s'exclame, à ce tocsin d'explosions, pourquoi se montre-t-elle si sourde à l'explosion des humbles désespoirs, aux cris qui montent de l'abîme — vers toi, Seigneur !

*
* *

Elle n'a même pas le mérite de la franchise, se tait sur ce qui l'embarrasse, enregistre le fait, s'il n'y a pas moyen de faire autrement... et passe !

Car la dynamite a parlé deux fois, cette semaine : en Espagne, comme l'on sait ; en France, comme voici.

Les Compagnies minières du Nord ayant triomphé de la grève, se revanchent par de larges évictions. Cinq cents mineurs, d'un coup, se sont vu refuser, à Lens, la reprise du travail. Quiconque fait partie des Syndicats (légaux pourtant) est voué à la faim.

Un mineur de Mazingarde, près Béthune, Achille Véret, ainsi renvoyé, n'a pu se résigner à voir sa femme, sa vieille mère, âgée de 72 ans, et *ses dix enfants*, expirer d'inanition à bref délai. Il a mis une cartouche de dynamite sous son oreiller, et s'est fait sauter. Quand on est accouru, à la détonation, le ventre du malheureux était béant ; on y voyait palpiter les entrailles... ces misérables tripes que, n'ayant plus de quoi satisfaire, il préférait éparpiller à tous les vents !

C'était un résigné. Si c'eût été un révolté, cependant ?

Mais qui songe à ces choses, qui s'attarde à philosopher sur des « utopies » ? Bien peu de gens ; et ils sont mal notés.

Qu'importe ! Ils valent mieux que les crocodiles qui s'apitoient et s'attendrissent, ayant encore du rouge aux crocs. Au nom de quoi pipent-ils, ceux-là — qui n'ont droit qu'au silence ?

Le respect de la vie humaine ? La culpabilité de l'homicide ? L'horreur du sang versé ? Cela leur sied bien, ma foi ! N'ont droit de s'agenouiller sur les tombes que ceux qui n'y ont couché personne ; dont le cœur est pur ; dont les mains sont nettes ! Est-ce leur cas ?

Marthe Giraudier, toute jeune, toute jolie, spectatrice innocente, gît, défigurée, dans son cercueil... comme Maria Blondeau, sa cadette, repose, à Fourmies, le crâne scalpé et ouvert.

Mademoiselle Monteys agonise, dans sa robe de fête — comme Ernestine Diot, le front crevé, l'œil enfoncé, deux autres balles dans le corps, râla quelques instants sur la place de l'Église.

Consuelo Guardiola, Mercédès Plaja, la jeune Cosona, sont mortes, les pauvrettes... comme leurs sœurs en infortune, Louise Hublet, Félicie Pennelier. D'autres sont blessées — comme le furent, par la fusillade que conseilla M. Isaac, la petite Bastain, Élisa Lecomte, Élisa Dupont.

Seulement, grâce au ciel, il n'y avait pas d'enfants, dans le théâtre de Barcelone, comme l'abbé Margerin en ramassa, là-bas, sur le pavé teint de pourpre...

7.

Ne vous méprenez pas à tel rapprochement : Ceci n'efface pas Cela ! Le fratricide est le fratricide... qui eût tué Caïn n'eût pas annulé le meurtre d'Abel !

Mais il fallait évoquer ces spectres pour chasser les menteurs du Temple; fouailler les fausses miséricordes; interdire l'abord de la Pitié à ceux qui l'outragent — en se réclamant d'elle !

L'ANNÉE ROUGE

L'AN DES PRESAGES

L'on pense bien que, pour conclure des douze mois révolus, je ne vais point m'attarder aux menus incidents de la vie parlementaire, tels que changements de portefeuilles; élections; mesures occasionnelles prises sous l'empire de la peur ou de la haine, et baptisées loi, pour la circonstance, comme Gorenflot baptise carpe sa poularde... afin de satisfaire aux prescriptions du jeûne, sans mécontenter son estomac.

Ce sont là petits faits; brouilles dans l'existence d'un peuple; néant dans les annales de l'humanité! Quoi que fassent nos fameux hommes d'État, leur disgrâce n'atteindra jamais le degré de popularité que garde, à travers les âges, celle d'Aman, ministre d'Assuérus, pendu haut et court pour avoir déplu à la jolie reine Esther — parce que l'Histoire sainte l'enseigne aux petits enfants, et parce qu'un grand poète l'illustra.

Clio s'est faite reporter, de nos jours, et enregistre à peine sur son carnet, en quelques notes brèves, des avènements et des chutes, sans intérêt comme sans portée. La

République, en vingt-trois ans, a consommé cinquante-cinq cabinets : soit, en moyenne, un peu moins d'un semestre par tête de président du conseil.

Eh ! bien, qui pourrait réciter sans se tromper, à la queue leu leu, la nomenclature de ces gouvernements aussi éphémères que peu impromptus? Et plus ça va, plus l'enfantement se fait pénible, plus la dégringolade se se fait rapide ; plus l'indifférence s'accroît, envers des noms aussitôt effacés que surgis.

La raison? C'est qu'il n'est plus guère que des médiocres — fût-ce parmi ceux qui passent pour des malins, pour des forts ! En vingt-trois ans, à peine trois noms qui émergent de la panade générale, donnent, à l'esprit, l'idée d'un tenancier de pouvoir (bon ou mauvais, n'importe), mais exactement dans son rôle, à sa place, de la grande école...

Or, le premier, merveilleux impulsif quant aux autres, échoua dans l'action directe, dès qu'il mit la main à une pâte qui se fit glu. Le second, autoritaire et brutal, choqua de front la foule, dès ses premiers pas, et conquit, pour le restant de ses jours, la plus stérilisante impopularité que puisse assumer un homme. Le troisième, m'a-t-on dit, sauva le présent régime — mais le présent régime, dès qu'il eut atteint le rivage, sentit que, décidément, sa reconnaissance, plus blanche que la blanche hermine, ne pouvait s'accommoder que de vertus sans tache et de renoms sans accroc.

Et place resta aux secondaires. S'en sont-ils payé, depuis vingt-trois ans !... A chaque étape, le public se détachait un peu plus de la question ; achetait moins les journaux ; négligeait de sortir, pour aller discuter de la nouvelle, sur les boulevards jadis Forum.

Il fallut le boulangisme, c'est-à-dire un coup de soleil, un regain de patriotisme, la séduction du boucan et l'attirance d'un homme, pour galvaniser cette apathie.

Après, ce fut fini. On vota sans phrases — de moins en moins — tandis que s'ébauchaient les problèmes ; que se levaient à l'horizon, impassibles, le Sphinx et la Chimère entre lesquels devra choisir le monde nouveau, l'un peut-être menant à l'autre : le Césarisme porte-glaive, la mystérieuse Anarchie...

.*.

Même les fêtes russes n'ont point prononcé, n'ont point révélé vers quels destins penchait la foule : si elle acclamait ses alliés par prurit de gloire, ou par horreur de la guerre ; si elle drapait de guirlandes les futurs holocaustes, ou si elle murait, avec des bouquets, la gueule des canons !

Qui le saura jamais ? Elle allait vers l'inconnu, par fatigue, par dégoût de son ordinaire provende — voilà ce qui est sûr ! Beaucoup de mysticisme, quelque peu d'espoir, et la détente presque nerveuse de ses gaietés natives, de ses vaillances engourdies !

Que représentent, auprès de cette belle animalité, les discours, les papotages, les fausses querelles de tribune, et les maquignonnages de couloir ? Que représente la vieille machine démantelée, détraquée, qui s'en va « Cahin ! caha ! Hue dia ! Hop là ! » avec un bruit de ferrailles... jadis char de l'Etat, aujourd'hui fiacre à tout faire, roulotte à banquistes et à banquiers !

On en rit, on le montre au doigt, on le siffle — et l'on médite, rien qu'à le voir passer !

C'est que l'éveil n'est pas seulement physique. Bien au contraire ! Car si, matériellement, il se manifeste par saccades, ces saccades suivent ou précèdent d'équivalentes réactions, dans le silence et la veulerie. On peut même dire que jamais nation ne sembla davantage patiente au joug, et indécise sur ses propres volontés.

Tandis qu'un lent et tenace travail s'accomplit dans les âmes ; que, moralement, l'humanité fait peau neuve, perdant chaque jour une écaille, un segment des vieux préjugés, des antiques errements ; qu'une évolution géante s'est accomplie, en cette année qui vient de mourir... une évolution si formidable qu'il suffit de la signaler pour la faire reconnaître, sans y plus insister.

Qu'il s'agisse de cette génération d'étudiants si différente des précédentes, se mutinant par solidarité, se battant par solidarité, mettant sa main, carrément, dans la main des faubouriens accourus à son aide ; qu'il s'agisse des grèves du Nord, pacifiques et têtues, luttant jusqu'à la dernière racine de légume pour faire triompher leur droit ; qu'il s'agisse de la théorie anarchiste — je dis la théorie, ô Laffemas ! — troublant, préoccupant les deux hémisphères, surgissant, à la fois, sur tous les points du globe, ah ! que nous voici loin des placidités d'antan !

Les uns vont de l'avant, se jettent dans l'aventure, comme les croyants sous les roues du char de Jaggernaut, dédaigneux d'être broyés à la recherche des paradis futurs. Les autres, épris d'un idéal moins farouche, se retournent vers la foi des aïeux ; tendent vers le ciel des bras suppliants ; emboîtent le pas — après des siècles ! — à cette foule de malandrins, de courtisanes, d'âmes en détresse, suivant le Galiléen blond qui parlait de justice et d'amour.

Alors que les belliqueux claironnent la diane des épopées ; évoquent les légendes ; font passer, dans notre ciel bourgeois, dans notre cité engourdie, tous les froissements d'armures, les galops de coursiers, les hurrahs frénétiques, qui strident ou s'échevèlent en la *Marche de Rackoczy!*

« Napoléon ! » clament-ils... Et, de la crypte des Invalides, nul encore n'a répondu ; cependant que le pâle visage se profile à tous les carrefours.

Si bien que du calvaire de Sainte-Hélène, au rocher du Golgotha, les mystiques oscillent ; tandis que participant, en un sens opposé, de leur foi et de leur ardeur, ceux qui ne reconnaissent pas de Dieu et ne veulent pas de maître, partent à la conquête de l'émancipation humaine !

*
* *

La politique ? Ah ! misère ! Voyez seulement ce que le mot marque mal, sonne creux, luit faux, après la simple constatation de l'état intellectuel contemporain de l'universelle croisade qui entraîne vers un même but, par des voies si diverses, quelquefois si opposées, non pas un peuple, mais *tous* les peuples.

C'est de cela que les gouvernants ne se rendent pas compte — et c'est de cela qu'ils périront ! Appuyés sur leurs juges, leurs soldats, leurs chiourmes, ils n'ont qu'un sourire de dédain et de menace envers qui les affronte...

Erreur ! Ce qui importe, ce n'est point l'acte de tel ou tel névrosé, de tel ou tel exalté, dont le bourreau tranchera la tête ou dont le bagne matera les nerfs. Ce qui compte, c'est l'impossible, l'inéluctable, l'*invisible*, que tout citoyen absorbe dans l'air qu'il respire, dans l'eau qu'il boit, dans le pain qu'il mange, dans le regard qu'il croise avec un passant, dans les paroles qu'il échange avec un voisin !

Que pouvez-vous, nos maîtres, faire à ceci ? La Très

Sainte Inquisition y a perdu son latin, et le Conseil des Dix ses argus. Les bûchers ont brûlé pour rien, dont les cendres se faisaient pollen aux cœurs qu'épanouissait la persécution ; et le fer des instruments de torture, et le feu des tisons de géhenne, s'ébréchait, s'éteignait contre l'invulnérable Idée.

En style opportuniste, cette résistance, cette contagion, s'appellent le progrès — nécessaire tant que ces gens ne sont pas au pouvoir ; nuisible, attentatoire aux sacrés principes, dès qu'ils y sont parvenus.

Laissez-les donc se faire lourds, dans l'espoir nigaud d'entraver le courant ; laissez-les donc entasser leur Pélion de bibliothèque sur l'Ossa de leurs dossiers ; laissez-les donc crier à leur aise, menacer le flot qui s'avance, nonchalant et souverain, de la censure, puis de la loi, puis de toutes sortes de pensums, ah ! mais !...

Pauvres gens ! C'est le commencement de la fin. Il faut les regarder se débattre sans colère comme sans rancune jusqu'à ce qu'il ne reste plus, sur la surface aplanie, qu'un portefeuille de maroquin vide flottant, le ventre en l'air, comme un poisson mort.

En doutez-vous ? Il y a dix ans, qui se disait socialiste était regardé en chien galeux — tout juste si l'on ne serrait pas les couverts ! Trois ans plus tard, tout le monde l'était ; et davantage, bien entendu, que les audacieux de la première heure !

Il y a un an, « anarchiste » était le synonyme d'assassin, de voleur, de bandit, et tout ce qu'on peut rêver de pis encore. Nulles autres exceptions n'étaient admises qu'en faveur d'Elisée Reclus, « parce que c'est un grand géographe » ; et de Kropotkine, « parce qu'il a été prince », ce qui le suppose bien élevé. Encore n'était-ce qu'au détriment de leur conviction... qu'on se plaisait à imaginer vague.

L'autre soir, on était à souper quelques artistes — des vrais — quelques mondains, trois ou quatre politiciens, peut-être une quinzaine en tout. Et nous causions comme l'on cause quand il n'y a pas de mufles, ni de professionnels du «mot»; nous parlions bellement, gaiement, de choses graves, avec cette pointe de mélancolie qui caractérise les veillées d'armes. Bref, nous faisions nos petits Girondins.

Et trois purent se dire anarchistes, expliquer leurs pourquois, donner leurs raisons, développer leurs théories, dans un silence curieux, mais non hostile.

Douze mois plus tôt, on leur eût jeté les verres à la tête. Tout au moins, cela eût dégénéré en discussion âpre; et l'auditoire, révolté, eût étouffé la voix du trio sous une clameur sans réplique.

Affaire de mode? Anarchisme d'amateur? Pur snobisme, dira-t-on?... Possible! mais tels indices, en pareille affaire, ont un singulier poids!

L'an 93 du dix-huitième siècle avait été le grand coupeur de têtes. Procédé brutal! On ne fait rien entrer dans les caboches séparées du tronc. Cet an, du dix-neuvième siècle, aura été le guillotineur des seuls préjugés, le grand niveleur d'âmes, le surnaturel faucheur qui déblaie la plaine pour les moissons futures — mais qui laboure, qui sème, qui vivifie...

L'INSTIGATRICE

> Car le genre humain enfin se révolte
> Devant la lenteur du fruit espéré,
> Et celui qui sème est exaspéré
> De n'être jamais celui qui récolte!
> A. VACQUERIE.
> (*Futura.*)

Alors, mitron qui m'écris, tu veux que je me fasse encore huer et honnir en parlant de la misère? Ne sens-tu donc pas combien le sujet est rebattu, le thème remâché — et quelle suspicion s'attache à qui, dévoilant le mal des pauvres, a l'audace de s'en étonner et de les plaindre ; d'insinuer, timidement, que tout n'est peut-être pas pour le mieux dans le meilleur des mondes ?...

N'est-il donc point temps que je me range ; que je fasse oublier, par une attitude plus modeste, mes écarts passés ; que je mette de l'eau dans mon encre, et asservisse mon âme ainsi qu'il convient?

C'est fatigant, pour les satisfaits, la psalmodie des doléances, et cet apitoiement monotone sur d'inévitables douleurs. « Cela a toujours été ainsi, cela sera toujours ainsi, n'est-ce pas ? » Alors, à quoi bon attrister le public du récit de ces horreurs ? Mieux vaut qu'il les ignore — et aussi le populaire, prompt à s'émouvoir et à s'irriter !

Par le temps qui court, il est sage de traiter tels sujets d'une plume nonchalante ; les indiquer (pour l'information) mais ne s'y point attarder, ni s'y trop attendrir. La misère chrétienne avait, pour fille, la résignation ; pour fils, l'espoir. La misère laïque a, pour fille, la révolte ; pour fils, le meurtre. Trop plaindre la mère, c'est justifier les enfants ; or, de l'excuse à la complicité, il n'y a qu'un pas.

C'est ce pas que tu veux me voir franchir, lecteur qui dis m'aimer bien, et cependant m'incites au péril. Mais, tout d'abord, ta profession m'inquiète ; elle est mal portée, présentement... on n'est pas, on n'est plus mitron !

Il se trouvera de bonnes âmes pour m'accuser de t'avoir inventé ; d'avoir créé un correspondant imaginaire, afin de motiver le choix de mon thème, et de faufiler, sous le masque de la charité, quelques arguments répréhensibles. D'autres hocheront la tête, gravement, condescendant à admettre la réalité de ton existence, mais déplorant aussi qu'une personne « ayant des lettres » obéisse à l'injonction d'un simple illettré.

Car la boulange est mal vue, depuis qu'avec un général, elle sapa la Présidence. Saint Honoré n'a qu'à se bien tenir, s'il ne veut qu'on lui débaptise sa rue, sa paroisse, son faubourg ! Même le paradis a ses « compagnons » !

Pourtant, je l'ai là devant moi, sur ma table, cette missive incorrecte et touchante qui m'appelle au secours, non pas d'une infortune — il est trop tard, la mort a secouru ! — mais d'une mémoire.

Il s'agit des époux Jacob, qui habitaient, 6, rue Doudeauville, avec leur petit garçon, Robert, âgé de huit ans. Le mari, phtisique, ne pouvait plus travailler. Alors on acheta, avec les derniers sous, un boisseau de charbon ; et quand les voisins, étonnés de ne pas voir le gamin partir pour l'école, pénétrèrent dans le logement, par la porte enfoncée, ils trouvèrent les trois cadavres bien sagement alignés : le père et la mère sur le parquet, l'enfant sur le grabat.

Et les trois cercueils s'en sont allés à la fosse commune — je ne sais où !

*
* *

Combien en fut-il, avant ceux-là, qui se laissèrent aller... ou devancèrent l'heure !

En 1890, un mardi, au début d'avril, quai de la Mégisserie, un vieillard en haillons s'abat sur un banc.

La foule s'attroupe, se bouscule pour mieux voir.

— Qu'est-ce qu'il y a ? Qu'est-ce qu'il y a ?

L'homme ne peut répondre. Dans sa face blême, ses lèvres décolorées s'agitent sans formuler aucun son.

— Si ce n'est pas honteux, à cet âge ! dit doctement un monsieur qui s'éloigne avec une moue de répugnance, un geste de dégoût.

— Hé, l'ancien ! A-t-on un coup de sirop ? clament quelques ouvriers, secouant le vieux qui, sous la poussée de leurs robustes mains, ploie comme une loque.

— Mais il a faim ! crie une femme.

Une autre court chez le marchand de vin le plus proche, revient avec une tasse de bouillon.

— Tenez, papa. Buvez ça vite !

— Trop tard ! Je vais mourir, balbutie le malheureux.

Un frisson, un imperceptible hoquet... Et il glisse, tout d'une pièce, sur le pavé, tandis que la foule s'écarte, pétrifiée d'horreur.

Au poste, on fouille les poches du cadavre, et l'on établit l'identité du défunt : M. Charles Lefèvre, ancien médecin de la marine.

. . . .

Le même jour, rue Custine, la concierge de la maison s'inquiète de ne pas voir circuler, comme d'habitude, une de ses locataires, mademoiselle Hélène de C... C'est une personne âgée — soixante-cinq ans, au moins — qui appartient à une famille très noble et très riche. Mais la pauvre fille, elle, est dénuée de tout, et vit péniblement du labeur de ses mains.

Dans l'étroite mansarde qui lui sert de chambre, elle s'use les yeux, de l'aurore au crépuscule, à confectionner d'admirables broderies qu'elle vend ensuite un morceau de pain. Elle est très digne, très fière, très douce aussi.

Aussi les commères s'enquièrent-elles sympathiquement. C'est drôle, tout de même, qu'on ne la voie pas depuis deux jours : une personne si ponctuelle, si rangée !... « Je réglais mon coucou sur ses allées et venues », dit l'une. « C'est comme moi, reprend l'autre ; quand elle allait chercher son lait, je me disais : Tiens ! il est six heures, v'là mamzelle Hélène qui descend. »

— Montez donc voir ! répète-t-on à la concierge.

Celle-ci se décide, frappe, et, sans réponse, envoie quérir un serrurier. Quand la tige de fer a joué dans le pêne mal joint, les bonnes femmes se précipitent, puis reculent, avec des cris aigus.

Sur le parquet, rigide, froide, le nez pincé, les yeux troubles, la vieille demoiselle est étendue. Un malaise l'a prise, elle n'a plus pu travailler ; et elle est morte d'inanition — comme le vieux du quai de la Mégisserie !

. . . .

Le lendemain mercredi, rue Dussoubs, les locataires sentent, tout à coup, une pénétrante odeur de charbon envahir l'immeuble. Quand cette odeur-là se répand dans une maison ouvrière, la même pensée vient à tous :

— C'en est un qui en a eu assez!

On s'inquiète de l'étage, puis du logis; et les voisins s'arrêtent enfin devant une porte sous laquelle filtre un mince rais de fumée bleuâtre. Ce sont deux vieux qui demeurent là, le mari et la femme.

D'un coup d'épaule, le battant est détaché des gonds. Quelqu'un s'élance, enfonce un carreau, puis ouvre toute grande la fenêtre par laquelle l'air afflue, refoulant les vapeurs empestées.

Sur le lit, les époux M... sont étendus, l'un près de l'autre, comme ils ont vécu. Soixante-cinq ans, l'homme; soixante-sept ans, la femme — et plus de besogne! Ils avaient trop faim : ils ont préféré ne pas manger leurs derniers deux sous, et s'acheter de la mort avec!

. . . .

Le mercredi aussi, même scène, rue de Saintonge.

Seulement, ici, c'est le fils et la mère; et, si la veuve P... a cinquante-cinq ans, son garçon, Emile, n'en a que trente-deux!

Vous figurez-vous cela, un homme de trente-deux ans se tuant parce qu'il ne peut trouver à louer sa force et son courage?

La mère a dit :

— Je n'en puis plus. C'est trop de misère! Voilà des mois que nous cherchons du travail!

Et le fils, docile, avec cette gaucherie tendre des gas robustes qui ne se sont jamais éloignés du cotillon maternel :

— Comme tu voudras, maman. Ce que tu feras, je le ferai!

. . . .

Enfin, le mercredi encore, un isolé de soixante-quinze ans n'a pu attendre que la délivrance vînt toute seule. A bout de ressources, sans espoir aucun, il a noué une corde à un clou et s'est pendu — tragique emblème de ce qui attend les travailleurs de tous pays, quand la machine humaine est rouillée par le temps, usée par le long service et le continuel labeur !

. . . .

Attendez : ce n'est pas fini ! Il me reste quelque chose de si horrible à dire que, tout le long de cette affreuse nomenclature, j'ai hésité, reculé le récit tant que j'ai pu. C'est que ces six cadavres de vieilles gens, celui du jeune homme même, pèsent si peu, à côté du frêle corps devant qui s'agenouille ma pitié !

Mardi, à l'aube, des cris de bête égorgée, de femelle folle, retentissent soudain dans une allée des Halles. Un gardien de la paix prend sa course, croyant à quelque rixe, à quelque bestiale scène de jalousie et de meurtre.

Entre le pavillon des fromages et le pavillon des primeurs, à terre, un mioche d'une dizaine d'années est allongé. Contre lui brame et sanglote une femme qui lui parle, l'appelle, le secoue...

— Mon petit ! Sauvez mon petit !

Elle hurle, se tord les bras.

— Qu'est-ce qu'il a, votre petit ? demande l'agent hébété, assourdi.

— Faim ! faim ! Il a faim ! hoquète la malheureuse.

Le gardien de la paix prend le garçonnet dans ses bras, et le transporte au poste de la rue des Prouvaires, suivi par l'autre, qui gémit comme une lice blessée. Sitôt étendu sur un lit de camp, l'enfant se raidit... et meurt !

Au milieu des lamentations de la mère, on distingue

vaguement leur histoire. Elle, s'appelle Mariette Gaulier, a trente ans. Sans travail, sans logis, sans nourriture, elle s'est réfugiée aux Halles, le grand grenier des bombances parisiennes. Le jour, elle se cache; la nuit, elle et son gosse fouillent les tas d'ordures, et disputent aux chiens errants, aux derniers chiffonniers, des épluchures de légumes ou des débris de viande gâtée. Ils mangent tout cela *cru*, sans pain; lapant, quand ils ont soif, l'eau des fontaines.

Ils couchent sous des ponts, dans des embrasures, dans les caves de « la Volaille », quand ils arrivent à s'y glisser, parmi la bonne plume où le maigriot qui tousse se blottit, comme un fils de riche, sous un chaud édredon.

Maintenant, c'est fini! Le petit a froid pour toujours : seulement, il n'a plus faim! Et elle, la malheureuse, sans lui désormais, que va-t-elle devenir?...

.·.

Il n'est pas à épiloguer là-dessus.

Mais cet enfant de dix ans qui meurt de faim en plein Ventre de Paris, tandis que les mangeailles sont là, de l'autre côté des grilles, s'exhibant à ses yeux enfiévrés, lui envoyant leur apéritif fumet; mais cette chétive victime qui s'abat, faute d'aliments, devant le pavillon des *Primeurs*, n'est-ce pas chose affreuse, faite pour expliquer l'esprit de révolte; et ses pires revanches; et ses plus douloureux excès?

Que peuvent penser les simples d'une société où, en vingt-quatre heures, huit cadavres d'affamés témoignent de l'injustice et de la barbarie sociales?

Huit mois plus tard, en novembre, c'est le suicide de Robin, le comptable, Décius de l'amour paternel!

Il n'avait pas triché, celui-là, et avait donné à la patrie sa demi-douzaine de futurs citoyens. Lui, sa femme, toute la nichée, s'entassaient dans une modeste chambre, 3, rue de Birague. Plus d'emploi, pas de ressources, plus rien à vendre, ni à engager — l'éternelle et lamentable histoire !

L'Assistance, prévenue par la logeuse (une brave femme), avait alloué un mince secours lors de la venue du dernier né, au mois d'août précédent; puis était passée à d'autres exercices, sans plus se soucier de cette tribu de misérables que d'une portée de chats, d'une tiaulée de lapins.

Qu'a fait le père?... Oh! quelque chose d'héroïque et de simple. Il s'est jeté à l'eau, du haut du pont des Arts ; s'est noyé, pour attirer l'attention, la pitié publique sur sa famille. Une lettre laissée près du parapet expliquait cela.

Il réussit. L'Administration, enfin émue, consentit à prendre les quatre plus jeunes enfants. Il en resta deux pour compte à la veuve, malade, à demi folle de désespoir. Peut-être le sacrifice du pauvre homme leur valut-il un peu de commisération.

Des neuf premiers mois de 1892, voici un aperçu — feuillets détachés, au hasard, de mon Livre de Misère.

Le 20 janvier, la mère et le fils, Clémence et Henri Burdet, l'une âgée de cinquante ans et infirme, l'autre âgé de quinze ans et idiot, s'asphyxient, à bout de ressources, dans leur logis, 36, rue de Beaurepaire.

Le 26 janvier, une ancienne de soixante-quinze ans, maman Joanny, lasse d'ajouter à l'infortune des siens, se jette par la fenêtre, 279, rue Saint-Denis. Au pharmacien de la rue Sainte-Apolline, chez qui on transporte sa vieille carcasse en morceaux, elle dit

doucement : « Si vous vouliez me donner quelque chose
» pour m'achever, je vous remercierais bien ! »

Le 14 février, rue de Meaux, 86, une jeune veuve de
vingt-trois ans, une vaillante, une laborieuse, se trouvant sans ouvrage, dans l'incapacité de subvenir aux besoins de ses deux bébés (un garçonnet de trois ans, une fillette de six mois), les endimanche, s'attife elle-même de son mieux — et allume un réchaud de charbon.
On les retrouve à jamais endormis, étendus, serrés les uns contre les autres, toute la couvée enfouie dans l'édredon conjugal, le biberon encore figé aux lèvres de la petiote...

Le 2 août, au village d'Ay — le pays du Champagne —
madame Villotte, chassée avec ses petits (quatre ans, trois ans, sept mois) par le propriétaire ; renvoyée par sa mère, elle-même affreusement dénuée ; repoussée à la mairie, refusée à l'hospice, se jette au canal avec sa progéniture. On les repêche... hélas! Les deux aînés sont, enfin, recueillis par l'Administration ; l'infortunée s'en va, avec son nourrisson, à la prison de Reims, inculpée de meurtre!

Le 4 août — anniversaire de l'abolition des privilèges — Eugène Tourade, journalier, juste majeur, bon travailleur, bon fils, demeurant avec sa maman, 180, route des Moulineaux, saute dans la Seine. Motif : pas d'ouvrage. On le retrouva le jeudi ; quatre jours, quatre nuits, la vieille était demeurée accroupie au bord du fleuve, sans nourriture, hurlant à la mort...

Le 10 août — anniversaire de la prise des Tuileries — c'est Tardy, le verrier de Rive-de-Gier, qui débarque au commissariat des Halles avec sa femme et ses quatre mêmes empilés dans une charrette, que, l'un traînant, l'autre poussant, ils ont roulée jusqu'à Paris. Il a une maladie de foie, il ne peut continuer son métier. Pourtant, les quatre petits becs continuent à se tendre, avides. On a bricolé en route, acceptant tous travaux; puis demandé l'aumône. Maintenant, ils meurent de faim : voilà ! Et l'homme s'interrompt, pâlit, chancelle... Le commissaire, comme simple particulier, les fait manger; comme magistrat, les expédie au Dépôt!

Le 4 septembre — anniversaire de la République — c'est Bonsans, le manœuvre de Corbeil, qui expire « de besoin », laissant sa nombreuse famille à la charité. Le même jour, la veuve Fallemoz, mère de quatre enfants, logeant dans une cave, épuisée par les privations, défaille sur la voix publique; est portée à l'Hôtel-Dieu, y rend le dernier soupir. Le même jour encore, un nommé Rollet, rue Fénelon, à Cahors, âgé de soixante-douze ans, se pend dans sa chambre.

Le 10 septembre, 20, rue du Landy, à Saint-Denis, madame Labbé, veuve depuis un mois, voyant qu'elle ne peut arriver à nourrir ses cinq orphelins, dont le plus âgé a dix ans, s'enferme avec eux, bouche les issues, allume... On se méfie, on les sauve. L'Assistance publique a pris les cinq petits — la mère va passer en assises !

Le 12 septembre, boulevard Diderot, même drame. Mais il s'agit du frère et de la sœur : Joballier, ouvrier tapissier, et madame Linaux.

Le 17 septembre, à Valence, on retrouve, dans la forêt de Saint-Martin-en-Varcors, le cadavre de M. Dubail, ancien professeur d'allemand à l'institution des Chartreux de Lyon. Les constatations médicales établissent qu'il est mort d'inanition. Il s'est traîné à l'ombre des arbres, loin des hommes, pour mourir. Il laisse cinq enfants !

Tel est le bilan de neuf mois — et j'en passe !

.*.

Au début de 1894, ce sont les époux Huchet, 27, rue d'Avron, des petits négociants qui, le 26 janvier, ne pouvant faire face à l'échéance, après trente ans d'activité et de lutte, se pendent dans leur arrière-boutique.

Ce sont les époux Forestier, 17, rue du Banquier, le mari âgé de soixante-douze ans, la femme âgée de soixante-huit ans, qui, faute d'ouvrage, « las de traîner une si pitoyable existence », ainsi qu'il est dit dans leur lettre d'adieu, s'asphyxient, le 9 février.

Ce sont les époux Lavissière, qui en font autant, plus tard, en leur logis du boulevard Victor-Hugo, 66, à Clichy. Mais ceux-là, en bons parents, emmènent leur petit, né trente jours auparavant.

C'est l'ingénieur des Arts et Manufactures, qui inaugure la tour métallique de Fourvières — en s'en précipitant ! Il avait faim aussi, celui-là, dans sa redingote de monsieur ; et il a brisé, contre le sol, ce crâne bourré de science inutile, comme une urne emplie de poison !

. . . .

Hélas, hélas, il n'est rien à attendre du temps présent ! Ce qui le démontre condamné, plus que tous autres symptômes, c'est son égoïsme, sa sécheresse, son inconscience, sa surdité, son aveuglement !

Il marche à l'abîme sans grâce et sans noblesse ; un parapluie sous le bras ; une chaîne d'or sur le ventre ; le pantalon retroussé, afin d'éviter les maculatures de la boue et du sang où ses semelles laissent de larges empreintes.

Aux spectres imploreurs qui l'assaillent, il dit :

« Arrière, fainéants ! » A la miséricorde qui se fait mendiante, il dit : « Assez, raseuse ! » La pitié n'est plus de mode.

On s'habitue aux suicides de la détresse ; on ensevelit l'exemple, en même temps que le corps, dans le suaire grossier alloué par une bienfaisance tardive. La disparition volontaire de la famille Hayem ne susciterait même plus, croyez-le bien, l'engouement de sensibilité nerveuse, et quelque peu théâtrale, auquel tout Paris, alors, s'adonna.

Le pli est pris ; on s'effare, on s'effraie, car même les plus obtus sentent que *cela ne peut durer;* que derrière ce rideau de linceuls, ces portants faits de planches funèbres, quelque chose de formidable s'élabore... Mais quant à l'émotion, bernique !

Blasés, les uns ; fourbus, les autres — sans compter ceux que le sentiment de l'impuissance pénètre, devant la marée tant accrue.

Car la Charité, la douce, tendre, adorable Charité, sœur cadette de la Justice, a fait sa tâche, donné jusqu'au sang de ses veines ; et, aujourd'hui, se tord les mains, désespérée, devant l'échec de son effort, l'inutilité de son sacrifice, le néant de son abnégation !

Sur le champ de bataille social, comme jadis, dans les plaines de Waterloo, le même cri s'élève : « Ils sont trop ! »... Ils sont trop, les sans-le-sou et les sans-pâture ; les sans-souliers et les sans-gîte ; les mères au sein tari, les pères au cœur navré ; les enfants à bout de forces, les vieux à bout de résignation ! Plus innombrable que les hordes barbares des invasions, les Huns d'Attila ou les Francs de Charlemagne, leur multitude emplit l'horizon — et les sauterelles d'Afrique sont espacées, dans les nuées qui, cependant, obscurcissent le ciel, auprès du pullulement des gueux !

Je n'exagère pas, je ne fais pas de romantisme, même si mes mots fleurissent rouge, sur le gris des masures et le gris des haillons ! Libre à ceux que la clarté gêne de crier à l'outrance : ils auront, ceux-là, un tel réveil que, de leur aveuglement, nul ne se doit soucier !

Cassandre — qu'on raille — ne prédit pas pour avertir les incrédules, mais parce qu'elle sent, parce qu'elle « voit » ; parce que l'alarme émane d'elle sans qu'elle y puisse résister. Elle accomplit une mission, une fonction, dont sa volonté est innocente, sous le blâme des sages et le quolibet des fous. Elle est l'oiseau de mauvais augure, dont la plainte importune, auquel on jette la pierre... mais qui, dans Troie la superbe, dans Troie l'invincible, devine proches l'incendie, l'écroulement, la ruine et le massacre !

L'emploi n'a rien de gai ; et l'on se dispenserait volontiers de le tenir, si l'évidence, si la conviction, chaque jour grandies, ne faisaient devoir de clamer la vérité. Assez de gens ont intérêt à l'atténuer, sinon à la cacher. Quiconque vit du vieux monde en agit, envers lui, comme envers un richard qu'on exploite : l'isolant de ses héritiers légitimes ; lui taisant les bruits du dehors ; l'assurant d'une longévité miraculeuse — tandis que la mort est à la porte, et les dépossédés assis au seuil !

Rappelez-vous ceci, vous qui rêvez la captation du magot : il doit s'éparpiller sur toute la surface du globe, d'un pôle à l'autre pôle, de l'Orient à l'Occident ! Et quiconque essaiera de se mettre en travers sera, non pas abattu, mais pulvérisé rien... que sous le passage des pieds nus !

Ils sont trop, vous dis-je, ces lamentables ! Ce n'est pas vers le Forum qu'il faut regarder, ô maîtres du jour (qui pérore, a mangé!), ce n'est pas de là que viendra le péril. Il fermente dans les couches profondes : il éclora des charniers ; il naîtra de la détresse publique !

Elle est immense, au delà de ce qu'on peut soupçonner.

Je ne sers aucun prétendant, et tous les partis m'indiffèrent, puisque nul n'a la clef du moulin ; je n'ai donc pas d'intérêt à noircir la situation, à médire de ce qui est. Mais aux Pangloss de l'heure présente, je dirai simplement de regarder combien l'initiative privée, combien l'initiative publique, sont impuissantes contre l'accroissement de la misère.

La charité, qui, ayant l'arbitraire pour base, laisse donc beaucoup à désirer, mais qui, somme toute, en attendant mieux, est encore la plus noble inspiration de l'âme humaine, parce qu'elle procède de l'instinct de justice, la charité **ne peut plus rien**. Minime ou grandiose, elle est débordée : on n'aide plus les affamés qu'à prolonger leur agonie ! Jusqu'ici, ils se résignent ; et c'est tant mieux pour les possédants. Mais si, demain, ils se révoltaient ?

L'armée ?... N'oubliez donc pas que vos soldats sont des fils de pauvres — et qu'ils commencent à penser !

Les asiles de nuit regorgent, refusent du monde chaque soir ; l'Assistance publique, affolée par le chiffre des demandes, ne fait plus, abus à part, que des mécontents ; les hôpitaux manquent de lits ; quiconque est atteint de mal « chronique » doit crever sur le pavé ; les refuges de vieillards, les crèches, les maisons de retraites, les fourneaux économiques, les ouvroirs, en sont réduits à mendier à domicile, pour admettre quelques clients de plus, pour éviter la faillite parfois, quand ils sont l'œuvre d'initiatives plus vaillantes que fortunées.

Tout le monde donne, peu ou prou, dans la mesure de ses moyens, ou de son cœur ! Les pires rosses se laissent émouvoir, devant cette plaie si vaste, si envenimée, si saignante. Et quand on a lâché deux sous ou dix francs, le louis ou le billet bleu, une tristesse affreuse vous poigne de songer qu'on n'a rien fait, que c'est une goutte d'eau dans la mer — et qu'on bazarderait ses livres, ses nippes, les cinq ou six bijoux qui vous viennent des mères-grands, et les bouts de tableaux offerts par des amis, qu'après avoir, sur le trottoir, distribué les quatre sous de la vente aux misérables, et s'en être allée ensuite, à l'aventure, aussi pauvre qu'eux, on n'aurait encore rien fait !

. . . .

Le grand Pan est mort — la Charité a vécu ! Est-ce à dire qu'on y doit renoncer ? Jamais ! tant que n'aura pas changé l'ordre social. Il faut au contraire s'y adonner passionnément, éperdument ; mais reconnaître que l'unique Justice, l'espérée, l'attendue, peut seule, par une répartition plus égale des biens de ce monde, remédier au fléau.

Ah ! mitron, brasseur de pain, pourquoi m'as-tu ramenée vers cet enfer des sans-pain, où trône la Misère, où règne la Faim... la souveraine, la seule Instigatrice !

SIMPLE RÉCIT

> « Peut-être eût-il mieux valu éviter tant de sang. »
>
> (*Le Figaro.*)

En 1892 eurent lieu les troubles de Xérès : une émeute sans chefs, sans mot d'ordre, sans programme, sans but... presque sans drapeau ! Des gens ayant trop faim s'étaient mutinés, avaient pillé les boulangeries ; puis, saouls d'avoir mangé leur comptant, s'étaient répandus par la ville, y semant le désordre, saccageant les rues à tort et à travers.

Des meneurs ? Il n'y en avait pas. C'était la foule, la cohue, le troupeau ; les loups de Panurge ! Aussi, lors des répressions, fut-il pêché dans le tas, au hasard, les responsabilités à établir, les coupables à châtier.

Quatre hommes dont on sait à peine les noms, des artisans chargés de famille, furent étranglés par le bourreau — « garrotés », comme on dit là-bas — en place publique. Rien ne put fléchir la clémence royale... elle se borna à envoyer des secours aux veuves et aux orphelins, faits par son ordre.

Et les prisons regorgèrent, non point d'inculpés, mais de suspects. Quiconque était soupçonné d'autre chose que de royalisme — dans la classe ouvrière, s'entend — était, sans motif et même sans mandat, arraché à son travail ou à son foyer. Entre toutes les Maisons de détention, celle de Barcelone se distingua ; d'abord, par le nombre des captifs ; ensuite, par les incidents dont elle fut le théâtre.

Les consuls des différents pays (sauf le nôtre, indifférent à ces détails), inquiets pour leurs nationaux, méfiants de la juridiction espagnole en matière politique, s'occupèrent à réclamer leurs compatriotes.

En effet, la période préventive est, sous le beau ciel de Catalogne, tout à la merci du juge, et varie, suivant son gré, *de quinze mois à trois ans*... durant lesquels, entassés dans une cave où vingt personnes seraient déjà à l'étroit — une sorte de fosse commune où grouillent, parmi les loques, les immondices, les promiscuités les plus infâmes, hommes, enfants, adultes, vieillards — cent cinquante prisonniers, rongés de vermine, subissent une perpétuelle asphyxie !

On leur accorde, comme nourriture, juste de quoi les faire durer : une petite gamelle de bouillie, ou quelques pommes de terre gâtées ; et un pain de 300 grammes, sur lequel renoncent les rats, tant il est infect ! Beaucoup sont nus, leurs haillons les ayant quittés. Et ils sont fréquemment battus !

Parfois, la porte s'ouvre, le geôlier appelle un nom. C'est quelque arrêté par erreur, quelque réclamé qu'on cède contre silence... ou simplement pour faire de la place. On jette dehors l'être dont les yeux clignotent devant la lumière du jour, dont les jambes ne savent

plus marcher. Le voici libre comme il a été incarcéré :
sans savoir pourquoi. Et, souvent même, *sans avoir comparu à l'instruction;* pour connaître au moins quels griefs lui pouvaient valoir telles rigueurs. L'un de ces « favorisés », Victor Roujean, était là depuis vingt-et-un mois !

Ce n'était qu'un Français... Et, paraît-il, notre consul avait d'autres chiens à peigner ; puisqu'il négligea même de répondre à ce malheureux lorsque celui-ci l'invoqua pour régler sa situation militaire, pouvoir rejoindre son corps. Si bien que, par-dessus le marché, il y est porté, en toutes lettres, comme déserteur, n'ayant été relaxé que l'an suivant !

Un autre, Français encore, le 9 février, à la veille de la quadruple exécution de Xérès, fut arrêté, toujours à Barcelone, sous la seule inculpation d' « opinions révolutionnaires. » Aucun fait n'était articulé contre lui.

Sa femme était enceinte, et le ménage avait déjà deux bébés. On infligea à la malheureuse de tels sévices, on lui fit de telles menaces, elle subit de tels traitements, que le petiot qui était en elle mourut — que le chirurgien, alors qu'elle aussi agonisait, dut arracher un cadavre de ce cadavre ! Se sentant trépasser, elle demanda à embrasser son mari. On le lui refusa. Elle rendit le dernier soupir, seule et désespérée, ses mains glacées cherchant, à tâtons, le front de ses orphelins...

Alors, on enterra religieusement (pour l'édification publique et contre sa volonté) celle dont on avait fait blasphémer l'âme, à l'heure dernière, en la privant d'une suprême consolation.

Un troisième, Français toujours, en était, alors, à son *vingt-huitième mois* de détention préventive !

Quant aux Espagnols, beaucoup, las d'attendre, se suicidaient. Des amis « aidèrent » leurs amis. D'aucuns, par épuisement, par désespoir, refusaient de toucher à ce pain dont les rats ne voulaient pas ; repoussaient cette bouillie dont les porcs n'eussent point voulu ; s'enveloppaient dans ce qui leur restait de cape, et se laissaient mourir, stoïques, en une agonie de plusieurs jours, de plusieurs nuits !

L'épidémie, aussi, délivrait. Dans le silence chargé de soupirs, dans l'ombre empestée de miasmes, un râle vibrait sourdement. Des mains, des pieds, on cherchait... Quand on trouvait, c'était fini ! Alors, certains remplissaient le cachot de blasphèmes, tandis que les croyants récitaient les suprêmes oraisons.

Puis tous les poings s'abattaient contre la porte, afin que les gardiens vinssent enlever le cadavre... car il en fut qu'on oublia, trois jours, parmi les vivants !

* *

Entre tous les chefs de la répression, le maréchal Martinez Campos s'était montré le plus implacable : Paulino Pallas jeta une bombe entre les jambes de son cheval.

Paulino Pallas fut exécuté — et plus encore les geôles s'emplirent. Des rafles extravagantes furent opérées à Tarragone, à Cordoue, à Madrid, à Séville, à Cadix, à Malaga, à Valladolid, à Bilbao, à Gérone, à Xérès. A Barcelone, cinq cents nouveaux captifs furent entassés avec les précédents. A Valence, les quarante-six arrêtés furent roués de coups de nerfs de bœuf.

Le directeur de la prison San-Gregorio, en cette ville, était le même qui, administrant la géhenne de Xérès, en 1892, avait été malmené par Zarzuela, « garrotté », quelques jours après. C'est dire quels étaient ses sentiments. Mais voici de quelle façon il les manifesta.

Le bâtiment était en réparation ; il y avait, dans la cour, une grille pesant environ 1,440 kilos. Le fonctionnaire choisit huit prisonniers, parmi les plus faibles ; et, pour stimuler leur zèle, leur adjoignit, à chacun, un prévôt, muni de son gourdin. Alors, il commanda : « En l'air, la grille ! A l'épaule ! » Et comme, malgré l'effort visible des huit malheureux, l'énorme masse de fer n'oscillait même pas, les bâtons s'abattirent sur les reins courbés. Le directeur criait :

— *Duro còn estos cochinos!* (Frappez dur sur ces cochons-là !)

Un clama :

— *No se puede!* (Ça ne se peut pas !)

Alors, pour faciliter la tâche, des huit, on en retira deux. Puis, des six restants, deux encore. Quand ils ne furent plus que quatre, ils furent frappés jusqu'à ce qu'ils tombassent, évanouis, sous la trique. L'un d'eux en est mort.

. . . .

El Productor a relaté ces faits. Quant au suivant, c'est le *Gaulois* d'abord, puis le *Figaro* qui s'en sont, en France, portés garants. Le premier l'offrait même en exemple à nos juges d'instruction, trop timorés selon lui.

Il s'agit du moyen par lequel on force, là-bas, les prévenus récalcitrants à tels aveux, ou telles dénonciations surtout, qu'il plaise inspirer. Le procédé, en effet, est extrêmement ingénieux. Il suffit de nourrir l'homme, trois jours durant, de morue salée, *sans lui donner une goutte d'eau*. Alors, on l'amène dans le cabinet du magistrat ; et, tandis que de solides agents maintiennent la bête écumante, aux yeux injectés de rouge, le questionneur fait miroiter une carafe pleine.

— A boire ! hurle le supplicié.

— Oui, mon ami, tout à l'heure. Mais avouez avant.
— A boire !
— Oui, oui... Mais n'est-ce pas qu'Un tel était avec vous ; qu'Un tel a dit ceci ; qu'Un tel a fait cela ?
— A boire !

A genoux, bavant du sang, sanglotant de désir, l'autre étend les mains. Il dira tout ce qu'on voudra, le pauvre animal : trahira son père, sa mère ; livrera son fils ; reniera son Dieu !

.·.

Puis il fut choisi, dans les geôles, des complices à Pallas. C'étaient des gens qui l'avaient connu à peine ou bien peu ; soupçonnés d'avoir pu pénétrer ses projets, ou de n'avoir pas dénoncé sa retraite... aucun convaincu sans rémission d'avoir participé effectivement à son acte.

Sur des présomptions légères ou sérieuses, mais seulement sur des présomptions, cinq furent condamnés à mort. La Cour suprême ajouta une condamnation de son cru. C'étaient, pour la plupart, comme à Xérès, des gens de rien, des ouvriers, des traîne-misère, chargés de marmaille. Ils s'appelaient Cerezuela, Sogas, Ars, Bernat, Sabat, et Codina.

Le 20 mai, raconte notre confrère Mondragon, on les enferma dans la forteresse de Montjuich, triplement encerclée de gendarmes et d'infanterie. Vers quatre heures du matin, la Confrérie de la Paix et de la Charité s'en vint, apportant les cercueils. Puis, sur la Place d'armes, lecture fut donnée aux intéressés, un par un, des procès-verbaux les concernant.

Ils devaient les contresigner. Cerezuela, Sogas, Ars, Bernat, Sabat refusèrent ; protestant de leur innocence, ou dédaignant de s'expliquer. Codina seul y consentit ; retirant sa casquette pour entendre lecture du verdict qui le rayait d'entre les vivants ; puis, après avoir apposé son paraphe, rentrant dans le rang et disant :

— C'en est fait; maintenant, on tâchera de mourir dignement.

Le soir, ils obtinrent, selon l'usage, de voir leur parenté. Ars reçut sa femme, sa belle-sœur et ses mioches ; Sogas, sa femme, sa fille, et ses quatre sœurs ; Bernat, son vieux père ; Sabat, sa femme, et ses quatre petits.

Celui-là leur dit :

— Je vous défends de pleurer, et vous ordonne de me venger. Voyez comme l'on meurt ; et apprenez à mourir s'il le faut, entendez-vous bien ?

Codina refusa de recevoir personne, ni même qu'on fît avertir les siens.

— Mon père est vieux et malade, ne le dérangez pas. Ma famille passerait un triste quart d'heure à me voir. Il vaut mieux l'éviter ; je veux mourir comme l'on doit mourir dans mon cas.

A cent mètres de la forteresse, les soldats devenaient tout blêmes d'entendre les femmes hurler à la mort !

*
* *

A six heures du matin, on vint prendre les condamnés. Le ciel était couleur d'encre, zébré d'éclairs, et la pluie ruisselait sur le sol. Sogas, Ars, et Bernat étaient en veston. Sogas (le seul qui s'était confessé et avait communié la veille) chancelait ; répétant, les yeux pleins de larmes : « Mes enfants... mes pauvres enfants ! » Ars était calme ; aussi Bernat.

Cerezuela, Sabat, et Codina étaient en blouse — en blouse bise d'ouvrier. Cerezuela marchait péniblement, très pâle, (*); Bernat allait avec tranquillité; Codina, d'aplomb, sans jactance et sans peur, gardait le pas régulier, le regard clair, le front haut.

On les a menés près des poteaux appliqués presque à la muraille; on leur a bandé la vue avec des mouchoirs blancs; puis on les a forcés de s'agenouiller face au mur, dos aux soldats, quoique Codina et Sabat eussent réclamé de mourir debout.

Le prêtre a commencé de réciter, en latin, le *Credo*. La décharge des fusils lui a coupé la parole. Cependant, Codina et Sabat étaient demeurés droits. On a tiré pour la seconde fois : Sabat a roulé, Codina est resté tel quel. On a tiré pour la troisième fois. Codina s'est allongé, alors, près des autres; mais comme il s'obstinait, malgré tout, à vivre, on lui a donné le coup de grâce.

La Confrérie de la Paix et la Charité a procédé à la mise en bière; et deux fourgons ont emmené les six cercueils, derrière lesquels pleuraient le frère d'Ars et le père de Bernat. Les détonations avaient retenti jusqu'en mer : où quatre cents prisonniers, à bord du *Navarra*, attendent qu'on dispose de leur sort; peut-être ainsi !

C'est une femme — une mère ! — qui règne en Espagne...

Ces six hommes étaient innocents, ainsi qu'il résulta de l'aveu spontané fait par Santiago Salvador, arrêté et exécuté quelques mois plus tard, seul auteur, sans complices, de l'attentat du Liceo.

(*) Il avait été torturé affreusement au bas-ventre.

TROIS LETTRES

Le marquis de Noëlan à la marquise de Noëlan, château des Halles, près Dol, Bretagne.

24 décembre, 1800.

Ma chère Diane,

Si j'étais cet écervelé de Karadec, qui s'encitoyenne de plus en plus derrière les chausses de M. de Bonaparte, j'aurais marqué la présente du 3 nivôse, an IX. D'autant qu'aujourd'hui est en passe de devenir une date historique, à cause d'un incident que je m'en vais vous conter.

Mais je ne suis pas Karadec; dans les petites comme dans les grandes choses, j'entends demeurer de ma race, Breton bretonnant, fidèle à son Roy, fidèle à son Dieu. Ce calendrier républicain a don de m'exaspérer; et tel que me voilà, presque proscrit, à demi ruiné, j'ai fait allumer, ce soir, grand feu, dans la petite chambre de la rue Saint-Nicaise, et préparer un en-cas pour le coup de minuit.

Ce sera Noël, ma chère ; et mon hôtesse, cette excellente Annic, a garni les flambeaux de cires roses, et attaché, à la flèche de l'alcôve, le gui de chez nous, le gui de l'An neuf !

Je dois même confesser que l'effet en est singulier, près de cette cotonnade « à la patriote », qui abrite mes songes sous ses plis tricolores. J'ai l'air de dormir dans un arc-en-ciel !

Et les portraits des trois consuls, placardés au mur, attestent mon civisme, sont garants de mon humeur pacifique ; comme mes papiers, bien en règle, attestent ma présente identité : Jean-Louis Nazarée, trente-cinq ans, précepteur, en quête d'emploi. Avouez que ce précieux pédagogue a bien fait de mourir chez nous, marquise ? Il me devait cela, s'étant consumé d'amour, quoi que vous en prétendiez, pour l'éclat de vos beaux yeux.

Ma mie, après ces longs préambules, j'aime autant vous dire que nous avons échoué. La partie n'est que remise ; mais, pour l'instant, chacun s'est tiré du sien. Moi seul garde mon logis et mes habitudes, si bien à l'aise dans ma peau de grimaud, que nul ne m'y viendra chercher. Quant à Annic, vous la connaissez : c'est tout dire !

Cadoudal est à l'abri, Limoëlan est en voie sûre, Carbon est réfugié chez les demoiselles de Cicé. Seul, Saint-Réjant, à demi mort, est capturé. A ce propos, dès que vous aurez pris connaissance de ma missive, brûlez-la. Je suis sûr de l'abbé, qui va la coudre, pour le voyage, dans un de ses scapulaires, mais moins sûr de votre ordre, ma jolie Diane... Et il serait trop sot de fournir pâture à quelque perquisition.

C'est tantôt que la tentative a été faite — et qu'elle a manqué! Personne n'est en faute. Carbon et Limoëlan étaient aux aguets vers le Carrousel, Saint-Réjant à son poste, près sa charrette de porteur d'eau. Ils n'avaient pas voulu de moi, alors, prétendant que la pluralité, pour la mise en œuvre, constitue un danger; et, dernier venu dans l'affaire, je n'avais pu que m'incliner.

Rassurez-vous, cependant, Madame! Non content de contribuer de mes deniers à l'entreprise commune, j'ai fait assez de démarches préparatoires pour risquer ma tête comme il convient. Vous n'avez pas à rougir de votre époux.

Quand j'ai quitté ma fenêtre, il était environ huit heures un quart. Ni Carbon, ni Limoëlan ne survenaient, mais on entendait accourir, des Tuileries, le roulis de la voiture et le galop de l'escorte : IL allait décidément à l'Opéra. Saint-Réjant, son grand chapeau enfoncé jusqu'aux yeux, était debout, seul, au milieu de la chaussée, interrogeant l'horizon; tandis que Manette, la gentille servante du cabaret d'en face (dix-sept ans aux cerises!), lui gardait innocemment son cheval.

Ah! marquise, comme le cœur m'a battu, à cette minute-là! C'était notre revanche à tous, le relèvement du trône, le salut du pays!

Une secousse effroyable a fait tressauter les murs; les vitres ont jailli, pulvérisées; tandis qu'une fumée pouacre pénétrait par les châssis, et que des hurlements emplissaient la rue.

J'ai rouvert la croisée, en bon bourgeois effaré, apeuré, et qui, tout de même, veut voir... Des gens se précipitaient avec des chandelles, des lampes. On distinguait parfaitement, quoique la lanterne de la rue, éteinte, disloquée, pendît comme un larron au bout de sa corde.

9.

J'ai vu des landes après le combat, dans notre Vendée, et des villages dévastés par les Bleus. Parole! ceci était pire! De la jolie Manette, il restait juste un pied; le cheval n'était plus que bouillie; des grenadiers, des passants jonchaient le sol; le ruisseau coulait rouge. Il y a beaucoup de blessés, plusieurs morts.

Evidemment, c'est regrettable; et je vous avoue, tout le premier, mon intime frisson. Il est d'un chrétien et d'une âme sensible. Mais il faut que la raison nous apprenne à surmonter ces défaillances de nerfs : un serviteur du Roy ne peut avoir des vapeurs comme une petite maîtresse..

Contre M. Bonaparte, en tant que Bonaparte, j'ai peu de haine; contre M. Bonaparte, en tant qu'obstacle au retour de Sa Majesté, je suis prêt à tout. Tant pis pour qui l'avoisine! C'est fait de guerre; la fatalité qui crée des victimes innocentes : femmes, enfants, vieillards, dans les villes assiégées que l'on bombarde, que l'on affame, et que l'on brûle!

Ces cruautés ne sont point de notre goût, ma chère Diane; elles sont seulement inévitables... A bientôt! Je tâcherai de vous visiter en allant rejoindre Georges à Londres. Accordez quelques prières aux âmes de ces défunts; moi, je mettrais volontiers mon escarpin dans l'âtre, si Noël devait me faire la grâce d'y déposer l'arme qui nous débarrassera de ce méchant petit Corse.

Je vous baise les mains, toute belle.

MARQUIS DE NOELAN.

⁎

Le commandant Hurtaut, à Mademoiselle Joséphine Hurtaut, chez la générale Masson, à la Sabretache, par Compiègne (Oise).

29 juillet, 1835.

Ma bonne Joséphine,

N'aie pas peur de me voir t'écrire, je ne suis pas malade. Mais bigrement secoué, par exemple! Et tu te rends bien compte qu'il en faut, des événements, pour qu'après huit jours de séparation, et sans avoir à te dire rien de personnel, je me décide à gribouiller — moi que cela ennuie tant, et qui m'en tire comme un conscrit !

Mais les gazettes expliquent si mal les choses que je préfère te les narrer en personne; puis, aussi, parce que tu t'inquiéterais de moi, rapport que c'est dans le quartier.

Hier, il faisait beau, très beau ; ma satanée jambe me laissait tranquille (tu sais, entre parenthèses, elle te regrette ; Honorine l'étrille, mais pas comme toi!) et il y avait, le long des boulevards, une revue à grand tralala, pour l'anniversaire des Glorieuses.

Jadis, j'y ai donné un coup de main, par haine des Bourbons et de leur séquelle; mais j'espérais autre chose que le père La Poire... Puis, la garde nationale, c'est des clampins !

Tout de même, il faisait le temps d'Austerlitz ; et l'idée de voir des panaches, des sabres, des épaulettes, cliqueter sous le soleil, rendait ma vieille carcasse toute guillerette. Il n'y avait que Louis-Philippe qui me gâtât le paysage, parce que la race de feu Égalité, je ne l'ai pas en confiance ; de plus, c'est un usurpateur, puisqu'il reste de la bonne graine — la graine de l'Autre !

Enfin, c'est le roi des Banquiers ; et l'argent et moi, ma pauvre fille, tu le sais, ça ne marche guère !

Mais on peut regarder ailleurs, quand l'état-major passe. Bref, je me suis requinqué dès l'aube, à ce point qu'Honorine disait: « Pas possible, commandant, vous allez profiter de l'absence de votre nièce pour faire vos frasques ! » Crois-tu, hein ? Si tu n'avais pas trente ans, je ne te raconterais pas ça ; mais tu as trente ans, bien sonnés... et à trente ans, moi, j'étais capitaine, troué comme une passoire, rapiécé comme une soutane d'aumônier ou une chemise de cantinière !

Tu peux tout entendre.

Et le chapeau sur l'oreille, la pipe au bec, les bottes luisantes, la redingote bien brossée, ma grosse canne à la main, je suis parti. Tiens, je confesserai tout, j'ai fait des folies : deux sous de violettes pour ma boutonnière ! On arbore son drapeau comme on peut.

Cela m'a rappelé le bon temps ; pas tout à fait le bon temps, puisque Napoléon n'était plus là, mais le bon temps tout de même, puisqu'on pouvait espérer son retour. Avec des bouquets comme celui-là, ou des œillets rouges flambants comme braise et résistants dans les bagarres, on s'en allait, les demi-soldes, les « brigands de la Loire », au café Lamblin, à la Rotonde. Les mirliflores nous y attendaient, avec des œillets blancs au revers de leur habit de drap fin.

Ce n'était pas long. Un mot : une gifle ! « Vive le Roi ! Vive l'Empereur ! » — Et ce qu'on se battait !

Rien de tout ça, hier. A la papa. D'énormes bedaines, des dos ronds, des lunettes, la barbe à volonté, et les genoux cagneux, que c'était à en pleurer de rire ! Puis, partout, leur oiseau de basse-cour, leur bête de coq... Ah ! nos aigles, qui nous les rendra !

Tant que j'ai pu, j'ai circulé, suivant les musiques, bien qu'elles jouassent des airs à dormir debout. A la fin, un peu fourbu, je me suis assis, pour savourer le moka, à la terrasse du café Turc. Quand je te le disais, que j'étais en veine de luxe !

Les quelques soldats pour de bon (la garnison de Paris) que j'avais entrevus, m'avaient, de bien loin, rappelé l'Armée : la vraie, la Grande, celle qu'on n'avait jamais vue et qu'on ne reverra jamais plus ! Et je pensais que si une congestion jetait le roi à bas de son cheval, ce ne serait peut-être point, en dépit de leur nombre, un de ses fils qui lui succéderait. Le Tondu a laissé des frères — et des neveux ! Pour voir ça, avant que de passer l'arme à gauche, je donnerais ma croix !

Tout juste, le roi arrivait, avec son air de coing dans un compotier. Et voilà qu'une explosion épouvantable retentit ; que je suis flanqué à terre, chose par-dessus tête, un guéridon sur le ventre (ne t'inquiète pas des taches de sucre, Honorine les a enlevées) ; tandis qu'au travers du boulevard une salade de cavaliers, de badauds, de bonshommes de toute sorte, s'empêtre et se démène.

C'était encore un attentat ; et, comme d'habitude, Louis-Philippe n'a rien. Je n'ose pas te dire que je m'en afflige, tu ne me croirais pas... mais je peux bien dire que je ne m'en réjouis point.

Les journaux, ce matin, poussent des cris de putois ; on s'aperçoit qu'en fait de mitraillades, ces lascars-là n'ont jamais rien vu. Au fait, la chose est dure, pour des civils : quatorze morts, vingt-huit blessés.

Evidemment, c'est regrettable ; et je t'avoue que je n'en ai pas mené large, tout dur à cuire que je sois, quand j'ai vu le dégât. Mortier avait son compte, Verigny, Raffet, Rieussec, Willatte, en tenaient aussi. Des braves comme ça auraient dû finir autrement.

Il y avait aussi des pékins, des femmes, des enfants. Ça m'a chaviré le cœur, comme, en Espagne, quand on mettait les villes à sac, sans guère épargner personne. Mais je n'ai pas le droit, vois-tu, de crier à l'assassinat et de faire la petite bouche — j'ai trop versé le sang moi-même chez les vaincus ; j'ai trop comploté, avec les carbonari, la disparition des Bourbons, *par n'importe quel moyen.*

Je ne suis pas assez pur pour juger les autres. C'est un Corse, qui a machiné ça, Fieschi, et on le dit bonapartiste. Le pauvre bougre a la moitié de la tête emportée ; on la lui recolle, pour le guillotiner proprement.

Ce soir, j'ai rencontré Derieux. Il m'a décoché droit comme balle, en pleine poitrine :

— Quel dommage !

— Quel dommage que quoi ? Les victimes...

— Fichez-moi la paix, Hurtaut, et ne vous moquez pas du supérieur !

— Alors, colonel ?

— On ne fait pas d'omelette sans casser d'œufs ! Quel dommage que ça ait raté !

Hé ! bien, veux-tu que je te dise ? Je le pense aussi !

Au revoir, ma bonne Joséphine ; je t'embrasse sur les deux joues. Et surtout reviens dans une semaine, quoi que te conte la générale. Sans toi, je m'embête à crever !

COMMANDANT HURTAUT.

*
* *

Jules Fréguy, avocat, à Monsieur Gracchus Isaac, rue de la Montée-au-Beurre, à Bruxelles (Belgique).

15 janvier, 1858.

Mon cher ex-collègue,

Le sort de la nation vient de se jouer... et la liberté a perdu ! En vain le sang, un sang pur, a-t-il abreuvé le pavé ; en vain d'expiatoires victimes ont-elles payé pour le coupable ! Rien n'a pu désarmer les dieux ; la tyrannie se trouve consolidée précisément de ce qui la devait abattre !

Hier, ce révolutionnaire italien que vous avez connu, comme moi, chez Mazzini (rappelez-vous ? Felice Orsini ?) a lancé des engins explosibles sous la voiture impériale, à l'entrée de l'Opéra.

J'arrivais justement rue Le Peletier, car Mazigneaux, ce crétin que j'assiste comme secrétaire, m'avait offert une place — de fond, bien entendu — dans sa loge.

L'aspect général était fort triste, car la majorité des assistants, venue pour contempler le faste éhonté de la cour, était composée, naturellement, de femmes et d'enfants. Quand cette foule se guérira-t-elle de ses curiosités courtisanesques, de son penchant au servilisme ? Lui fallait-il donc cette dure leçon, pour comprendre que tel empressement à s'entasser sur le passage du despote n'est pas digne d'un peuple opprimé ; dont les chefs sont en disgrâce, comme moi, ou dans l'exil, comme vous ?

Les trois projectiles, jetés presque simultanément, ont fait cent cinquante-six morts ou blessés !

Evidemment, c'est regrettable ; et il serait inhumain

de n'en pas convenir. Mais le propre de la philosophie stoïque est de demeurer aussi inaccessible aux souffrances d'autrui qu'aux siennes propres. Or, n'avons-nous pas souffert autant, vous, moi, d'autres encore, à voir violer la Constitution, violenter la représentation nationale ?

Il est donc permis, à des citoyens mettant l'intérêt primordial des immortels principes, c'est-à-dire la République, au-dessus de la banalité du sentiment, il est permis, dis-je, de s'apitoyer surtout en raison de l'échec d'un effort, de l'inutilité du sacrifice.

Déplorons donc ce dernier, doublement; et souhaitons, s'il se renouvelle, qu'il amène au moins le résultat espéré. Salut à la petite balle, salut au poignard, salut à la bombe qui affranchira la nation : qui nous délivrera de l'Empire et de l'Empereur !

Je vous serre la main bien cordialement.

JULES FRÉGUY.

Et moi, qui m'en tiens au cinquième commandement du Décalogue : « Homicide point ne seras », je songe, en même temps, non sans quelque malice, que l'Histoire a sa philosophie ; que chaque parti a son passé, dans lequel il ferait bien de regarder ; que l'Évangile, très supérieur à la presse, renferme l'apologue de la paille et de la poutre...

L'INSAISISSABLE

Pour Octave Mirbeau.

Ah ! comme je la vois venir, toute la séquelle des chats-fourrés, s'avançant à pas de velours vers les plus nobles, les plus hardis d'entre nous — jusqu'à ce que la griffe de fer s'abatte sur la liberté pantelante, sur la pensée meurtrie !

Vous ne discernez donc rien, vous autres, gens de plume ou de crayon, artistes, penseurs, poètes, peintres, musiciens peut-être... car qui sait le refrain qu'on va poursuivre, l'hymne ou le couplet déclaré demain subversif et attentatoire à la sûreté de l'Etat ?

C'est pitié que constater cette somnolence, cette veulerie, ce j'menfichisme dégradant ; et que puissent subsister encore des divisions, dans une place aussi menacée !

Certes, ce sont les anarchistes que l'on poursuit — officiellement ! Et beaucoup des nôtres, soit pour ménager la clientèle ; soit pour avoir la paix ; soit même (ce qui est bien leur droit) parce qu'ils sont d'opinion diamétralement opposée, renient tout point de contact avec ces parias.

Mais regardez comme le cercle se restreint ; comme l'action se resserre ; comme, peu à peu, le vrai but se dessine et l'obsession secrète apparaît !

On emprisonne des tas de pauvres diables chez lesquels on n'a rien saisi, rien trouvé ; qui, après avoir subi la perquisition (cérémonie fort peu agréable, vous pouvez m'en croire !) se voient infliger, en surcroît, autant de prévention qu'il plaît au juge... non pour ce qu'ils ont fait — puisqu'on les relâche ! — mais *pour ce qu'ils pensent !*

Croyez-vous, sérieusement, qu'on se soucie beaucoup de ces gens-là ? Parce que militants, ils sont toujours sous la main de la justice qui, à son gré, les affame, les traque, les emprisonne, les libère, les reprend ; joue avec comme le matou fait de la souris, sans qu'aucune voix s'élève pour les défendre : les unes muettes par haine, les autres par indifférence... et celles qui voudraient parler, parce qu'on les étrangle !

Qu'importe donc, au pouvoir, cette « vile multitude » de laquelle il se croit le maître ; et dont les excès de désespoir semblent, jusqu'ici, seulement servir à le consolider ! Il s'imagine que sa poigne est assez puissante, son glaive assez large, pour faucher le champ ; y coucher pêle-mêle l'ivraie et le froment. Is comme Tarquin, il vise à la tête. Et la tête ce sont ... remueurs d'idées !

*
* *

Or, qui sont-ils, le plus souvent ?

Ses fils — leurs fils !

Il est rare, très rare même, qu'on naisse révolutionnaire, hors le milieu bourgeois. On le devient.

Dans le peuple, la conception, l'éducation, préparent

au servage ; l'anémie physique, résultant de l'excès de travail, d'une hygiène lamentable, de privations incessantes, entraîne l'anémie cérébrale ; l'anémie cérébrale enfante la résignation...

Que si, par hasard, les parents, créatures d'élite, ont sauvé du naufrage leur patrimoine intellectuel, ce ne peut être qu'au prix d'efforts inouïs, en raison d'une lutte constante, au péril de leur pain !

La femme, être plus faible, moins cuirassé d'orgueil, atteinte davantage — car elle est l'intermédiaire souvent malmené entre l'homme et la vie matérielle ; car, intendante de celui-ci, elle se trouve la débitrice directe de celle-là ; car elle assume toutes les responsabilités si elle ne supporte pas toutes les charges ; car elle encourt tous les affronts, tandis que le mâle s'en va au loin gagner ou chercher la pâture, plus las, moins humilié — la femme, dis-je, se soumet plus vite, courbe le front la première... ne serait-ce que pour pleurer !

Le militant, hypnotisé par son rêve, s'irrite, crie à la défection ; des mots aigres sont échangés, qu'écoutent, sans les comprendre, les enfants interdits : les enfants portés d'instinct vers celle qui les a nourris, qui parle en leur nom ; portés d'instinct aussi vers les réalités de l'existence, la soupe chaude, le dodo frais, en naïfs petits animaux qu'ils sont.

Si bien que l'Idée — l'Idée avec majuscule — devient pour eux une espèce de fée méchante qui vide les assiettes ; chipe les bas de laine ; joue toutes sortes de vilains tours aux mômes ; rend la maman triste et le papa furieux. C'est elle qui lui fait retirer son ouvrage ; qui est cause qu'on a froid, qu'on a faim, que le propriétaire donne congé, qu'il arrive de méchants types qui, après avoir tout mis sens dessus dessous, emmènent le père, menottes aux mains... comme un voleur !

Parfois, on ne le revoit plus ! Il navigue, aux frais de l'Etat, vers quelque bagne d'où l'on ne revient guère, d'où l'on ne revient point ! Ou, si c'est au moment des vastes fratricides, il est tué en quelque émeute, dans le tas ; sans qu'on sache au juste où.

La mère alors, couveuse angoissée, ramène tous ses poussins sous elle ; trime seule pour subvenir à leur becquée ; se tue à la peine — mais leur inspire, par l'exemple de son malheur et de son dévouement, la crainte des « errements » paternels. Dans la quiète chaleur de sa tendresse, ils reprennent vie et confiance. Plus tard, ils voudront aussi que ceux dont elle sera l'aïeule connaissent cette douceur tiède sans avoir passé par les affres du début.

Je le répète, il est peu de familles où se transmettent, intactes, les traditions de résistance, de lutte à mort, de combat sans trêve ni merci. Dans les états-majors (et encore !) on cite quelques cas d'hérédité. Il y a là, à mon avis, peut-être moins atavisme qu'héritage : legs d'un renom dont on s'honore ou qu'on se croit obligé de maintenir.

Mais la grande masse !... Si tous les fils, toutes les filles, des trente mille fusillés de la Commune, se retrouvaient, au 28 mai, devant le mur du Père-Lachaise, le cimetière ne serait pas assez large pour les contenir !

Le recrutement s'opère autrement : par la génération spontanée, pourrait-on dire ; tant les fleurs de représailles éclosent en des jardinières où l'on ne s'attendait pas à les rencontrer !

Alors que l'enfant de misère, né comme je l'ai dit d'atrophiés intellectuels — parce que le surmenage use leur cerveau comme la netteté de leur vision, comme la paume de leurs mains — ou né de rebelles (c'est-à-dire ayant pâti de la rébellion avant que de pouvoir la comprendre, donc à jamais éloigné d'elle) — alors que cet enfant-là ne sera un combatif que si la société l'y force, voici que, dans les berceaux cossus, germe, semée là par on ne sait quelle tourmente, la race des révoltés.

Il se passe en ce moment, voyez-le, identiquement le même phénomène qui marqua la fin de l'autre siècle. Il est bien porté de se dire socialiste, aujourd'hui, dans les salons du Tiers-Etat, comme, il y a cent ans, tout gentilhomme de bonne marque et de bel esprit, se piquant d'élégance, devait s'affirmer encyclopédiste, dans les salons de l'aristocratie.

Les dieux aveuglent ceux qu'ils veulent perdre, dit le vieil Euripide... Chaque classe, à tour de rôle, ausculte le volcan qui la doit engloutir.

Et, de même que la révolution de 1789 fut faite, fut suscitée plutôt, au profit de la bourgeoisie, par les réfractaires, les irréguliers de la noblesse, de même, en avant de la révolution plébéienne, forçant le passage, il n'est que rejetons bourgeois.

Comment en sont-ils venus là? Qui les y a poussés? A quel sein de pauvresse ont-ils tété le goût des larmes; et la rancœur de la bile, de tous les poisons qui leur font les joues si creuses, le teint si pâle, à ces enfants « bien nés »? Nul n'en sait rien. Ils ont, sans qu'on sache pourquoi, renoncé à leurs prérogatives, à leurs privilèges — étranges adolescents qui semblent tous éclos dans la nuit du 4 août! La nature paraît leur avoir donné une ombre différente de leur geste; doué leur ouïe d'un écho différent de leur voix. Au rire, répond un sanglot; la joyeuse mimique est décomposée, sur le mur, en une série de mouvements tristes, disant la fatigue et le désespoir.

Tout petits, ils ont vu cela (visible à leurs seuls yeux) et ils sont devenus graves, songeant, lorsqu'ils mangeaient, que d'autres avaient faim. Alors, le contentement ambiant, la joie de vivre éclatant autour d'eux, tout ce bien-être, leur est devenu abominable. Ils ont taxé d'égoïsme l'inconscience de qui ne partageait point leur mal ; ils ont méprisé leur père, ingrats malgré eux — et ils sont partis à l'aventure vers les sphères basses où ils se sentaient le devoir d'agir !

La caste qu'ils abandonnaient n'a rien fait pour les ramener à elle, pour modérer leur action. Elle n'a point compris que ces déserteurs portaient aux pauvres leur bagage d'audace ; leurs armes d'instruction ; toute la force dont elle les avait investis, dans le but contraire ; tout le fond de ses arsenaux !

Elle les a traités en ennemis, d'emblée ; dès la première insubordination. Et l'autorité paternelle, au sens légal du mot, a fait, à elle seule, plus d'anarchistes que toute la propagande en bloc !...

Envers ceux qui n'étaient point de son sang, la bourgeoisie a agi de même, également implacable, également illogique, également préparatrice de sa propre destruction. Sur ces indifférents, dont je parlais tout à l'heure, elle a, à propos d'une vétille, une bêtise, un rien, une querelle de gamin avec un agent, frappé si fort qu'elle a cessé de frapper juste. De neutres, elle fait des adversaires — elle crée des troupes à ses fils !

.
. .

Et sa rage s'accroît de l'évidence... qui lui semble « trahison » ; parricide envers la classe d'où sont issus ces enfants dénaturés !

Voilà pourquoi on recherchait les lettres bien plus

que les explosifs ; pourquoi on a mis en cause la famille Reclus ; pourquoi, derrière Grave arrêté, les magistrats s'inquiètent présentement de Mirbeau.

Certes, on n'ose ! Mais regardez-les se pourlécher les babines, allonger les ongles sur le comptoir du tribunal! Comme ils en ont envie ! Comme ils en goûteraient volontiers, de l'indépendant — même pas du théoricien !

Car ils ont découvert des choses surprenantes, un vrai complot, ourdi avec noirceur, tramé avec scélératesse... Et là, comme toujours, la forme, l' « écriture » les horripile : ils en veulent bien plus à l'auteur du *Calvaire* qu'au rédacteur du *Père Peinard!*

Un homme qui a des gants, un chapeau haut, les manières et la vie d'un gentleman ; un homme qui a fait ses classes et chronique avec succès dans des feuilles bien pensantes, mondaines ; un homme sur qui l'on devrait pouvoir compter... et qui écrit la préface de la *Société mourante et l'Anarchie*, de Grave ; et qui déclare (avec raison) que ce livre est un des beaux livres du siècle !

Il y a dix mois de cela ; depuis, le volume s'est vendu librement, sous l'œil indulgent des autorités. Qu'importe ! Ils viennent de s'en apercevoir. Et l'on saisit le bouquin, où qu'il se trouve ; et voilà Mirbeau suspect !

Il n'est pas le seul ! Car, je vous le dis, on est sur la piste de révélations affreuses.

Ces dessins, ces abominables — et superbes ! — dessins du *Père Peinard*, ébauchés au gros trait, à la manière d'affiches, et d'une tonalité si puissante, en dépit du manque de couleur, savez-vous de qui ils sont ? De galvaudeux, sans doute, de bohèmes, de ratés, de vieux gredins ayant noyé dans l'absinthe leur talent de jadis ...ou de gniafs en mal d'esthétique?

Ouais ! nos maîtres, vous croyez ça ?

Ils sont l'œuvre d'Ibels, de Félix Pizarro, de Luce, de toute cette jeune et vaillante phalange d'artistes classés, acclamés déjà, qui s'en viennent derrière l'illustrateur de Paris, le maître Chéret ! Et il n'était pas besoin que Steinlen signât le dessin inaugurateur du *Chambard*, pour que nous reconnaissions tous qui avait tracé avec respect, avec tendresse, ces silhouettes d'affamés !

.*.

Saisissez donc cela ! Saisissez donc le vent qui nous pousse, nous, génération en pleine force, nous, qui avons un cerveau et un cœur, vers l'enfer des miséreux ! Saisissez donc notre âme — qui échappa jadis, en d'autres corps, à la morsure des cisailles, à la flamme des bûchers !

Nous avons la foi autant que les premiers chrétiens ; autant que les juifs d'Espagne ; autant que les protestants des Cévennes ; autant que les chouans de la vieille Vendée !

Nous croyons que le monde est mal fait, qui permet à tel fils d'exploiteur d'avoir 3,000 fr. à dépenser par jour ; qui permettait à feu le général Maltzeff de posséder vingt-neuf mines, d'occuper cinquante-cinq mille ouvriers... alors que les peuples crèvent la faim !

Nous ne sommes pas cruels ; puisque, fût-ce devant ces contrastes, nous ne souhaitons pas la réciproque : seulement une plus juste répartition des biens.

Nous sommes, pour la plupart, gueux comme Job, vivant de notre salaire, que la peur ou la haine peuvent supprimer demain — pas même libres ! Et c'est, peut-être, de cette parité de situation avec les serfs de l'atelier ou de l'usine, qu'est fait, pour beaucoup, notre élan vers eux.

Mais notre âme est à nous ! Là ou échouèrent les Césars, Torquemada et ses tourmenteurs, Louis XIV et ses reîtres, la Convention et sa guillotine, ô ministres pygmées, vous pensez réussir ?

Arène, l'autre jour, demandait comment il se faisait que les agissants ne sortissent jamais du troupeau des résignés ; sans se rendre compte que Ceci représentait Cela.

Eh ! bien, nous autres qui n'avons pas faim ; qui n'avons pas froid ; à qui la société prodiguerait volontiers, si domestiqués, les mamours et les risettes, mais qu'étreint, mais qu'émeut la souffrance d'autrui, nous entendons rester, quoi qu'il arrive, **quoi qu'on risque**, les avocats, les assistants, les tenants de l'humaine Douleur !

Ouvrez vos codes et vos geôles ; recevez vos instructions ; rédigez vos verdicts — nous sommes prêts ! Notre pensée restera libre et marchera de l'avant...

LA MORT DE VAILLANT

> « Mais moi je n'ai tué personne,
> Je n'ai pas de sang sur les mains!... »
> Ainsi songe, parle, raisonne,
> Le condamné sans lendemain.
>
> MAURICE MONTÉGUT.

M. Dupuy ou M. Casimir Perier — peu importe lequel, c'est le même ! — parlant à la tribune des lois répressives, avait dit qu'il était nécessaire que les « honnêtes gens » eussent leurs étrennes. Il n'avait pas parlé du cadeau de Carnaval.

Ce cadeau-là, c'est le pouvoir qui s'en est chargé. La tête de Vaillant, exsangue comme une face de Pierrot, colletée de rouge comme un chef de Polichinelle, a été déposée par lui dans le plat de la Salomé parlementaire !

Et les Hérodiades du Sénat lui rendent grâce, se congratulent, se félicitent de vivre sous un prince ennemi de la frousse, et de poigne si dure à qui prétendrait les molester. Le seul regret, c'est qu'on n'ait pu appliquer la « question » quelque peu, à ce misérable : lui enfoncer ses clous dans les yeux, dans les ongles ; le bien faire souffrir. Ah ! cette pénalité est vraiment insuffisante !

Car le régicide se chiffre à la quantité de rois — et ils sont mille ! Vaillant était donc mille fois plus coupable que n'importe quel criminel de lèse-majesté.

D'ailleurs, le principe de la Souveraineté Nationale, s'il n'est de droit divin, équivaut bien au principe de la Divinité. Qui y attente est coupable de parricide, de sacrilège : et l'on coupait le poing des parricides ; et on brûlait la langue des sacrilèges ! Non, décidément ; on a été clément à ce gredin en se contentant de le guillotiner !

Mais lui faire grâce !... Je crois qu'une émeute eût éclaté sous la coupole du Luxembourg, sous le crâne vitré du Palais-Bourbon, si on eût arraché aux représentants de la démocratie leur cadavre, leur otage, leur rançon !

S'ils y tenaient ! Mais rappelez-vous ce mot d'un honorable père-conscrit, reproduit, sans que survînt ombre de protestation, par le *Gaulois* du 3 février : « Eh ! bien, si Carnot gracie Vaillant, nous, nous ne lui ferons pas grâce au Congrès ! »

Ils en étaient là — à ce marchandage, à ce chantage, à cette honteuse intimidation !

.*.

Je ne veux pas croire que pareille considération ait pu influer sur le chef de l'Etat ; faire pencher le plateau vers la rigueur... mais que penseront les simples, aux âmes toutes naïves, dont le jugement s'élabore par l'unique instinct, loin des sphères gouvernementales, en l'ombre presque anonyme de la détresse et du travail ?

Beaucoup d'entre eux avaient connu Vaillant ; avaient rencontré, soit dans les ateliers, soit dans les réunions, cette grande silhouette osseuse, aux yeux caves, brillant d'un éclat fébrile; le parler doux, le geste sobre, l'allure timide; de la taciturnité et de la tristesse : l'air d'un malchanceux et d'un tragique.

Il avait, dans le parti marxiste, voilà dix ans, la réputation d'un brave homme, un peu concentré, un peu exalté. Mais nul n'aurait pu prévoir, alors, ce qui germait dans cette âme.

Il sermonnait les petits anarchistes (car on allait, alors, dans le monde révolutionnaire, de l'anarchie au marxisme, tandis que, présentement, c'est l'opposé) leur prêchait les dangers de l'indiscipline; leur vantait les bienfaits de la « socialisation des moyens de production »; leur offrait en exemple Guesde — son dieu! — qui disait alors de lui : « C'est un cerveau ! », et n'avait certes point de partisan plus actif, plus enthousiaste, plus aveuglément soumis.

Oui, en ce temps, et plus tard encore, avant l'évolution de son esprit, Vaillant était guesdiste de façon intransigeante; s'efforçait à fonder une gazette de quartier avec l'un; perdait son emploi pour soutenir les candidatures de tels autres.

Si bien que le soir du jour où MM. Guesde, Massard et Deville furent congédiés par moi du *Cri du Peuple* (non que je leur demandasse l'apologie de Duval, mais parce qu'il me semblait monstrueux que des socialistes, des limitrophes, afin de dégager leur système, poussassent un condamné sous le couperet) ou je me trompe fort, ou Vaillant fut de ceux qui vinrent, ce soir-là, pour tenter d'imposer leur patron et d'intimider la nouvelle rédaction — collectiviste également, seulement collectiviste-possibiliste, donc ennemie !

Aujourd'hui, tous ses chefs aimés se détournent, et l'accablent. Quelques-uns vont jusqu'à insinuer qu'il pourrait bien être de la police...

Le populo, lui, ne s'y trompe pas. Déjà, sur le crime et le criminel, son opinion est faite. Et si différente de ce qu'elle fut au moment de Ravachol !

Le bébé du pharmacien qui encourut le danger, rue de Clichy, sans toutefois être atteint, avait autrement remué les fibres familiales que les députés griffés par les clous de la bombe, à la Maison du coin du quai. Et Ravachol, compris surtout des sectaires, gouailleur, bravache, s'il avait intéressé, comme feu Rocambole, les lecteurs de feuilletons, les avait effarés aussi, avec ses histoires de l'ermite de Chambles, ses essais de fausse monnaie, etc., etc.

Vaillant, lui, on l'a plaint... voyez la progression des sentiments !

Tous ceux dont l'enfance fut esseulée, sans guide et sans soutien, ont fraternisé avec les débuts de ce fils de gendarme, abandonné, lâché sur le pavé, presque au sortir du maillot, par son régulier de père.

Tous ceux dont l'adolescence fut pénible se sont retrouvés en l'odyssée de ce lamentable, errant de ville en ville à la conquête du pain ; repoussé par ses proches ; plus isolé, dans le désert des cités bruyantes, qu'un voyageur perdu dans les sables du Sahara !

Tous ceux qui souffrent, qui peinent, qui chôment ; qui gagnent, ainsi qu'il gagnait, six sous de l'heure ; qui ont été déçus par leurs élus — ils sont quelques-uns, M. le Président ! — ont reconnu pour leur ce paria, ce pâtira, incarnant les innombrables maux dont la plèbe succombe !

Tous ceux qu'effleura, à un moment donné, la tentation ; qu'obséda la hantise du délit ; dont le ventre eut trop faim, dont le gosier eut trop soif, ont envisagé sans sévérité ces cinq condamnations : pour mendicité, piquage d'un fût sur la voie publique, continuation de voyage sans billet, consommation de seize sous d'aliments, alors que l'affamé se savait insolvable. Même la plus copieuse, la complicité en détournement, avec et au compte d'un ami, d'une paire de bottes, ne leur a inspiré que cette réflexion : « Ce n'était cependant point pour se la partager ! »

Rappelons-le donc, en oraison funèbre, ce casier judiciaire si plein d'enseignements — dont il fut objecté pour flétrir une vie, comme il en est argué pour salir une mémoire.

Méditez-le, philosophes !

* *

Vaillant, dès le berceau, sans famille ou plutôt sans foyer, ballotté de ci, ballotté de là, quasi orphelin, fut repassé, de parents en parents, tant que dura son premier âge. Si bien qu'à la fin, lasse de ce manège, une tante l'expédia au petit bonheur (avec un billet limité, un bout de pain, un bout de saucisse) à mi-parcours de sa ville natale.

Ainsi commit-il son premier vol, ayant continué sans ticket. Il avait quinze ans : la compagnie de l'Est le déféra aux tribunaux, car il lui avait fait tort de vingt francs vingt centimes. Et les tribunaux infligèrent, à ce gamin, seize francs d'amende, le 27 mai 1876.

La condamnation n'était pas lourde — mais le casier judiciaire était commencé !

Il se continua le 27 avril 1878, devant les juges de Charleville, par l'allocation de six jours de prison, pour « filouterie d'aliments ». Mourant d'inanition, il était entré dans un cabaret, avait consommé *seize sous* de pain, de bouilli, et de fromage. Peut-être s'offrit-il, je l'ignore, le luxe d'une chope ou d'un demi-setier.

Quelques mois plus tard, après avoir fait, sur ses semelles, le trajet de Paris à Marseille ; après avoir obtenu le traitement, à l'hôpital, de ses pieds en sang ; après avoir passé, à l'asile, les trois nuits de rigueur, Vaillant se retrouve sur le pavé, à peine guéri, ayant faim, ayant froid... et tend la main.

Le tribunal de Marseille le condamne, *pour mendicité*, le 14 novembre 1878, à trois jours de prison.

La quatrième condamnation est la plus importante. En Algérie, dans une fabrique où ils travaillaient plusieurs, il aide un camarade à cacher, puis à sortir une paire de bottes. Les juges d'Alger le condamnent, le 24 avril 1879, à trois mois de prison.

En captivité, il prend les fièvres ; et dès sa libération, revenu en France, traîne d'hôpital en hôpital sa loque grelottante.

A Marseille, sur le port, il voit les barriques de vin, abandonnées, presque offertes à la convoitise publique. En surcroît, quelqu'un lui raconte « que le vin blanc guérit les fièvres » — alors que sa gorge brûlée aspire à la fraîcheur, à la guérison !

Vers la nuit, il prend un chalumeau, pique, boit... Le tribunal de Marseille, en date du 25 avril 1881, lui inflige un mois de prison.

Tel était le passé de ce récidiviste.

Or, si la classe ouvrière, en sa majorité du moins, n'avait pas saisi grand'chose à la défense qu'il présenta (trop abstraite, trop confuse, bourrée de termes techniques, comme font les ignorants) on a retenu son histoire, on l'a commentée dans les « repaires. » Plus d'une faubourienne a eu les larmes aux yeux, au récit de cette enfance ; plus d'un faubourien a crispé les poings, contemplant ses mioches, et songeant à l'autre père : le gendarme !...

C'est avec ceux-là qu'il fallait être, petit-fils de conventionnel, quitte à mécontenter les autres, feuilles sèches que balaiera le vent !

**

Ce que je voudrais bien savoir, là-dessus, c'est l'opinion du commandant Maréchal, le libéral de 1848, l'officier du génie en retraite, l'ami de feu Hippolyte Carnot; celui qui fit parvenir à l'Élysée, avec le quatrain autographe de Hugo, implorant de Louis-Philippe la grâce de Barbès, une belle et touchante supplique concluant ainsi : « Vous ne voudrez pas qu'on puisse dire qu'en 1839, le roi des Français s'est montré clément; et, qu'en 1894, le président de la République s'est montré impitoyable. »

Pauvre brave homme, vieux démocrate demeuré humanitaire, quelle désillusion ne doit pas être la sienne, quel chagrin ne doit-il pas éprouver ! C'est le démenti infligé à ses rêves, l'annulation des efforts de toute une vie. Son cœur saigne, mais aussi sa croyance, son idéal — douleur pire entre les douleurs !

Il y était cependant préparé, ayant prié la veuve du camarade défunt, la mère de Sadi Carnot, de vouloir bien remettre sa lettre, appuyer sa requête. Une aïeule, ça doit être bon; gravir, par l'indulgence, les degrés qui la séparent du ciel ?...

Lettre, requête, démarche, la vieille bourgeoise avait tout refusé.

Et un journal monarchique avait aussitôt publié, en riposte, les lignes émouvantes, écrites jadis par la duchesse d'Orléans à la comtesse Lobau.

Les voici.

« Ma bonne et chère Maréchale, je suis si heureuse

qu'il m'est impossible de ne pas vous communiquer notre joie. Le roi vient de commuer la peine de mort de Barbès en la peine des travaux à perpétuité. Il a fait un acte de générosité et de grandeur. Il a sauvé la vie de cet homme, agissant d'après son droit constitutionnel, enlevant la chose dans son Conseil, car les ministres étaient, pour la plupart, portés pour la peine de mort. Le roi leur a dit avec force : « Non, messieurs, la main qui a serré, hier, celle de la sœur de Barbès, en lui exprimant mon vœu de le sauver, ne peut jamais signer son arrêt de mort. » On criera beaucoup, on craindra beaucoup, mais un acte pareil ne souffrira jamais de petites atteintes.

« Hélène. »

La leçon est dure, mais je suis tranquille : elle ne sera pas comprise plus qu'elle ne l'a été — puisque Deibler a agi ! Elle demeure pénible aux seuls républicains qui, avec le mot, voudraient la chose ; et un peu de miséricorde aux entrailles de cette marâtre République, pour les plus dénués de ses enfants.

La tête de Vaillant est tombée, mais ce point sanglant ne clôt rien, ne conclut rien. Fasse le ciel que je me trompe, mais je tremble pour les implacables !...

7 février 1894.

« DIEU LE VEULT ! »

> « Une troisième thèse deviendra toutefois bien difficile à faire accepter : la pitié ! »

Oh ! vous qui l'écrivez, comment pouvez-vous penser cela ? Et pourquoi nous décourager, nous dont le cœur déjà défaille, et qui n'auront jamais eu tant besoin de vaillance et d'abnégation ?

Car, pour s'interposer entre les partis, car pour se jeter entre les adversaires, car pour prêcher, aux uns comme aux autres, la fraternité ou le respect de la vie humaine, il faut le plus rare des courages : celui de l'impartialité. Il faut aussi se résoudre à assumer les rancunes des sectaires, qui, à droite comme à gauche, n'admettent pas l'indépendance ; à affronter la méconnaissance des superficiels, des ignorants, qui prennent à rebours les trois quarts de ce que vous dites... et ne comprennent pas !

Il faut enfin — car les temps tragiques sont venus — encourir avec sérénité le double péril : faire d'avance le sacrifice de sa liberté à ce qui est la conviction ; de sa vie à ce qu'on croit le devoir. A s'élancer entre les armes, au plus fort du combat, on est certain d'être frappé. Qu'importe d'où vienne le coup!... Nous avons mis notre cœur, tout rouge et tout saignant, frêle tampon, entre l'enclume et le marteau — nous savons bien qu'au premier choc il sera broyé !

Est-ce donc raison d'être lâches? Est-ce motif à reculer ? Il me semble, au contraire, que, pour les âmes ferventes, l'heure a sonné de partir en croisade, sans armes, les mains pleines de baumes, pour ensevelir les morts et appeler sur eux la paix éternelle ; pour relever et consoler les blessés ; pour guérir les plaies et calmer les douleurs — pour délivrer aussi du Sépulcre, l'avenir de l'humanité !

« Dieu le veult ! » disait le cri des ancêtres ! Bien peu, aujourd'hui, lèvent encore les yeux vers le ciel. Mais plus d'un, par grâce particulière, porte son ciel en soi-même, s'il s'est voué au service de la misère et du malheur.

Oui, « Dieu le veult ! » Il faut ceindre ses reins et affermir sa volonté ; il le faut d'autant plus que l'ingratitude sera la seule récompense ici-bas... que si des palmes attendent, au bout du chemin, ce ne seront pas celles du triomphe !

Ni celles de l'Académie. Car, toujours, quelque chose d'un peu comique se mêle, comme dans le divin Shakespeare, aux plus noires horreurs du drame.

Et, en savourant la menace que M. Raynal — le dernier des Conventionnels — a prononcée à la tribune de la Chambre, l'autre mardi : « On en finira avec certaine sensiblerie dont nous avons été trop longtemps les dupes » j'éprouvai comme une sensation de réminiscence. Où donc avais-je lu déjà toute pareille phrase ?

Tout à coup, je me suis souvenue. C'était dans une lettre d'anarchiste, de doctrinaire militant, au lendemain du jour où j'avais défendu un magistrat, calomnié par ses supérieurs, renié par ses pairs, victime évidente d'une machination. Mot à mot, le compagnon m'écrivait : « On en finira avec certaine sensiblerie dont nous avons été trop longtemps les dupes. »

Et il ajoutait, en manière d'avis : « Gare à qui se mettra en travers ! »

* *

Le ministre ne le dit pas, lui — mais il le prouve !

C'est pourquoi il y a quelque mérite à demeurer d'allure libre, entre la frousse et le fanatisme ; à garder son franc-parler, le regard bien droit, le verbe bien haut. C'est pourquoi, dédaigneux des pénalités, insoucieux des méprises, entre l'intimidation d'en haut et l'erreur possible d'en bas, des écrivains, des artistes, sont en train de sauver, par leur seule attitude, notre légendaire renom de bravoure et de générosité.

Les taxera-t-on d'anarchie, Coppée, Mirbeau, Bergerat, Mendès, Montaigut, Bauer, Paul Adam, Bernard Lazare... tous ceux qui, voyant plus loin que le nez de M. Carnot, ont tâché de fourrer leur plume dans le déclic de la guillotine ? Le faisaient-ils par seule pitié pour Vaillant ? Je ne le crois pas. Tout poète est *vates* ; tout écrivain a quelque peu la double vue. Ils agissaient autant en vue des représailles qu'en faveur du condamné — et leur miséricorde s'acharnait plus encore, peut-être, à préserver, à sauver le vieux monde de ce qu'ils jugeaient une faute irrémédiable, qu'à soustraire au supplice un aspirant-martyr, résigné par avance à l'échafaud !

Cela, bien peu l'ont compris. Quiconque, dédaigneux des opinions toutes faites et des clichés en vogue, s'efforce à déblayer le terrain ; à tâcher d'y voir clair ; à dégager le problème, sinon sa solution, du fatras des obscurités, devient, du seul fait de cette méritoire angoisse, un suspect.

J'attends, non sans une certaine ironie, l'instant où il suffira de révéler des infortunes, d'appeler l'attention publique sur des iniquités trop flagrantes, pour être convaincue « d'excitation à l'attentat » — coupable de ce crime, coupable avéré, quiconque ne déclarera pas que tout est pour le mieux sous le meilleur des ministères !

Imbéciles !... Est-ce que les carabins ont toutes les maladies qu'ils observent ? Est-ce que les étudiants en droit commettent tous les forfaits dont ils « piochent » la répression ? Est-ce que les potards sont tenus d'ingurgiter toutes les prescriptions du *Codex* ?

Et scruter la théorie nouvelle, essayer de la comprendre, de la définir, équivaut, croyez-vous, à aller flanquer des bombes dans les cafés ?

Quelle misère ! Les gens qui raisonnent ainsi me rappellent ces moujicks massacrant le dévoué qui les disputait à la contagion, et qu'ils avaient baptisé, tristes brutes, « le Docteur Choléra ».

Ils l'écharpèrent — mais le fléau lui survécut... et le vengea !

* *

L'attentat à la vie humaine ? Je le réprouve, nous le réprouvons, d'où qu'il émane : patronné, par l'État, sur la place de la Roquette, ou perpétré, par un séide, dans un établissement public.

Mais cette réprobation ne suffit pas à des esprits chercheurs, anxieux des causes, si elle contente la veulerie intellectuelle de certains. Tout effet comporte un motif — c'est ce motif-là qu'il faut aller saisir au plus profond des âmes, et remonter ensuite aux origines.

Le mot farouche de l'anarchiste : « Il n'est pas de bourgeois innocents » procède directement du mot implacable de Carnot, refusant à un ami d'autrefois la grâce de ses deux filles : « Il n'est pas d'aristocrates innocents. »

Et le but des compagnons, je le distingue nettement, même dans cette affaire du Terminus, incompréhensible au premier abord. Ils escomptent la pression de l'opinion sur les pouvoirs publics, pour contraindre ceux-ci à améliorer le sort des misérables. La compassion demeurant sans effet sur l'égoïsme des masses, ils en appellent à la terreur : l'exaspération du bourgeois ne pouvant plus s'asseoir dans une stalle de théâtre, à une table de restaurant, sans risquer sa peau !

Voilà le calcul ; il faut l'envisager en face, sans tremblote — ceux qui peuvent !

Mais, désormais, dans cette lutte entre la bombe et la guillotine, ne répétez pas, ne dites jamais qu'il n'y a plus de place pour la pitié.

Sa tâche commence...

LAS-DE-VIVRE

―――

Pour son frère...

Non, il n'était pas fou, Emile Henry. Lui vivant, je n'aurais pas osé le dire, de peur d'entraver, de paraître entraver les démarches faites, malgré sa volonté, par la mère douloureuse et de dévoués amis. Mais je n'aurais pas non plus dit le contraire; parlé à l'inverse de ma conviction; plaidé leur thèse — au nom même de cette volonté d'un mourant, par eux saintement méconnue, pour moi sacrée toujours !

Certes, nul autre davantage ne comprenait que la pauvre femme, dans le passionné désir de sauver son fils, suscitât tous les prétextes, invoquât tous les espoirs ! Elle n'eût pas été une maman pour de vrai, si elle n'avait ainsi agi ; si elle n'avait fatigué, de ses semelles, le pavé de Paris, et, de ses supplications, la terre et les cieux !

Donc, bien loin de mon esprit l'ombre d'un blâme ; et le risque d'ajouter, si peu que ce soit, à son affreux désespoir. Ce qu'elle a fait, elle l'a bien fait : c'était normal, c'était maternel... et, presque toutes, nous eussions suivi même voie. Le stoïcisme, de par la loi de nature, le pli d'éducation, est, de toutes les philosophies, celle dont notre sexe s'accommode le moins — et ce n'est pas des mères qu'on le saurait exiger !

Mais ce que je lui dis à elle, doucement, longuement, lorsqu'elle vint frapper à ma porte, comme elle avait frappé à tant d'autres, j'ai le droit de le répéter, aujourd'hui que tout est consommé ; que, dans l'éternité où est rentrée une âme, mes paroles tombent vaines, parmi le vide et le silence, comme les grains du sablier.

Une lectrice voilée d'incognito (et à qui je rends grâces, sinon de son illusion, du moins de sa touchante confiance) avait écrit à madame Henry que, seule, je pouvais intervenir efficacement. Pour cela, il me suffisait de faire une chronique... et, de suite, police, justice, M. Carnot et M. Deibler désarmaient !

Hélas, chère lectrice, se fût agi d'un assassin de profession, d'un voleur de carrière, je ne dis pas. Mais d'un anarchiste !

J'essayai, le cœur désolé, de l'expliquer à cette infortunée qui était là, qui me regardait avec des yeux de biche qu'on égorge, des yeux fous et implorants. Je lui dis la vérité : qu'Henry, par sa négation de toute pitié devant le jury, avait rendu difficile l'exhortation à la pitié ; que, de par l'entente tacite de la presse avec la répression, pas un directeur — pas un ! — n'accepterait mon article ; et qu'enfin je n'avais même point la ressource de le faire paraître ailleurs, un des traités dont je vis limitant, sous peine de dédit léonin, à mes travaux hebdomadaires, mon droit de publication.

Oh ! le triste quart d'heure que je passai là, à débiter ces mesquineries devant des larmes : et de quel dégoût j'ai frissonné, contre ce métier que j'aime tant ! Il n'y a pas de honte, mais il y a parfois une rude amertume à se sentir inutile, impuissante, quand une pauvre vieille, de deuil vêtue, vous invoque... et s'illusionne!

*
* *

Alors, pour la consoler, pour me réconforter moi-même, j'affirmai ce que je savais être exact : c'est-à-dire que ma prose, simple satisfaction platonique pour elle, marque d'intérêt que j'eusse voulu lui donner, eût été d'influence nulle, absolument nulle, sur des décisions prises d'avance, et, en quelque sens que ce fût, irrévocables.

Voilà pour l'appel à la clémence. Quant à la folie, d'abord, on ne me la laisserait pas plaider davantage; ensuite, c'était encore là effort oiseux, coup d'épée dans l'eau. Ou l'on échouerait — et alors c'était solliciter pour rien; prolonger l'agonie du captif; aller contre son vouloir nettement exprimé. Ou l'on réussirait — et Henry, de la seconde où il s'était senti pris, avait renoncé à vivre.

Il *voulait* la mort; l'avait proclamé aux assises; l'avait affirmé en refusant le pourvoi; s'était condamné, bien plus encore qu'on ne l'avait condamné! Promis au bagne ou au cabanon, il se tuerait, elle le savait bien! Alors, pourquoi le frustrer de ce qu'il regardait comme assez enviable pour y avoir sacrifié la vie des autres, son honneur, sa liberté, sa propre existence?

Supprimer la responsabilité, c'était nier le libre arbitre; nier le libre arbitre, c'était biffer l'Idée au nom de laquelle il proclamait avoir agi... Idée féroce, mais Idée quand même, puisqu'elle avait été son mobile, son moteur!

Pour l'amour d'elle, il avait pris des décisions terribles; subi des affres sans nom. Car, si fanatique que soit un homme, jamais je ne croirai que, sans combat, de gaieté de cœur, il frappe ses semblables : des inconnus, des passants!

Après, c'était la poursuite, l'arrestation, les coups! Ensuite, la lente géhenne de l'instruction; l'exhibition aux assises; la condamnation — et désormais, pour compagnon de cellule, le spectre du bourreau!

Eh! bien, tout cela, après mûres délibérations, il l'avait encouru, accepté, subi. L'échafaud était sa « récompense », la conclusion prévue et souhaitée. Même par tendresse, avait-on le droit de l'y soustraire, pour l'envoyer sous la douche, aux mains des infirmiers; ou sous le fouet, aux mains des chiourmes... laissant, comme légende, le souvenir d'un aliéné, irresponsable et incohérent?

— C'est vrai ! fit-elle.

Se levant, elle ramassa les lettres, les diplômes, les reliques éparses ; prit congé, très convaincue que j'avais raison... et s'en fut, mère inguérissable, mère inlassable, s'enquérir ailleurs d'un autre moyen de salut!

*
* *

Aujourd'hui, M. Deibler, le grand arbitre, a dit le dernier mot : Henry a eu « sa » mort.

La vindicte publique en est satisfaite; j'ignore si la société en est sauvée. Jusqu'à présent, ladite opération a eu des résultats identiques à ceux qu'obtiennent d'ignares praticiens : après avoir rogné, on a recoupé, puis tranché encore, sans pour cela arrêter la gangrène qui monte, monte — et menace!

J'ai mémoire d'un clown, un des frères Dare, dont la jambe fut ainsi servie par tranches à la science : comme un saucisson!

Toute la question est de savoir si c'est là excellent mode de traitement. Sentiment à part, complètement à part, un régime menacé a-t-il plus d'intérêt à se venger qu'à se préserver, à punir qu'à prévenir ?

. . . .

— Utopie ! utopie ! crient les politiciens.

Utopie ? Pourquoi ? Savez-vous qu'à être si péremptoire, si hostile à toute conciliation, si dédaigneux de la douceur et de la fraternité, vous leur donneriez presque raison, à ces désespérés qui se réfugient dans le crime comme les désespérés de Numance, de Carthage, ou de Saragosse, sur leur toits incendiés ? Toute bête acculée devient féroce. S'ils n'ont plus d'espoir, si toute issue leur est fermée, tout recours interdit, comment s'étonner qu'ils abdiquent leur humanité pour devenir des fauves ?

Sévir ? Oui, je sais... De plus autorisés préconisent, demandent cela. Ils veulent que l'on mette les pontons du bagne, cette pauvre petite guillotine de quatre sous exhibée honteusement, les matins d'exécution, à la Roquette, et un exemplaire de poche du Code, en travers du torrent !

Ils veulent : « réprimer par la terreur ».

La terreur de quoi ? Du trépas ? La plupart des assassins vulgaires, aujourd'hui, le narguent, y marchent avec forfanterie. Donc, celui qu'une idée, bonne ou mauvaise, soutient, paie sa dette sans plus d'émoi qu'un clubman règle un banco perdu. C'est correct, tout naturel : on s'exécute, ou l'on est exécuté, sans récriminations.

Puis, qui a donné la mort, en pareil cas, tient ordinairement la vie pour peu de chose. Ici, les faits parlent. Voyez, dans tous les Etats d'Europe, les récentes suppressions d'anarchistes — pas un qui ait demandé grâce ou lâchement fini !

Le bagne ? Misère ici ou misère là, sous le fouet des chiourmes ou la poigne du contremaître, ça ne les change guère — et ils font des prosélytes !

Philosophiquement, je ne crois pas qu'aucune intimidation puisse être exercée contre eux. Invoquer leur mansuétude ? Ils ne sauraient en avoir, gueux vivant parmi les gueux : les oreilles si ouatées des soupirs de la détresse que les cris de leurs victimes ne sauraient parvenir jusqu'à leur entendement ; amollir un cœur pétrifié par les larmes plébéiennes !...

La lettre de Léauthier que publia le *Figaro* en disait long là-dessus. Ce garçon que tous ceux qui l'avaient connu affirmaient être un doux (comme Ravachol, d'ailleurs) émettait sa théorie de massacre avec un calme, une lucidité, à faire réfléchir les moins clairvoyants.

— On leur coupera le cou !

Soit, coupez-leur le cou !

Mais, encore une fois, et après ? Aurez-vous mis sous clef tous les tranchets et toute la dynamite de l'univers ? Aurez-vous guillotiné ou étranglé à jamais l'esprit de révolte ?

On sait bien que non !... Ce serait-il nié, que l'histoire de ces dix dernières années suffirait à l'établir. Un compagnon, sans cesse, succède à un compagnon : après Ravachol, Léauthier ; après Léauthier, Vaillant ; après Vaillant, Emile Henry. Cette peine capitale, infamante, est devenue objet d'émulation ; les attentats répondent aux rigueurs : Véry, les Bons-Enfants, la rue Saint-Jacques, le faubourg Saint-Martin, la Madeleine, Foyot, sans compter les *et cætera* de province, si innombrables que l'on s'y perd !

Et vous croyez que c'est une vie, pour les braves gens — ils sont légion — assoiffés de paix et de tranquillité ? Les anarchistes ont commencé, c'est vrai... comme le lapin ! Pourquoi, dans des ateliers que je pourrais citer, et où l'on occupait cinquante ouvriers, en reste-t-il trois tout juste ? Pourquoi, du haut en bas de l'échelle, n'arrive-t-on plus à se suffire ? Qui brigue la charge de meneur de peuple, assume non seulement la responsabilité du bon ordre, mais aussi celle du bien-être public ! Que voulez-vous que deviennent ces sans-travail — qui, cependant, doivent manger ? Comment espère-t-on que la colère et la faim n'en feront point des fauves ? Qui les arrêtera ?

Dieu ?... Les gouvernants le leur ont retiré.

La notion du bien et du mal ?... Elle est jolie, en histoire ! Babœuf, Cadoudal, Orsini, exécutés jadis comme malfaiteurs, réhabilités aujourd'hui, ont leurs séides ; les chefs survivants de la Commune, déportés comme bandits, il y a moins d'un quart de siècle, se prélassent en des sinécures — et la statue de Barbès se dresse, avec le fusil, le fusil meurtrier, qui motiva sa condamnation à mort !

L'exemple ?... On s'en moque, remoque, et contre-moque ! Avoir le cou tranché net ou crever des boyaux vides, c'est kif-kif ! Au moins, avant de mourir, on est nourri !

Il est difficile de faire comprendre à ceux qui, peu ou prou, trouvent quelque joie à l'existence, que l'être privé de tout n'y goûte nul plaisir. Cela est ainsi pourtant : je le constate avec terreur. Jamais le mot dit, en Juin 1848, à la barricade du Petit-Pont, ne fut plus d'actualité.

— Comment t'appelles-tu ? demandait le chef des insurgés à un type dont la mise et les allures l'intriguaient.

Et l'autre, sans cesser d'épauler :
— Je m'appelle Las-de-Vivre.

Voici encore une tête de tombée : et rien n'est changé pour cela ! La Veuve n'est plus, de loin, qu'un épouvantail à moineaux ; de près, qu'un piédestal, une tribune, un calvaire !

En vérité, je vous le dis, le remède est usé, le remède est infructueux ! Je le répète, ne peut-on donc essayer d'autre chose : d'un état social plus humain, plus juste ; de concessions à la faim des pauvres ; d'une répartition moins arbitraire des biens — de ce que Jésus le subversif, Jésus le supplicié, appelait tout uniment l'amour du prochain ?

LA SUPRÉMATIE DU SAVOIR

———

Pour Serge.

Voici le billet adressé à notre confrère la *Réforme*, de Bruxelles :

« Monsieur le rédacteur en chef,

« Je lis dans votre numéro du 19 mars que des gazettes de Paris demandent avec instance mon emprisonnement. Permettez-moi de leur faire savoir par votre entremise que, si un mandat d'arrêt est lancé contre moi, je ne me prévaudrai point de ce que des occupations sérieuses m'ont appelé en Belgique. Abandonnant aussitôt mon travail, j'irai me présenter devant les juges, non pour donner satisfaction aux aboyeurs de lettres, mais par un sentiment personnel de mon devoir, mais par respect de mes convictions. Ce n'est pas que la prison m'attire, mais en prison même je puis finir dignement une vie que je sais honorable.

« Veuillez agréer l'expression de mes sentiments respectueux,

« Elisée Reclus. »

Il me semble difficile, quelle que soit l'opinion, de ne pas trouver à cette lettre grande allure, et cachet d'indéniable sincérité. Il s'agirait, je vous l'affirme, d'un ci-devant, réfugié à l'étranger et écrivant telle missive, que mon impression, que ma déclaration seraient identiques. Désiré Nisard a bien découvert deux morales, mais personne n'a imaginé deux vérités — pas plus que deux soleils !

Astre réel, astre idéal, la lueur est une, qui dissipe les ombres de la nuit ou les brumes de la conscience... la Vérité est toute pareille à la fleur de pensée, simple quoiqu'on en aie : jamais double !

Et les nouvelles qui arrivent de là-bas ne sont point pour atténuer la sensation qu'Elisée Reclus est une âme probe... ni détruire cette conviction que le mérite intrinsèque d'un cerveau, dans le domaine illimité, irréductible, de l'art ou de la science, domine singulièrement toutes autres considérations.

Ainsi chassé par la pusillanimité officielle (nulle charge, je le rappelle, n'est relevée contre lui) de la chaire à laquelle il avait été appelé, à laquelle son renom, sa compétence, son autorité lui donnaient triplement droit ; banni de l'Université qu'eût honorée sa présence — et, ce, pour des raisons absolument étrangères aux intérêts primordiaux de l'enseignement — Elisée Reclus vient de faire à Bruxelles, en des salles hospitalières et libres, ses deux premières conférences géographiques.

Nul boucan ne s'en est suivi ; l'hydre de l'anarchie n'a point déroulé ses anneaux par les rues de la bonne ville tranquille ; il n'y a eu, en fait d'explosion, que celles des bravos, ponctuant les aperçus du maître, saluant frénétiquement ses péroraisons.

Qu'ont-elles donc été ? Subversives à souhait ; prêchant le carnage et la dévastation ; déchaînant, sur les

Flandres et le Brabant, les horreurs de la guerre civile?...
Jugez plutôt.

La première fois, parlant du nouvel Eden se dégageant du chaos, et de la course au bonheur à laquelle se livrent les humains, il a conclu, avec une philosophie mélancolique, que l'instinct du mieux dont est hanté chaque être, pourrait, accumulé, devenir une force sociologique, aider à créer un monde meilleur.

La seconde fois, il s'est découvert davantage, a plus laissé pénétrer la noirceur de sa conscience et ses espoirs scélérats. Après avoir tracé, à larges traits, l'histoire de la géographie, et noté les successives étapes des conquêtes sur l'inconnu jusqu'à la jonction des deux hémisphères, jusqu'à la suture des pôles, il a terminé par cette phrase redoutable : « Nous avons, aujourd'hui, la Terre entre les mains; reste à savoir ce que nous saurons en faire. »

Et le Palais du Roi n'a pas tremblé sur ses bases ; et les Ministères de la rue de la Loi ne se sont pas écroulés comme châteaux de cartes; et les excellents Belges, pacifiques, réfléchis, ont continué de fumer leur pipe au soleil, ou devant le verre de lambic, dans le fin fond des brasseries familiales, silencieuses et « culottées ».

Même, l'auditoire, après avoir fait au professeur de respectueuses ovations, s'est dispersé sans bruit, sans tapage ; emportant une belle impression d'éloquence ; s'intéressant, presque de façon romanesque, au sort de cette boule ronde, de cet engin aggloméré par la nature, manié par le destin, exposé sans cesse au choc d'un astre, aux détraquements cosmiques, et dont les partiels désastres, en attendant le heurt final, s'appellent la guerre, la peste, le grisou, l'exploitation économique — qui laissent des cadavres fauchés par files dans les plaines rases, dans les mines ténébreuses, dans les faubourgs décimés !

*
* *

Et la Faculté bruxelloise assiste, un peu inquiète, à ce succès, qu'elle pouvait rendre inoffensif en se l'assimilant, comme font les gouvernements adroits pour les funérailles présumées hostiles : l'Empire enterrant Béranger, le Kaiser « s'assurant » Bismarck.

La police, les dirigeants ne sont pas contents non plus. Ils eussent préféré, je crois, ils escomptaient le scandale; permettant d'intervenir, de dissoudre, de clore, de cogner — et d'expulser ! Car la haine qu'enfante la peur est aussi bête que cela; pareille à la colique dont elle procède, et qu'il est aussi difficile d'enrayer.

Tandis que ce calme, ce silence d'église, alors que l'exposé se déroule, clair et lumineux, faisant non pas comprendre mais *voir* les choses évoquées; puis les applaudissements, les vivats, traduisant, comme au théâtre, le plaisir ressenti et l'hommage dû à l'artiste ! Tandis que cette assistance correcte, les yeux et les oreilles tendues, absorbant par tous ses pores les germes de science et de réflexion, mais ne donnant prise à aucune rigueur ! Tandis que cette humanité en friche où le bon grain tombe, de l'ample geste du vieux semeur !

Que veulent-ils, ces gens-là, qui ne demandent rien... que s'instruire, apprendre, dévoiler un coin d'infini ? Quel est leur sombre but, leurs coupables projets, leurs desseins affreux ? Quelles pensées lèvent, comme des fleurs de poison, derrière leurs prunelles calmes, dans leur cerveau mystérieux ?

Le souci est grand, de ne le point savoir ; et le trépan lui-même — perquisition chirurgicale, mesure énergique, mais peut-être excessive — ne l'apprendrait pas.

Javert est consigné au seuil de l'âme... de l'âme inaccessible ! Son gros gourdin, ses menottes, le « cabriolet » d'égal usage pour les malfaiteurs et les penseurs, ne peuvent rien contre la frêle ombre, drapée de vapeurs, ailée en papillon !

.·.

C'est vexant, mais c'est ainsi !

De là, cette exécration instinctive contre tous les êtres d'élite, contempteurs de l'ordre établi. De là, les condamnations inexplicables au premier abord ; les aggravations de peine sournoises et féroces ; les proscriptions imbéciles. De là, Jean Grave rasé, revêtu d'un uniforme infamant, dans sa cellule, les mains excoriées — punies, elles aussi, d'avoir noté des rêves d'affranchissement, par l'épluchage douloureux des noix de corozzo ! De là, Sébastien Faure coffré sans prétexte, déféré sans motif à l' « agréable » justice. De là, Elisée Reclus, honneur de notre enseignement, traité en pestiféré, portant son savoir et ses admirables leçons, tantôt dans les bagnes et tantôt dans l'exil ; faisant profiter l'étranger de ce dont nos fils sont frustrés.

Est-ce que l'on a à s'occuper de l'opinion d'un savant, tant qu'il ne la professe pas ? Montrez-le donc, Université de France, le géographe que vous pouvez opposer à celui-là ?

Mais non, mieux vaut sa place vide !...

Après tout, peut-être ont-ils raison, ces pleutres ! Quand on a envisagé cette face d'apôtre, écouté cette sereine parole, mesuré ce que sait cet homme, ce qu'il vaut, les esprits les plus prévenus, captivés comme ils le sont, à Bruxelles, pensent soudain que c'est là un anarchiste — et restent songeurs !

LA LÉGENDE DU COUTEAU

> « Il faut poursuivre les instigateurs. »
> GAILLETON,
> *Maire de Lyon.*

QUELQU'UN. — Tu me fais horreur, couteau, arme vile, arme traîtresse, qui tranchas les jours du premier de l'Etat, et mis la France en deuil! Que te permets-tu d'intervenir dans notre histoire, outil de Transalpin? Que viens-tu faire dans nos pacifiques cités, où le meurtre est crime, où forfaits pareils inspirent unanimement le dégoût et l'exécration?

LE COUTEAU. — Tais-toi, homme, être d'inconséquence et d'illogisme! Je te répondrai par le contraste de tes déclarations et de tes enseignements; par le démenti que tes traditions historiques ou politiques, de race ou d'opinion, infligent à ce cri de ta sensibilité... sincère, mais fictif. Regarde quelle flagrante contradiction infirme tes paroles, et quelle périlleuse dévotion prêche aux enfants, à la foule, la voix de tes intermédiaires : éducateurs, rhéteurs, moniteurs, mentors!

Ils ne disent pas: « Le meurtre est *toujours* un

crime ! » condamnant l'impulsion, le geste, l'initial mouvement fratricide. Non ; ils disent : « Tel meurtre est odieux ! Tel meurtre est sublime ! », envisageant l'acte seulement d'après son but, sa relativité, laissant le champ libre à l'appréciation individuelle. Et Sadi Carnot tombe frappé — comme César !

Ecoute donc... et juge !

.*.

Les pères. — Couteau, couteau, arme vile et traîtresse, n'as-tu donc pas songé que celui-là avait des enfants ? La pitié pour eux, sinon pour lui, n'eût-elle pas dû arrêter ton élan homicide ? Il n'est rien de touchant, de vénérable, sous le soleil, autant que l'instinct paternel ou maternel, l'amour profond qui relie celui qui procréa aux fruits de sa chair !

Virginius. — Pour provoquer la sédition, j'ai pris ma fille, ma fille unique, la douce Virginie aux yeux de scabieuse, consacrée aux immortels ; et je l'ai immolée ! Ces mains, qui l'avaient bercée, ont enfoui jusqu'à la garde, dans son virginal sein, la lame meurtrière. Son sang a coulé, tiède, entre mes doigts ; et j'ai jeté le cadavre encore palpitant à la foule, qui s'en est fait un trophée de révolte.

Les pères. — Sois glorifié à jamais dans la postérité, dans nos annales, et dans nos écoles, Virginius... qui égorgeas ton enfant !

.*.

Les femmes. — Couteau, couteau, arme vile et traîtresse, n'as-tu donc pas songé que celui-là était un époux vertueux ? Nous pleurons sur la veuve qui pleure, nous, consolatrices de l'homme, créatures d'élection et de mansuétude, réprobatrices des violences !

Judith. — J'ai pris mes habits de fête et le kandjar affilé. J'ai avivé mes cils de kohl et mes cheveux de henné ; j'ai frotté mon corps de santal et de cinname, je l'ai enchâssé de joyaux. Puis je suis partie, dans la nuit, vers la tente d'Holopherne, afin de délivrer mon peuple. Je me suis offerte, je me suis donnée ; la bouche de l'ennemi s'est agrafée à la mienne... Puis, quand il a reposé, souriant, dans la confiance du sommeil, j'ai frappé !

Les femmes. — Sois glorifiée à jamais dans la postérité, dans nos annales, et dans nos écoles, Judith, honneur du sexe... qui massacras ton époux d'un jour !

*
* *

Les frères. — Couteau, couteau, arme vile et traîtresse, n'as-tu pas hésité à semer la consternation et le deuil en famille si unie ? Près du cercueil se lamente un autre homme, presque semblable au mort, issu du même flanc ? Qu'est-il de plus rare, de plus émouvant, que la fraternelle tendresse d'êtres qui, dès le berceau, suivent la vie en se tenant par la main ?

Horace. — Parce qu'elle pleurait son fiancé mort, mon bras ayant triomphé d'Albe, j'ai exterminé ma sœur Camille. Elle s'enfuyait, demandait grâce. Suppliques vaines ! Clameurs perdues ! Mon fer lui imposa silence en lui tranchant la gorge ; sous l'éclair du glaive, j'ai vu ses paupières se clore, et ses lèvres devenir violettes, telle une asphodèle fauchée !

Les frères. — Sois glorifié à jamais dans la postérité,

dans nos annales, et dans nos écoles, Horace... qui tuas
ta sœur !

*
* *

Les jeunes filles. — Couteau, couteau, arme vile et
traîtresse, en quel infernal sortilège as-tu pris le pouvoir
de frapper? Nous, les vierges, aînées de cette petite que
l'assassiné embrassa au passage, aïeul à jamais disparu,
nous nous épouvantons de ton inexorabilité effroyable.
Ah ! se sentir éclaboussé de pourpre chaude, et que
votre geste supprime un vivant ! Comment, meurtrier de
notre âge, a-t-il pu, a-t-il osé ?

Charlotte. — J'avais glissé l'arme dans mon corsage,
et une telle stupeur glaçait mes sens que la lame me
semblait de feu. Mais *il le fallait!* Quant Marat a commencé d'écrire, de dresser la liste de proscription que
balbutiait mon rêve, une impulsion invincible m'a
abaissé le poing. Un cri a retenti ; l'eau s'est teintée de
rouge ! Mais j'avais accompli ma mission.

Les jeunes filles. — Sois glorifiée à jamais dans la
postérité, dans nos annales, et dans nos écoles, Charlotte... qui supprimas une existence !

*
* *

Les professeurs. — Jeunes élèves, élevez vos âmes
vers les plus purs sommets du civisme ! Nous n'avons
pas à rechercher, mus par une fausse sentimentalité, si
le meurtre en soi est condamnable, ni si César accabla
Brutus de quelques humiliants bienfaits. César était le
dictateur, Brutus le poignarda : louange à Brutus !

Des politiciens. — Jeunes gens, il se peut distinguer

entre les attentats, d'après le mobile et la tendance... Harmodius fut un héros, qui frappa le tyran Hipparque; Jacques Clément, Ravaillac, Damiens, Louvel, dans l'individu, visaient le prince. Et le complot de l'Opéra-Comique, où devait succomber, sous le stylet, Louis-Napoléon Bonaparte, fut œuvre pie.

Presque toute la presse. — « Les attentats par la dynamite sont une abomination, en ce qu'ils atteignent des innocents, des inoffensifs : femmes, enfants, vieillards, consommateurs, passants. L'attentat individuel avait au moins sa raison d'être; et, si l'on n'approuve pas, on comprend l'homme qui prend un pistolet, un couteau, et s'attaque directement à l'objet de sa haine. »

Les enfants. — Des meurtriers sont des héros...

Les simples. — « On prend un pistolet, un couteau... »

. . . .

Le couteau. — As-tu compris, pauvre homme, qui flétrissais l'arme que ton Université, que ta Majorité glorifient? Vois combien l'esprit dément outrageusement la lettre. Il n'est que le talon nu des absolus fraternels qui puisse, sans s'y couper, briser mon tranchant et me réduire en poudre — ceux qui disent que le meurtre, d'où qu'il vienne, où qu'il tende, quelque forme politique ou économique qu'il revête, est *toujours* un crime... la vie humaine étant imprescriptiblement sacrée!

LIEU D'ASILE !

―

Pour J.-H. Rosny.

Vous souvient-il — dans je ne sais quelle pièce d'Octave Feuillet dont la portée dépasse la comédie pour atteindre à la satire — vous souvient-il d'une scène qui est, certes, l'une des plus philosophiquement délicieuses du théâtre contemporain? Autour de moi, jadis, au Vaudeville, j'en entendis rire... alors que j'en étais émue.

Cette émotion-là a survécu même au lapsus de mémoire, car il m'est impossible de me rappeler si le personnage à qui Adolphe Dupuis donnait la réplique, s'appelait Soliman ou Saladin. Pas plus que je n'arrive à me souvenir si c'était Parade ou Delannoy qui l'incarnait.

Mais j'ai, très présentes, les deux silhouettes, leur mimique, leurs tendances, leur ton. C'était un bout de dialogue entre Sancho et Don Quichotte, tout à fait modernisés; mais un Sancho qui, quoique bon enfant, ne prêtait plus à rire — solide, ancré, puissant, conquérant, dégagé de vains scrupules, prêt à tels crimes que la loi n'atteint pas.

Don Quichotte, lui, semblait porter sur ses épaules les ailes cassées de tous les moulins! Fini, fourbu, veuf de tout espoir, mais non de toute illusion; candide vaincu, surpris de sa défaite, l'acceptant comme une malechance, et prêt à l'encourir de nouveau, Dieu! qu'il était jobard... et sublime!

L'un, était bien mis, l'autre, mal; l'un, se carrait dans son fauteuil, l'autre demeurait debout, torturant son chapeau; l'un, avait le bel aplomb des arrivés, l'autre, la timidité des reste-en-route!

Ils se tutoyaient pourtant, nés dans le même village ou vaguement labadens.

Et Sancho interrogeait:

— Quelle carrière as-tu prise?

— Je n'ai pas choisi tout de suite. J'ai été d'abord en Hongrie.

— Quoi faire?

— Défendre la liberté.

— Ah!

En cette simple interjection, Adolphe Dupuis mettait un monde de sensations: la surprise, l'étonnement, un dédain gradué qui toisait l'homme... et le jugeait! Cependant, il questionnait encore, par vague acquit de conscience.

— Et après?

— Dame, après, j'ai été en Vénétie.

— ???

— Pour défendre...

— ... la liberté!

Dès lors, c'était réglé! L'équilibre entre les interlocuteurs se rompait encore davantage, par saccades brusques, après chaque phrase. Dressé sous le double stimulant de la stupeur et de l'indignation, celui-ci, de sa haute et large carrure d'aventurier brasseur d'affaires, sanguin, dominait celui-là, hère famélique et blême, l'idéologue, l'utopiste, qui pliait sous ce courroux évidemment mérité ; se faisait humble pour avouer ses « torts », les reconnaissait, en ébauchait le *mea culpa*.

Touchant bonhomme ! Simple héros, qui s'excusait de l'héroïsme comme d'une infirmité ou d'une faute ! C'est vrai, aussi, qu'il n'était arrivé à rien, presque vieux aujourd'hui, presque chauve, perclus de rhumatismes, couturé de blessures, sans position, bientôt sans habits, demain sans gîte... et ne mangeant pas tous les jours !

— Après ? disait l'autre gouailleur.
— En Pologne.

— Après ?
— En Crète ; pour...
— ... défendre la liberté ! Connu ! Mon pauvre vieux tu ne feras jamais fortune !

⁎
⁎ ⁎

Et cette conclusion est identique, envers les rares paladins que nous a légués l'âge d'or des convictions. Ils sont ridicules, pour les gens pratiques ; pour les renégats, ils sont gênants ! Le contraste de leur chevalerie, partie du même point d'origine que la plupart des succès qui ont arrêté, sur le grand chemin, la diligence électorale, ou attaqué, au coin d'un bois, la petite épargne (la bourse ou la vie !) est irritant aux cuirs les plus tannés. De là, qu'on les exile ; de là, qu'on les emprisonne ; de là, qu'on les supprime enfin de la vie publique — et qu'ils sont bien vraiment des errants, comme Amadis de Gaule ou le beau Pécopin.

Tel fut, paraît-il, Gustave Flourens; tel est, de nos jours, Amilcare Cipriani.

Mais, hors ces grandes figures d'apostolat combatif, il en est de plus jeunes, de plus obscures, qui méritent l'attention par le nombre prodigieux d'aventures qui ont déjà empli leur vie.

A ce titre, un lecteur me signale l'existence de Lazareff.

Qui est Lazareff? Un garçon que je ne connais pas; dont j'ai appris le nom par l'arrestation, en juillet dernier; et dont j'ignore le sort depuis. Tout ce que j'en savais, c'est qu'il était réfugié russe, aucunement anarchiste. Le grief formulé contre lui par la République présente? D'avoir été républicain avant la lettre, là-bas; d'avoir agi en républicain, dans sa patrie encore monarchique... le même fait pour qui la République de 1848 affirmait son droit d'asile; tendait, à ses hôtes, la couronne de chêne et le rameau de laurier!

Car la France d'alors gardait bien ses proscrits; ne cédait ni leurs correspondances, ni leurs personnes, ni leurs secrets! Aucun, dans les bagnes, sous le fouet, au pied des potences, ne pouvait étendre le poing vers elle en proférant l'anathème. On était lieu d'asile.

Aujourd'hui, c'est changé. A-t-on livré Lazareff, le livrera-t-on, dénoncera-t-on, par la même circonstance, les trop confiants restés en péril et appréhendés à ce signal? Qui s'en occupe? L'honneur national est ailleurs : ergoter sur l'invasion des matadors venant ouvrir ici école de barbarie, inonder de sang notre sol; ou s'inquiéter de savoir si des chevaux français (horreur !) iront courir à Berlin.

Cela, oui, passionne. Mais pour le reste... qu'importe!

**

Et puis, il y a des précédents.

C'est, en janvier 1893, à Paris, Demsky, Injeeffsky, Abramoffsky, Woiekhowsky, Perl, empoignés à domicile, comme des malfaiteurs dangereux. Ils n'étaient passibles d'aucune peine, n'ayant commis aucun délit; la police n'avait rien trouvé, chez eux, qui justifiât la mesure dont ils étaient frappés ; nul témoignage ne s'était produit, nulle preuve n'avait surgi, qui les pût accabler.

Et, cependant, Demsky fut arraché à sa fiancée; Injeeffsky à sa femme malade, à son petit enfant ; Abramoffsky, presque mourant, dut être enlevé de son lit et descendu à bras par les agents, honteux de leur mission !

Qu'avaient-ils fait, ces hommes ? Quel était leur crime ?... Rien !

Demsky même, arrêté en 1890 pour n'avoir pas dénoncé un de ses amis qui était nihiliste, avait été relâché alors sans jugement, par simple ordonnance de non-lieu. Depuis, aucune inculpation d'aucune sorte, n'était venue peser sur lui.

Ni sur les autres. Ils avaient travaillé (celui-là imprimeur, celui-ci comptable, ce troisième typographe) avec la courageuse ténacité inhérente à leur race : gagnant peu, vivant mal, se consolant en visions de liberté !

Ce qu'ils pensaient, nul n'a droit de leur en demander compte ; et encore à ceux-là, les chefs de notre République allaient-ils reprocher d'être républicains?

On ne les livra pas — il reste assez de Français en France, pour que le cœur de la nation s'émeuve et proteste — seulement, on les jeta hors leur logis, leur famille, leur emploi, le territoire où furent proclamés, voici un siècle, les Droits de l'Homme!

En Juin suivant, ce fut l'affaire des papiers de Sawicki.

Sawicki, à dix-neuf ans, avait été impliqué dans je ne sais quel procès politique à Varsovie. Qui n'a étudié spécialement la question ne peut se faire idée de ce qu'on appelle, là-bas, un procès politique — surtout en Pologne ! C'est, le plus souvent, une simple râfle de « suspects », non pas même de sentiments républicains, mais d'inclinations libertaires ; quand ce n'est pas simplement le regret de l'autonomie disparue. Et les condamnations, terribles, semblent alourdir la peine contradictoirement, en proportion de la légèreté du délit.

Quatre des camarades de Sawicki furent pendus ; le reste expédié en Sibérie, vers les mines ou la déportation.

Parmi ces derniers, se trouvait un nommé H... A tort ou à raison, je ne saurais me prononcer, H... fut accusé d'avoir vendu ses amis. Par eux, une enquête fut faite, les charges furent pesées, le pour et le contre débattus. Et, en suite de ces solennelles assises, tenues sous le fouet des gardiens, au fin fond des puits, au fin fond des steppes, H... fut déclaré coupable, exclu du parti socialiste polonais et de tous les cercles de déportés.

Fut-il victime de coïncidences fatales ? Mérita-t-il cet anathème ? En corollaire à ce que j'ai dit tout à l'heure, je dois déclarer que les Slaves, bien autrement que nos Latins, apportent, en ces sortes d'aventures, de la prudence et de la circonspection ; s'entourent, autant que faire se peut, de toutes les garanties désirables — ce qui donne à leurs arrêts une signification particulière, une importance extraordinaire, une exceptionnelle gravité.

Des années s'écoulèrent. Louis Sawicki, condamné à temps, une fois sa peine subie, fut relaxé, prit la route de Paris, marcha à l'étoile, vers la crèche où gît tout savoir : le « berceau de la liberté ! »

Il voulait achever ses études de médecine, d'abord; rayé qu'il était de toutes les Facultés de l'empire, par le seul fait de sa condamnation. Puis il voulait savourer un peu, ce jeune enthousiaste, la joie de vivre sous un régime indépendant, des institutions humanitaires — dans un pays sans agents provocateurs, sans mouchards, sans complots policiers...

Pauvre enfant!

L'un des premiers compatriotes qu'il rencontra fut H..., admis dans la *Société des étudiants russes*, sous le nom de B... Tout le monde ignorait la tragédie antérieure. Sawicki parla. C'était son devoir.

H... cria à la calomnie, jura ses grands dieux qu'il était innocent. Et un jury d'honneur fut constitué : cinq socialistes polonais. Tous les anciens déportés de Sibérie vinrent témoigner des événements cités plus haut; attestèrent l'existence de l' « interdit », et des conditions solennelles dans lesquelles il avait été prononcé.

H... reconnut la matérialité des faits ; mais réclama la revision du procès. Sawicki, s'en tenant au passé, déclara que mettre en doute la parole du précédent tribunal était impossible ; qu'il taxait d'incompétence les nouveaux arbitres, réunis à Paris, tant d'années après, pour juger d'actes ayant eu la Pologne et l'Asie pour théâtres — et dont, lui, avait été l'acteur, la victime, le témoin !

Il conclut, en sollicitant du jury la consécration de son initiative : qu'il avait bien mérité de la cause, en démasquant l'imposteur.

Le jury (comme tous les jurys d'honneur, du reste) ne sut pas prendre une décision énergique; sembla perplexe; se sépara sans conclure, remettant sa décision à une séance ultérieure. Si bien que, dans l'intervalle,

H..., comme un loup enragé, se rua sur Sawicki, le soufflela !

Sawicki avait fait, maintes fois, ses preuves de bravoure ; mais c'était un paquet de nerfs, exacerbé par la lutte, les misères endurées, les tourments subis. Que se passa-t-il dans cette âme ? On l'ignore.

Ce qu'on sait, c'est qu'il rentra immédiatement chez lui, prit quelques dispositions — et se tua !

Le pays Latin n'a pas oublié ses funérailles. Ce furent les professeurs de la Faculté, eux-mêmes, qui menèrent le deuil ; affichant leur chagrin de voir périr si tôt garçon de si bel avenir, de si haute intelligence, de si noble cœur !... Et, derrière eux, marchèrent, pêle-mêle, sans distinction de nationalités, sans démarcation d'écoles, tout ce qui, dans la jeunesse, a le respect des sincères et l'amour des héros.

***

Pendant ce temps, le consul de Russie apposait les scellés sur la porte du mort. La clef de la chambre, prise par le commissaire, avait été remise au juge de paix. C'est à celui-ci que l'agent russe la réclama ; l'avertissant qu'il avait l'intention, tel jour, à telle date, « d'entrer en possession des biens du suicidé ».

Or, le juge de paix s'était trouvé déjà en présence d'une procuration formelle, légalisée chez un notaire, par laquelle la grand'mère de Sawicki, c'est-à-dire l'ayant-droit, instituait mandataire pour recueillir l'héritage de son petit-fils — papiers compris.

Car, sur sa table, le malheureux avait laissé deux billets : l'un pour expliquer son attitude (il s'était imaginé, à tort, que le jury ne l'approuvait pas !) ; l'autre, avec ces seuls mots : « Détruisez mes lettres. » Deux paquets de correspondance, en effet, portaient cette inscription : « A brûler. »

Le juge de paix se rendit, avec le représentant de l'aïeule, au rendez-vous du fonctionnaire, qui le prit de très haut, protesta ; déniant à l'exécuteur testamentaire *jusqu'au droit d'assister à l'inventaire des manuscrits ;* menaçant d'un incident diplomatique, au cas où on lui résisterait le moins du monde.

Il fut un temps où nous étions fiers... Peut-être le modeste magistrat d'arrondissement s'en souvint-il. Il fit bonne contenance ; dressa procès-verbal ; en référa au président du tribunal civil — lequel ordonna que les pièces en litige, c'est-à-dire les deux liasses de lettres, fussent gardées sous séquestre par le juge de paix.

L'agent russe en appela. Et l'appel (après remise à quinzaine, et conclusions du procureur en faveur de l'appelant), attribua au consul de Russie les papiers trouvés, après suicide, chez l'étudiant Louis Sawicki, avec cette mention : « A brûler », et réclamés par sa grand'mère et héritière naturelle, madame Sawicka !

Ainsi fut livrée, par la France, à la troisième section, la correspondance de Sawicki.

Or, la convention de 1857 investit le consul du droit d'intervention, au cas : 1° d'absence des héritiers ; 2° de minorité de ceux-ci ; 3° d'incapacité des mêmes. Et l'adjonction de 1874 a pour unique but de protéger, contre les créanciers, les héritiers « dont le consul, de droit, est le fondé de pouvoirs, sans qu'il soit tenu à présenter une procuration spéciale ».

Etait-ce le cas ?... Jamais de la vie ! Même juridiquement, Millerand, avec raison, put dire « que c'était le bouleversement complet de toutes les notions du droit civil ».

Et c'est une grande honte, pour notre patrie, que penser que, peut-être, en allant vers le gibet, en expirant sous le knout, en traînant vers la Sibérie leurs pas ensanglantés, des infortunés pourront se dire :

— C'est la France qui nous a livrés.

Elle faisait autre chose... jadis !

.·.

Mais, quoi qu'il doive être décidé de son sort, comme un chapitre de roman, écoutez l'odyssée de Lazareff.

Il est fils de paysans du gouvernement de Samara ; ses parents connurent le régime du servage. De bonne heure, sa rare valeur intellectuelle s'affirma ; excita l'intérêt d'un des propriétaires-gentilshommes libéraux, voisin du village, qui défraya ses frais d'éducation au lycée de la ville.

Mais en 1874, à dix-sept ans, il se mutina, dit-on, avec d'autres, contre le gouvernement, et fut arrêté. *Quatre ans*, on le retint en prison préventive ; après quoi, il fut reconnu innocent — et relâché! Etonnerais-je quelqu'un en insinuant que ses opinions avaient avancé de tout le parcours refusé à ses jambes, pendant cette interminable et injuste captivité ?

Cependant, il fit strictement son service militaire, prit part à la campagne russo-turque. Ensuite, il retourna dans sa famille, au hameau natal. Comme il avait passé ses examens de droit, il avait diplôme de plaider devant le tribunal de l'arrondissement. Il était aimé, populaire... il se fit vite une clientèle.

Ce fut alors, en 1884, que, pour la seconde fois, on l'arrêta. Puis, sans procès, sans jugement, il fut expédié dans la Sibérie orientale. En route, il écrivit au Ministère, afin de demander le pourquoi de cette mesure, et la durée que l'on comptait lui donner. La réponse ne se fit pas trop attendre. Comme raison : « parce qu'il n'avait pas quitté ses idées d'autrefois » ; comme délai : « trois ans. »

En 1887, son temps accompli jusqu'à la dernière heure, Lazareff revint au village, près de sa vieille mère. Ce n'était pas pour longtemps !

En Sibérie, près Tchita, il avait fait la connaissance d'un paysan sectaire (*stoundist*), nommé Soukatch. Celui-là était exilé pour idées religieuses, comme hérétique.

Ayant reçu un message de ses coreligionnaires, et point assez lettré pour y répondre, il pria son compagnon de peine de bien vouloir lui rendre ce service — et surtout d'exhorter ses frères dans le Christ à tenir ferme en leur foi.

La lettre, à son arrivée, fut interceptée par la police, qui n'eut pas de peine à reconnaître la « main ».

Pour la troisième fois, Lazareff fut arrêté. Il subit encore quelques mois de prison préventive ; puis fut de nouveau expédié vers le lieu de son premier exil, pour un séjour de cinq années.

Mais, en 1890, il s'évada. Au prix de fatigues, d'efforts inouïs, il gagna le Japon ; s'en fut aux Etats-Unis. En mai 1894, attiré invinciblement par cette France qui, sur son renom d'antan, semble la patrie des bannis, la consolatrice des affligés, il s'embarqua, vint à Paris. Trois mois plus tard, en juillet, pour l'anniversaire de la prise de la Bastille, on le coffrait !

Encore un, comme les cinq Polonais, comme Sawicki, que nos Mercadets de la politique doivent bien mépriser !...

« Mon pauvre vieux, tu ne feras jamais fortune ! »

DANS LES CHIOURMES

―――

Pour Arist de Bruant.

Non, je voudrais parler d'autre chose, que je ne le pourrais pas ! Il est donc inutile d'essayer. Et, du reste, pour bien témoigner quel est mon état d'âme, à quel point de vue je me place, je me suppose en face du lecteur le plus rebelle à mes chimères, le plus hostile à mes tendances, le plus convaincu de la nécessité des répressions, le plus endurci contre toute miséricorde.

Avouez que je me rends la tâche difficile, d'ainsi en appeler à qui, précisément, ne se laissera ni enjôler, ni convaincre. C'est que je suppose un adversaire loyal, seulement imbu d'idées opposées ; sans intérêts vils, sans spéculations basses ; convaincu autant que je puis l'être. Car, pour les dogmes, je ne crois à l'excellence innée d'aucun — Ils n'existent, à mes yeux, que relativement ; d'après leur rapport, lointain ou proche, avec un principe de justice, un idéal de tendresse, qui, lui, ne saurait varier.

C'est dire que, de l'anarchie, je réprouve les bombes ; mais c'est dire aussi que ceux qui les lancent m'inspirent identiquement l'épouvante « historique » ressentie par ma sensibilité envers Torquemada l'Inquisiteur, presque sanctifié par l'Eglise, ou les proconsuls de la Révolution, quasi-béatifiés par la République.

C'est pour sauver les âmes que l'un carbonisait les corps ; c'est pour sauver l'Une et Indivisible que les autres rognaient les têtes... comme c'était en l'honneur de la Royauté, de l'Empire, ou de l'Indépendance, que Saint-Réjeant, Fieschi, et Orsini, jonchaient le sol de morts innocents !

Donc, je les juge également atroces, sans partialité pour aucun ; mais ne reconnaissant à aucun, non plus, le droit d'estimer le meurtre répréhensible ou méritoire, suivant que, soit le mobile, soit l'effet, agrée plus spécialement au tempérament de qui s'érige en arbitre. *On ne doit pas tuer*, voilà la vérité : ni tuer, ni faire mourir ! Et c'est pourquoi la fumée des usines, les vapeurs du grisou, et la guillotine même — instrument de Lynch, glaive du Talion, couteau de Jeannot et couteau de Gribouille, qui chourine pour punir d'avoir chouriné ! — m'empêchent de distinguer mieux, de flétrir avec plus de vigueur les culpabilités anarchistes.

ON NE DOIT PAS TUER... hors ceci, rien n'est que sophisme, mensonge, doute, puisque l'appréciation humaine y peut intervenir ! Sauf la légitime et immédiate défense, l'animal instinct de conservation, toute tentative homicide, réprouvée par les évangiles des plus opposées croyances, est outrage à la loi d'amour, à la sainte fraternité !

Utopie ? Soit, ô gens de courte vue ? Mais qui oserait s'inscrire à son encontre ; vanter les charmes du carnage ; célébrer le sang qui coule, et l'œuvre de nature abolie ?

Nul ne s'y hasarde, songeant à la fureur des mères, lasses d'enfanter pour le charnier avant que les temps soient révolus. Et le pis qu'on rencontre, c'est le sourire de dédain envers si démentes songeries, sinon l'hypocrite condoléance : « Ce serait trop beau ! Malheureusement, toujours ça s'est fait ; ça se fera toujours ! »

De notre temps, peut-être — mais plus tard ?

*
* *

C'est à cet avenir-là qu'il faut travailler, même si l'on ne doit point l'apercevoir ; même si l'on doit mourir au début de la route, les bras tendus vers le point de l'horizon où l'on suppose la Terre promise.

— Où l'on « suppose », seulement ? diront les précis, les pratiques.

Qu'importe ! si l'on a bien vécu ! Si l'on a donné sa force aux faibles, son courage aux timides, sa foi aux hésitants ! Et surtout si, dans la mesure de ses moyens, on a lutté bien vaillamment pour cette équité supérieure qui ne s'apprend point dans les codes, mais que dicte la conscience par-dessus la voix des rhéteurs.

Car me voici revenue à mon point de départ. Et rien de mieux qu'une question ne traduira mon sentiment.

Parmi les Terroristes sanguinaires évoqués tout à l'heure, il en est un que j'exècre avec prédilection (peut-être encore plus parce qu'il était un fourbe que parce qu'il fut un implacable) : c'est Robespierre. Sa chute fut une délivrance ; son exécution presque une fête ; et combien, après un siècle, applaudissent à Thermidor !

...Qui félicite le bourreau d'avoir arraché le pansement soutenant la mâchoire fracassée ; d'avoir infligé au condamné, dont on allait prendre l'existence, cette aggravation de peine non édictée, cette inexprimable torture? Qui prétend qu'un tel acte, inutile en soi, n'était pas lâche, misérable, odieux ?...

Personne, n'est-ce pas? Et celui qui le tenterait soulèverait l'unanime réprobation. Les doctes ajouteront même que s'il est permis de supprimer un ennemi, il est interdit de le maltraiter, le prisonnier étant « sacré » partout où règne la civilisation.

Soit. Alors, écoutez.

Des événements de Cayenne, on ne peut encore parler de façon précise. Au premier abord, cela paraît tout simple : émeute, deux surveillants massacrés, feu dans le tas — quinze morts! Mais, plus d'un, parmi les « retours de la Nouvelle », nous a conté comment l'on s'y prenait, au bagne, pour susciter la révolte-purge; à quelles instigations ils avaient été en butte; quelle sagacité il leur avait fallu déployer, pour déjouer les provocations.

Et, sans aller jusqu'à ces épreuves tragiques, qu'il s'agisse du complot de Blois ou du complot de Monceau-les-Mines, on sait comment s'y prennent les successifs gouvernements pour créer un semblant de conspiration, et y englober les gêneurs.

Ceci n'est que germe de soupçon, quant à la Guyane... mais combien justifié par les précédents! On sait son Histoire; on se souvient!

On se rappelle aussi que, lorsque la « persuasion » échouait, on essayait du grand jeu : fomenter la réelle rébellion par l'outrance des peines, la cruauté des mauvais traitements. Humbert, Bauer, Brissac — et que d'autres! — sont là pour en témoigner.

Ceux-ci sont revenus, mais les mœurs des chiourmes n'en ont pas changé; et quelles que soient les victimes, les mêmes sévices s'abattent sur de l'humaine chair.

A ce point de vue, on peut dire, dès maintenant, hautement, que jamais insurrection de forçats ne fut davantage fomentée.

.*.

Ces hommes sont des forbans ? D'accord ! Ils méritent leur sort ? C'est entendu ! On ne saurait avoir d'eux aucune pitié ?... Pardon : la pitié légale !

Ils doivent subir la peine qu'ils ont encourue, telle que la législation l'a établie ; dans toute sa rigueur, mais rien que dans la rigueur prévue, dosée, réglementée.

Est-il conforme à la loi égale — pour tous, affirme son exorde, même pour les directeurs de pénitencier — que trois évadés, repris, aient été attachés à des arbres, dans la Montagne d'Argent, pour y périr de famine ?

Est-il prescrit, ou même permis, qu'un surveillant s'approche d'un condamné *lié à la barre de justice* et lui brûle, à bout portant, la cervelle ?

Est-il admis qu'un gardien, comme le nommé Bonini, du chantier de l'Orapu, dresse ses chiens à dévorer les suspects d'évasion ? Cela soulevait des cris d'horreur, jadis, lorsqu'il s'agissait des nègres !

Est-il enjoint qu'un surveillant, comme ce fantaisiste Carnavajo, fasse enduire un captif de sucre et le livre aux morsures d'une fourmilière, quatre heures d'horloge ?

Est-il décrété qu'un garde-chiourme comme le sieur Allari, au camp de Remire, expose un malheureux, ligotté, les reins nus, à l'action du soleil, jusqu'à ce que la peau *soit assez cuite* pour s'en aller par lambeaux, sous le fouet ?

DEUX HOMMES SUBIRENT CE SUPPLICE, ET FURENT ENTERRÉS RESPIRANT ENCORE.

Et vous voulez que nous n'ayons pas quelque doute sur ce qui s'est passé là-bas; alors que, par surcroît, nous est communiqué le rapport du commandant Casanova, en date du 5 octobre! Parlant de ces plans de fuite attribués à des condamnés, il dit, en toutes lettres : « Mon intention serait de les laisser mettre à exécution leurs projets, et au moment opportun, *d'en débarrasser la Société.* »

On a « débarrassé » — voilà !

Et je demande à tous les gens de cœur, sans souci d'opinions, ce qu'ils pensent d'une semblable tactique et de si honteuses barbaries. Je fais amende honorable à l'échafaud : il est plus franc !

M. René Goblet concluait ainsi, en 1881, le rapport de l'enquête sur les faits (révélés seulement par l'amnistie), dont la Nouvelle-Calédonie avait, dix ans, été le théâtre.

« Nous connaissons maintenant les abus et les vices du régime disciplinaire. Si, pour le passé, la justice est désarmée, et si nous ne pouvons que formuler énergiquement le sentiment de réprobation que soulèvent les actes de cruauté accomplis dans la colonie jusqu'à une époque relativement récente, du moins, nous avons la confiance que le renouvellement de pareils actes est impossible dans l'avenir.

» Le Parlement républicain ne pardonnerait pas à ceux qui en toléreraient le retour. »

. . . .

Parions qu'aujourd'hui, il n'y aura même pas d'enquête — ou que le Casanova en sera chargé!

LE CHRIST EN SICILE

Pour Amilcare Cipriani.

Au long de la vieille Trinacrie, vers le S.-O., la côte revêt un aspect singulier, presque fantastique, entre la turquoise impavide du ciel et le saphir liquéfié des flots. La terre se refuse à toute autre fertilité que d'inutiles et précises arborescences : le palmier-nain au pied rugueux, aux feuilles métalliques ; le cactus aux dards réguliers, pieuvre végétale, tête de Méduse figée dans la menace ; et le mimosa rachitique, égouttant sa suée d'or.

Là-dessous, pas un brin d'herbe — la peau du sol pelée, dartreuse, à jamais inféconde ! Si bien que cette végétation de rêve complète le décor, en y ajoutant de la facticité. Un paysage d'incantation, sous l'inexorable midi qui brûle, qui calcine, qui stérilise, se déroule, où l'esprit conçoit bien le mythe fabuleux : le dieu aux ailes velues engouffrant, en son royaume de ténèbres, la vierge Proserpine aux doux yeux expirants !

Oui, quelque chose d'infernal, dans la sérénité haineuse, dans l'hostilité présente de la nature, s'affirme; déconcerte l'admiration; imprègne l'âme de cette horreur sacrée dont parle le poète...

Mais les divinités païennes sont abolies; rien ne subsiste d'elles en la pensée des hommes, que le souvenir de leur passage, et des manifestations d'art dont elles furent le prétexte ou le but. Tandis que, dans la matérialité des rocs, de la nue, ou de la mer — impassibles témoins à qui s'usent les siècles ! — l'affre persiste: une sensation d'étouffement, de vague épouvante; l'idée d'un voisinage mauvais, d'un danger possible... la hâte d'être plus loin !

Folie ! Que peut craindre le civilisé ? Même des bandits, il n'en reste plus ; et ils opéraient par là-bas, de l'autre côté de l'île, vers Chiarastillo, où Fra Diavolo s'illustra, où Leone reprit et perpétua la tradition.

Sur ce versant, tout est calme; et, hors cette zone maudite, tout serait riche, si la féodalité des possesseurs ne ruinait les gens de glèbe, les misérables terriens. Aux impôts du roi s'ajoute l'impôt arbitraire des « seigneurs », c'est-à-dire des riches; des grands propriétaires régionaux, détenteurs de communes, et les taxant à leur gré. Il faut payer pour le sel, et payer pour les farines; il faut payer pour engranger sa moisson, pour encuver sa vendange, pour ramasser ses châtaignes — pour entrer en possession de son propre bien !

Sinon, les blés doivent pourrir sur pied, les grappes couler après les ceps, les fruits moisir sur le chemin ! Défense d'y toucher ! A Lodde, près Girgenti, cent-cinquante-et-un malheureux n'ont-ils pas dû vendre leur petit avoir, faute d'avoir pu contenter le maître ?

Les paysans meurent de faim...

.·.

Mais sur cette rive désolée, vers Sciacca, où le laboureur ni le vigneron ne sauraient prétendre à vivre, où le sol est si volcanique que, voilà soixante années, surgit subitement l'île Julia, est-il au moins, pour l'homme, quelque hâvre de salut, quelque désert où l'anachorète puisse rencontrer l'oubli et le repos ?

Ecoutez !... Entendez-vous ces rumeurs sourdes, entrecoupées de cris plaintifs, et qui semblent venir de terre, sourdre de cavernes accrues. Oubliez-vous donc que la Sicile est le réceptacle par excellence d'un trésor minéral ? Que, sauf vers Bologne — et alors infimement — il n'est qu'elle en Europe pour produire ce soufre qu'autrement il faut aller chercher en Chine, en Egypte, dans l'Asie Mineure, au Japon ?

Les *Solfatares ?* Oui, vers l'Etna, à Catalabiano, à Centorbi, et résultant des émanations proches. Mais, sur tous les autres points, ce sont des gisements profonds, des *Solfares*, où l'on descend par ce que nos mineurs appellent la « fendue », la pente biaisante et rapide, si pénible à dévaler, si épuisante à gravir.

Voyons d'abord l'aspect superficiel, ainsi que le dépeint M. Gaston Vuillier, en son beau livre de *La Sicile*, dont ce chapitre demeure gravé dans l'esprit comme un cauchemar poignant.

Un cirque immense autour duquel lèvent leurs têtes chauves, s'allongent, ou s'entassent, des monts arides jusqu'au loin, à l'horizon d'un ciel bas où traînent toujours quelques pesantes nuées. Çà et là les pentes fument. En bas, dans l'entonnoir immense ouvert devant nous, c'est un amoncellement de monticules livides, marbrés d'efflorescences jaunes, blanchâtres ou rouges, fumantes, percés d'ouvertures. Et aussi loin que portent les regards s'étale la nudité de pentes à jamais infécondes. Une âcre vapeur sulfureuse monte de l'étrange vallée et vous prend à la gorge.

Mais ceci n'est que l'inerte nature, l'épiderme du sol. Venez vers le bord du cratère, l'entrée de la géhenne.

Au seuil même, la galerie commençait à dévaler pour disparaître vite dans les épaisses ténèbres.
Je me penchai sur la mystérieuse noirceur béante :
— Ecoutez, me disait l'ingénieur, n'entendez-vous pas ?
Il me semblait, en prêtant bien l'oreille, que des plaintes confuses s'élevaient de l'abîme ; bientôt, quelques lueurs vacillèrent bien bas, au plus profond, piquant l'ombre de très pâles clartés. Puis, ces lueurs s'éteignirent. Longtemps après, invité à écouter encore, je revoyais cette fois à mes pieds et à une énorme distance, des lumières mouvantes qui vaguement éclairaient des silhouettes humaines. Par moments, avec l'atmosphère suffocante et malsaine qui s'exhalait, montaient aussi des plaintes entrecoupées de vagues sanglots. Parfois des lumières cachées par les hasards de l'ascension disparaissaient, et seuls, alors, les gémissements emplissaient l'ombre.

C'était le refrain sanglotant des jeunes porteurs de minerai :

> *E stu viaggiu in lu vaju a'ppizu*
> *A la vinuta, ti robbi ed un tozzu !*

C'était la clameur déchirante du *picconiere* : « Maudite soit la mère qui m'enfanta !... Maudit le parrain qui me baptisa !... Ah! mieux eût valu que le Christ me fît naître pourceau : on m'eût du moins égorgé à la fin de l'année ! »
Tandis que dans une atmosphère de 40°, la sueur ruisselle sur le corps ; qu'il perd ses dents, ses cheveux, asthmatique, consumé, vivant enseveli dans le sein du volcan !

Encore les *picconieri* sont-ils des hommes. Mais les *carusi!*

La plupart étaient maigres et pâles, avec des paupières rougies par l'action corrosive des vapeurs sulfureuses, et aussi par les pleurs. D'autres allaient, le cou tordu. Leur corps déformé vacillait sur des jambes grêles, aux genoux d'une grosseur exagérée. Leurs chairs étaient flasques. Plusieurs, déjà courbés, avaient une petite bosse sur l'épaule gauche, marque indélébile de leur triste profession.

Mais je ne sais rien, là-dessus, de terrifiant dans la simplicité, comme l'étude publiée par cet écrivain d'âme délicate et de précieux talent qui signe Arvède Barine. Ainsi définit-elle le sort des précoces martyrs :

Dans toutes les mines de médiocre importance, le minerai est monté à dos d'enfant, par de longues galeries inclinées. Ces petits infortunés s'appellent des *carusi*. Ils ont été vendus par leurs parents, vers les huit à dix ans, à un mineur, qui les a payés de 50 à 300 lires, selon l'âge et la force, et ils ont cessé, du coup, d'être des créatures humaines pour devenir des bêtes de somme. Ils appartiennent à l'acheteur jusqu'au jour (qui n'arrive jamais) où ils peuvent lui rembourser le prix de vente. En attendant, ils travaillent douze heures par jour pour 50 centimes (qui n'entrent pas non plus dans leur poche), et endurent un cruel martyre. M. Rossi est descendu en 1893 dans une mine de soufre, en compagnie de M. da Felice, membre du Parlement, et condamné, depuis, comme socialiste. Ces messieurs aperçurent, en arrivant, une collection de nains entièrement nus, au dos rond, aux jambes torses et aux petits visages de vieux. C'étaient les *carusi* d'une mine occupant 1,300 ouvriers. Deux de ces enfants prirent des lampes et servirent de guides aux visiteurs.

Maintenant, c'est M. Rossi qui parle, Dante moderne, épouvanté, navré plus que ne le fut jamais l'homme pâle de Ravenne sous sa cagoule écarlate :

Nous commençâmes à descendre en nous courbant et en nous accrochant des mains à la voûte. Les degrés, creusés dans le sol, sont très irréguliers, tantôt hauts et tantôt bas, tantôt effrités, tantôt secs et couverts de poussière, tantôt humides et glissants.

Nous avions fait quelques mètres, lorsque nous aperçûmes de faibles lueurs. C'étaient les lampes de quelques *carusi* qui remontaient, ployés sous leur charge de soufre. Puis nous entendîmes des gémissements angoissés. C'étaient les plaintes de ces misérables, qui devenaient plus distinctes à mesure que nous nous rapprochions ; c'étaient les plaintes et les gémissements de jeunes créatures haletantes et oppressées, qui n'avaient plus la force de marcher, qui devaient cependant avancer coûte que coûte, de peur que le mineur ne vînt les stimuler à coups de bâton ou en leur brûlant les mollets avec une lampe.

Da Felice et moi, nous sentîmes nos cœurs éclater à l'ouïe des lamentations de cette procession de petits parias. Quand il fallut nous ranger pour laisser passer les *carusi* courbés sous le faix, tremblant sur leurs jambes mal assurées, une si grande pitié nous envahit, que nous nous mîmes à pleurer comme deux enfants.

— Est-ce possible ! nous écriâmes-nous. Est-il possible qu'une pareille infamie dure depuis si longtemps et qu'on la tolère !

... Nous en arrêtâmes quelques-uns ; et nous constatâmes qu'ils avaient la peau des épaules et toute l'échine du dos excoriées, rouges et couvertes de calus, de cicatrices et de meurtrissures.

Nous continuâmes plus avant, et, ayant tourné dans un autre tronçon de galerie, aux degrés plus élevés et plus incommodes, nous rencontrâmes d'autres processions de *carusi* pliés sous leur terrible fardeau et exhalant sans interruption cette plainte qui vous fend le cœur.

... J'entendis l'un d'eux dire en pleurant à un camarade : « Je suis si las que je ne peux plus. Je vais jeter le sac par terre. »

A un troisième tournant, je trouvai un petit blond qui, vaincu par la fatigue, et ne pouvant plus avancer, avait déposé sa charge et pleurait silencieusement, accroupi sur une marche. Il avait les yeux bleus, les paupières rougies, et de grosses larmes coulaient sur ses joues caves et livides.

Et ils gagnent autant de sous qu'ils ont d'années, pas plus! Comment paierait-on davantage? Les droits d'exportation ne le permettent pas — car c'est 20 ou 25 pour cent qu'exigent les bénéficiaires.

Les *carusi* meurent à la peine, les ouvriers meurent de faim...

.ˑ.

En la plus noire cellule du château de Volterra, un homme médite, retranché du nombre des vivants. Elu du peuple, il est châtié d'avoir défendu ce peuple, d'avoir voulu partager sa misère et ses périls.

Il ne peut plus voir les siens, ni leur rien écrire ; on lui a rasé, de force, la barbe et les cheveux comme au pire malfaiteur ; il est nourri 'e légumes bouillis, de pain et d'eau. Sa niche a trois mètres de large sur cinq de long, ne renferme ni table, ni sièges. Et, comme à six heures, son lit doit être relevé, c'est par terre qu'il lui faut s'étendre pour reposer ou lire les volumes dus à la clémence du gardien. Interdiction d'écrire. *Il lui est défendu de travailler* — supplice abominable pour qui pratique, par la plume, la traduction de la pensée!

Ce prisonnier s'appelle Da Felice ; il était député de Catane : c'est ce même pitoyable dont parle M. Rossi. Et, sans rien savoir, il devine bien ce qui doit se passer au dehors : la douleur des siens, venus habiter Volterra, pour respirer le même air que lui... et dans l'espoir éternel d'arriver à le visiter! Sa fille! Si jolie, si intelligente, si dévouée! Peut-être jamais plus il ne la reverra!

Une obscurité s'ajoute, en ses yeux, à la pénombre cellulaire. Mais c'est un indompté! Il secoue la tête et songe à ses amis. Où sont-ils, ceux-là? S'il ignore encore l'arrestation de Cimimo, son futur gendre, il entrevoit bien les persécutions endurées par tout ce qui, de près ou de loin, a côtoyé sa vie, partagé son effort.

Et les autres, les inconnus, les anonymes, les pauvres gens ! Que sont-ils devenus, hélas, sous la botte de ce féroce Mora, l'implacable répresseur ?

Car, à bout de souffrances, la Sicile s'est levée, a demandé grâce, puis justice. On n'a accordé ni l'une ni l'autre — et la Jacquerie a éclaté. Cette population qui souhaitait du pain, on lui a donné du plomb : en une seule rencontre, huit cents paysans, peu armés ou point, sont tombés sous les balles des soldats.

Et les tribunaux militaires ont commencé de fonctionner, sans ombre de pitié, outrant la rigueur. Et l'île en état de siège, terrorisée, en proie à la famine, implore du ciel aide et protection. Qui la délivrera ? Qui la sauvera ?

. . . .

Voici que l'autre jour, tandis que la terre tremblait, à Carentini, près Siracusa, un vieillard a proclamé qu'il avait vu dans la campagne, parmi la désolation et la détresse, passer une ombre de blanc vêtue, aux cheveux d'or fin, dont les mains et les pieds saignaient de la lumière.

— Christ est ressuscité ! ont, comme à Pâques, crié les femmes.

Et tous, abandonnant le village, sont partis à la recherche du Seigneur...

A COMPARER

Pour Louis F.......

— Monsieur le major, c'est des coliques!
— Toi aussi!
— Oh! oui, Monsieur le major! Ça me tient là, et là; ça me tortille le ventre; à des moments, je ne peux pas m'empêcher de crier...
— Tire la langue! Donne ton poignet!

Une minute de silence, tandis que le praticien suit, sur sa montre, les battements du pouls; et que l'autre, comme tous les ignorants, s'efforce de souffler moins fort, afin de ne pas l'empêcher d' « entendre ».

— Quand cela t'a-t-il pris?
— Hier soir, après souper. Sans offense, j'ai rendu jusqu'à mes boyaux, Monsieur le major! Et ça me brûle...
— ... Au creux de l'estomac?
— C'est ça.
— Qu'est-ce que tu avais bu, en ville?
— Rien; je ne suis pas sorti.
— Et à la cantine?

— Rien non plus ; j'attends une lettre du pays.

Le vieux médecin, sourcils froncés, demeure perplexe, comme déconcerté. A la fin, il décide quelques prescriptions brèves, énergiques.

— Et comme boisson (car ils ont tous une fièvre de cheval)? interroge l'infirmier.

— Du lait, tant qu'ils voudront !

Derrière la porte refermée, le major cause avec l'officier de semaine.

— Enfin, docteur, qu'est-ce que c'est ?

— Ma foi, je n'y comprends rien ! La caserne est saine, propre, bien bâtie ; l'eau arrive toute pure ; et il ne s'est manifesté aucun mal entraînant la contagion, ni dans la ville, ni ici.

— Cependant, Monsieur le major, voilà des hommes si malades qu'on a dû les évacuer sur l'hôpital ; l'infirmerie envahie... sans compter ceux qui se plaignent, mais qui tiennent encore debout. Tout ça depuis hier soir ! Qu'est-ce que le colonel va dire ?

— Venez donc faire un tour aux cuisines. Quelquefois, ces lascars-là, pour ne pas nettoyer un chaudron, risquent de mettre sur le flanc un régiment !

— C'est une idée ! Allons !

— Montre tes casseroles, empoisonneur !

— Voilà, Monsieur le major. Et on peut s'y mirer, pas vrai? Dame ! c'est qu'avant d'être au service, j'étais en service ; et qu'alors...

— Te tairas-tu, bavard !

Et le médecin se tournant vers l'officier, tandis que l'autre, mis en veine de gloriole, aligne jusqu'aux plus infimes pièces de sa batterie, cuillères à pots, couteaux, fourchettes.

— Il n'y a pas à dire, c'est bien tenu !

— Ah ! fait le cuisinier triomphant.

— Mais, intervient le capitaine, cela sent tout de même rudement mauvais chez vous !

— Oh ! mon capitaine, je sais quoi ! Ce sont les restes.

— Quels restes ? interrompt brusquement le major.

— Les restes d'hier, qu'on en va tremper la soupe aux chiens.

— Apporte !

— Mais, Monsieur le major...

— Apporte, cré tonnerre ! Et plus vite que ça !

Sous le poing du vieux guérisseur d'hommes, la table a tressauté, avec un terrible boucan de ferblanteries qui s'éparpillent sur le sol...

* *
*

— Mon colonel, je vous demande pardon de vous avoir empuanti de cette charogne. Mais à moins de mettre un planton devant, quelque complice, le temps de tourner les talons, l'aurait fait disparaître. Et c'est ma preuve !

— Vous avez bien fait, docteur.

— Tenez, regardez cela : cette immondice cuite avec ses vers, cette pourriture, cette corruption ! Sur les trois pauvres bougres que j'ai expédiés à l'hôpital, si aucun n'y passe, ce sera beau ! Ils ont la mort dans le ventre ! Et tous souffrent comme des damnés.

— Voici l'ordre de saisie de la viande livrée pour aujourd'hui, et l'avis au Parquet.

— Merci, mon colonel ! Car enfin, si nous demandons leurs fils aux gens, ce n'est pas pour les laisser décimer, en temps de paix, par des mercantis ; des gredins qui, par cupidité, compromettent des santés et des existences ! Ah ! les gueux ! en voilà qu'on devrait fusiller sur preuve, sommairement ! Sales traîtres ! Sales exploiteurs !

. . . .

Voici le jour du jugement. En correctionnelle, les accusés ont comparu. Ce sont de gros, de gras commerçants, bien nippés, avec de belles chaînes de montre et de légères bajoues. Les deux sexes sont représentés avec avantage ; et quelque peu de l'auditoire n'est pas sans sollicitude, car ils sont « du pays ». Tandis que les militaires, après tout, c'est « du passage », de la garnison. On en vit — mais sans enthousiasme.

D'un côté, les notables ; de l'autre, les troupiers : tels litiges sont bien scabreux...

Et l'arrêt est rendu : CINQUANTE FRANCS D'AMENDE pour les uns, SIX JOURS DE PRISON pour l'autre. Ainsi en a décidé le tribunal de Gap, dans sa toute sagesse, envers le crime le plus lâche, le plus honteux, le plus misérable qu'il soit possible d'imaginer !

* *

— Levez-vous, mon garçon !
— Oui, monsieur.

C'est, dans la prison de Constantine, le réveil des condamnés : deux indigènes ayant assassiné le courrier de Tolga ; et ce jeune soldat du pénitencier que voici.

— Désirez-vous quelque chose ?
— Oui : me confesser ; entendre la messe ; et communier.
— Soit.

Il dit ses fautes au prêtre ; assiste au sacrifice divin ; reçoit l'hostie...

— N'avez-vous aucune autre recommandation à me faire, mon fils ? interroge l'aumônier.
— Aucune. Mais je n'ai pas de regret à mourir. Si

dure que soit cette minute-là, elle sera moins atroce que les dix-neuf ans de travaux publics qui me restaient à subir.

Les trois malheureux et l'aumônier ont pris place dans la voiture d'ambulance, qui roule au galop vers le lieu de l'expiation. La foule les y attend. C'est fête complète. Car, en plus des tambours et des clairons, là bien à leur place pour battre et sonner aux champs devant la mort, *il y a la musique.* Même, quand le convoi funèbre arrive, elle se range sur le côté, **et joue !**

Autour des trois poteaux, garni chacun de son peloton d'exécution, les troupes ont formé le carré.

— Courage, mon pauvre enfant !

— Monsieur l'abbé, je ne tremble pas !

Il marche sans faiblir vers sa place, se laisse bander les yeux. Les commandements retentissent, une triple détonation déchire l'espace... le petit soldat gît comme une marionnette cassée, perdant tout son sang.

Son crime ? Il avait, étant témoin devant le conseil de guerre, lancé aux juges un mot grossier, avec un bouton de sa tunique.

CHEZ LES EMPOISONNÉS

Pour Ibels.

Le fiacre roule au delà du marché à bestiaux de la Villette, par les steppes désolées et sinistres de la Plaine-Saint-Denis. Pour le passant superficiel, ce n'est que sale et nu ; pour l'observateur, pour celui, surtout, qui réfléchit, scrute, compare les causes et les effets, il n'est pas de plus désolante région.

Le sud de Paris, malgré tout, garde quelques guinguettes, des pans de treillages, des rondeurs de tonnelle, plus d'un arbre reliquat des bois qui furent là, et dont la lisière se trouve refoulée pas trop loin. Ainsi, du bois de Boulogne au bois de Vincennes, un fil de verdure, mince comme un cheveu de pariétaire, relie la petite banlieue, prise entre l'herbe des « fortifs » et les collines fleuries dont se ferme l'horizon.

Au nord-ouest, Neuilly prolonge jusqu'à la Seine, étend loin vers la droite les vestiges du domaine royal. Montmartre a son cimetière, et le versant de son moulin ; les Buttes-Chaumont ont leur parc ; Belleville a le lac Saint-Fargeau et les futaies survivantes des « petites maisons »; Charonne a le Père-Lachaise, le plus beau, le plus ombreux des jardins.

Partout, en ces endroits, la misère et le travail ont la consolation qui émane de la terre franche, ou tombe, des cimes feuillues, sur les fronts trop tristes, sur les membres trop las. Partout, l'état social peut arracher une feuille de platane ou de marronnier pour cacher le cancer qui lui ronge le ventre, le mal honteux qu'il préfère nier que guérir — et dont il périra !

Ici, rien : la plaine rase, semée de cailloux et de tessons comme un sol maudit ! Pour arbres, comme des troncs ébranchés, privés de rameaux et de nids, les géantes cheminées des usines, pressées les unes contre les autres, à perte de vue... jeu d'orgue par qui montent, vers le ciel, les lamentations d'un peuple désespéré !

Dans l'atmosphère, l'éternelle souillure de la suie, neigeant sans trêve, impalpablement. Des maisons basses, où l'humidité met sa dartre ; des tronçons de murs lépreux n'enclosant plus de vagues terrains, croûtonneux et bossués, où des enfants vêtus de guenilles s'essaient à jouer : des enfants blêmes, chlorotiques, aux lèvres, aux pupilles à peine colorées, aux cheveux ternes, atteints, croirait-on, de la *mal'aria!*

L'air trépide d'un bruit incessant de rouages, de bobines, de courroies faisant la navette ; d'engrenages broyant de la vie en même temps que de la matière. Et, tandis que les chaussées, les ruelles restent vides, des innombrables ouvertures de fabriques s'échappe le halètement de toute une race peinant de l'effort, écrasée du joug — d'une race maintenue en servage par le sceptre de l'Or, tel Israël captif sous le fouet des Egyptiens !

Car à tous les frontons de porches, car au flanc de toutes les bâtisses, se retrouvent des noms connus, célèbres, qui s'illustrèrent par la fondation d'industries utiles, mais dont les chefs sont morts, pour la plupart, et dont les héritiers (fêtards émérites vivant loin de la ruche, ou actionnaires cantonnés dans l'anonymat) pressurent jusqu'au sang cette multitude, afin d'en tirer le *summum* de leur luxe et de leur plaisir!...

.·.

La réunion des allumettiers se tient dans un petit bâtiment qui fut, ou qui est, je ne saurais trop dire, la salle des fêtes de l'arrondissement.

Des murs blanchis à la chaux, troués, des deux côtés, de fenêtres haut juchées ; face à la porte une sorte de scène, large comme un drap, qui fait estrade. Là-dessus, une table chargée de paperasses et portant le verre d'eau traditionnel ; les cinq délégués en habits de travail ; quelques chaises, dans le fond, pour les étrangers à la corporation, les visiteurs, les amis. Occupant les bancs, presque tout le contingent des grévistes — car, sur les six cent quatre-vingts soit ouvriers, soit ouvrières, des manufactures de Pantin et d'Aubervilliers, six cent quatre-vingts ont adhéré au mouvement.

En même temps, leurs cinq cents camarades de Marseille ; les cent quatre-vingts de Bègles, près Bordeaux ; les trois cent vingt de Trélazé, près Angers ; les deux cent vingt de Saintines, dans l'Oise, suivaient. Or, comme tel est l'effectif du personnel complet, en France, la fabrication était arrêtée net.

Que demandaient-ils donc ? Quelle était la base de revendications évidemment absurdes, puisqu'on les a dédaigneusement repoussées ; puisque, depuis plus d'un mois, vivant de ressources si minimes qu'il leur a fallu presque l'héroïsme de la faim volontaire, ces malheureux, ces malheureuses, attendent, espèrent, supplient?...

Ceci : « **La suppression de l'emploi du phosphore blanc, dont la manipulation cause des cas de nécrose dans le personnel.** »

Qu'est-ce que la nécrose ? Le nom l'indique : c'est la mort des os. Chez les ouvriers et ouvrières en allumettes, elle s'attaque d'abord aux mâchoires.

L'Administration a prévu le cas. Tout candidat ou candidate, afin de pouvoir figurer sur les listes de proposition — ET SANS QUE LA DOULOUREUSE ÉPREUVE LUI ASSURE AU MOINS L'ADMISSION — doit subir, non seulement l'examen dentaire, mais *l'extirpation de tout ce qui peut sembler défectueux !*

Chaque mois, les employés sont soumis à telle inspection. Au fur et mesure que les dents se piquent, on les arrache... des filles de vingt ans montrent, quand elles sourient, des gencives de Carabosse !

En 1894, tout le personnel des Usines de Pantin, d'Aubervilliers, du Pont-de-Flandre, se soulevait contre les procédés chirurgicaux du dentiste attaché à ces établissements. La visite mensuelle et obligatoire imposée par le règlement était devenue une véritable séance de géhenne où, sous peine de renvoi, le salarié devait subir toute opération ou expérience qu'il plaisait au praticien lui faire supporter.

Celui-ci ayant démissionné, contents de peu, s'en tenant encore à la vieille théorie des personnalités, les ouvriers rentrèrent.

.

Cependant, dès 1888, Magitot, l'éminent professeur, avait signalé à l'Académie de médecine les dangers de la manipulation du phosphore, et avait proposé d'en prévenir les effets au moyen, non d'opérations buccales, mais d'un ensemble de règles d'hygiène.

C'était trop humain : on ne l'écouta pas ! L'Académie se borna à rééditer le vœu déjà émis par elle à plusieurs reprises, depuis un demi-siècle, relatif à la suppression du phosphore, l'emploi d'autres produits — et tout fut dit, pour ces infortunés !

Mais, en revanche, plus que jamais, on les charcuta dur ! On les « prépara » : c'est-à-dire qu'on leur arracha des racines; qu'on leur ouvrit des abcès; qu'on pratiqua, mensuellement, sur leurs malheureuses mâchoires telles manœuvres présumées favorables aux « besoins du service »... sans réfléchir une seule minute que le phosphorisme, autant que le diabète, ne supporte nulle plaie, nulle érosion, péril léger qui peut devenir mortel !

On tergiverse ainsi avec le mal, on gagne du temps. Ai-je dit que ces exploités recevaient 3 fr. 30, pour onze heures de travail ?

Mais, tout à fait maternelle, l'Administration assure, au bout de trente années, une pension de 300 francs aux femmes, de 600 francs aux hommes; et, cela, sans aucune retenue sur la paie. Il en faut convenir, telle générosité est peu ordinaire; édifiante au premier chef; philantropique; assurément de nature à encourager les bons serviteurs.

Oui — mais personne n'en profite ! Ils sont tous morts, ou partis avant le délai, ceux qui manient le phosphore blanc ! Les éclopés achèvent de crever en quelque coin, empoisonnés jusqu'en leur squelette, désormais incapables de travail. Et la fallacieuse promesse demeure à l'état d'infâme ironie.

Car, dès qu'un « sujet » est reconnu malade, on le jette dehors ! Le temps qu'il subit ce chômage forcé, il ne touche rien, mange, se soigne, et fait vivre les siens, comme il peut. Quand il va mieux, on le reprend; et ces alternatives durent jusqu'à ce qu'il soit tout à fait condamné, perdu, sans espoir de guérison. Alors, on le chasse définitivement.

Va par les sentiers, vieillard de trente ans, cherche ton pain sur les routes, traîne après toi ta séquelle d'affamés — et gare ! Le premier gendarme rencontré t'arrêtera ; le premier juge venu te condamnera ; et tous les supplices de l'enfer, tu les porteras dans ta carcasse, dans tes moelles viciées, dans tes os pourris !

* *

La nécrose !

J'ai vu des carabins, habitués des amphithéâtres, j'ai vu des « morticoles », sourds aux cris, qui frissonnaient en prononçant ce nom ! Et je les ai entendus disserter sur ces séries d'accidents reliant, de façon si épouvantable, la première atteinte à la dernière convulsion.

Comme je l'ai raconté, les dents se carient... d'abord. Puis, la fièvre, d'intermittente, devient continue ; une soif inextinguible dévore le patient qui, en revanche, ne peut plus supporter aucune nourriture. Les cheveux suivent les dents, tombent, se détachent du crâne par poignées.

Alors, cette espèce de spectre, dont la peau est collée aux côtes, se trouve tordu d'atroces douleurs ; les articulations gonflent ; les doigts, les membres, se déforment. Et la nécrose apparaît : qui tue les os, les mortifie, les disjoint, les creuse, les émiette !

— Quoi ! vraiment, cette guenille putréfiée, ce fut un homme, une femme ?

Hé, oui ! Ce pauvre corps dut accepter ce martyre, parce qu'il avait un estomac à satisfaire... et que ça valait 3 fr. 30 par jour !

Est-ce donc vraiment fléau inévitable? Ne peut-on expérimenter d'autre produit? Que répond le patron à ces navrantes plaintes ?

Simplement ceci : « ÇA COUTERAIT TROP CHER ! »

. . . .

Quel est donc ce patron, cupide et cruel ? Quel est donc cet exploiteur sans entrailles, qui préfère gagner plus et que des créatures humaines vibrent d'angoisse sous le bistouri du tourmenteur; et que de petites croix s'alignent, indéfiniment, dans le cimetière avoisinant l'usine ?

C'est l'Etat !

.·.

Oui, l'Etat; le même qualifié par M. Ribot, son représentant actuel, de « bon père de famille » ; l'Etat protecteur des faibles, et expression, sous ce régime, du peuple souverain.

C'est l'Etat qui refuse à Billau, opéré quatre fois, amputé de la moitié du maxillaire inférieur gauche, dont le maxillaire supérieur droit se prend, et qui ne peut plus manger, l'appareil auquel il a droit. Parce que cet appareil coûterait quinze cents francs ; et que l'Etat, trop pauvre, n'en veut mettre que trois cents !

C'est l'Etat qui dit : « Ces gens mourront, parce qu'il ne me plaît pas de moins bénéficier sur leur salaire »; et qui s'improvise contrebandier, malgré la loi de production étrangère, parce que ce misérable bétail de rapport s'obstine à réclamer le droit de vivre!

Un homme au visage raviné, effroyablement maigre, me tenait, sans savoir, tout à l'heure un langage shakespearien.

— On ne peut même pas avoir d'enfants! En voilà trois

que nous essayons, ma femme et moi : ils viennent tous morts, et déjà verdis.

Mais ceci n'est rien encore auprès du défilé auquel j'assiste, terrifiée ; de la macabre, de l'inoubliable vision dont mes yeux gardent l'épouvante...

Un à un, une à une, ceux, celles, que le phosphorisme n'a pas encore conduits au charnier, au cabanon, que l'hôpital n'a pas gardés ou repris, montent devant moi ; font basculer, d'un geste uniforme, le râtelier qui remplace leurs dents, leurs gencives, leur palais ; renversent la tête d'un mouvement automatique, montrant leurs blessures comme soldats à l'ambulance !

Ce n'est que plaies, trous béants, cicatrices, vides creusés par l'outil du chirurgien ! A Billau, ainsi que je l'ai dit, on a enlevé tout le côté gauche du menton ; à Marie Harpp — une jeune femme ! — il manque la moitié de la voûte palatine ! D'autres, plus ou moins entamés, passent ; et l'on garde à vue, chez lui, un camarade devenu fou furieux, que les infirmiers vont venir chercher.

Voilà ce qui existe dans notre pays de France, aux portes de Paris ; voilà ce que j'ai vu. Voilà quel est le sort des infortunés auxquels M Ribot, ministre de la République, a fait répondre « qu'il n'avait plus rien à dire » alors qu'ils offraient de reprendre le travail, si on voulait leur assurer, d'ici à un mois, la suppression du phosphore blanc : leur bourreau !

ÇA COUTERAIT TROP CHER !
Jamais riposte fut-elle plus effroyable, jamais aveu fut-il plus cynique ? Trop cher ! pour épargner à des êtres humains semblable torture ! Trop cher ! pour éviter de pareilles abominations ! Trop cher ! pour que ces pe-

tites malheureuses ne perdent pas leur jeunesse, leur beauté, leur santé, leur pain, leur vie !

C'est propos d'ogre, cela.

Ne vous tourmentez point ! Il viendra bien un temps où tout sera moins cher...

CYVOCT

Pour Bernard Lazare.

C'était en 1882. J'entrais à peine, non point encore en journalisme, mais dans le monde du journalisme, lorsque fut commis l'attentat de Lyon : la bombe éclatant au café Bellecour, blessant quelques consommateurs, dont l'un, après, mourut.

Aussi, fouillant dans mes souvenirs d'alors, je n'y retrouverais rien autre, sans doute, qu'une sensation vague, autant que lointaine, d'épouvante un peu confuse ; un reflet imprécis, un écho à peine formulé...

Seul, le procès m'instruisit mieux. Il eut lieu quinze mois plus tard ; six semaines après que s'était élaboré, en notre grenier de l'hôtel Colbert, 16, rue du Croissant, le premier numéro du second *Cri du Peuple*, enfin ressuscité. Et si je n'étais toujours que médiocrement experte ès-sciences sociales, je n'y demeurais, non plus, totalement étrangère ; ayant acquis, du moins, la précieuse notion de mon ignorance — commencement de la sagesse, début de l'initiation !

Cependant, en cette période de fièvre, de fatigue, de

bousculade cérébrale, de surmenage nerveux, que comporte tout acte créateur (et, superlativement, la naissance d'un journal !), même les faits rappelés par les débats ne m'eussent, peut-être, causé qu'une impression autant éphémère que vive, s'il n'en était résulté un verdict inouï, s'il n'en était surgi une inoubliable apparition.

Le verdict condamnait, en temps de paix, pour délits de presse, déjà jugés, un écrivain à la peine de mort!

L'apparition, c'était la mère... douloureuse entre les douloureuses ; gravissant, sous ses voiles de deuil, toutes les stations de son Calvaire, tous les degrés de son Gethsémani !

Pauvre misérable femme ! Je vois encore se profiler, dans le jeu des portes, son visage émacié par la douleur, aux lèvres décolorées, aux prunelles fixes. Savait-elle seulement où elle était, au long de ses pérégrinations et de ses pèlerinages ? Se rendait-elle compte du vain bruit des paroles, de l'ombre que projetait le geste, du cours des heures, du passage des journées ? Elle allait, suivant l'orientation acceptée, droit devant elle, comme hypnotisée — vers le salut de son enfant !

Oh ! oui, elle, je l'évoque distincte, sans nulle hésitation ; tant elle frappa mon cœur de sa pâle effigie, tant ma mémoire a gardé l'empreinte de ses mains jointes, de ses mains suppliantes et désolées !

Ainsi est-elle morte, voilà sept ans, sans plus la force d'attendre davantage... après cinq années d'agonie morale, d'incertitude atroce, de stérile espérance, de meurtriers découragements !

*
* *

Qu'avait-il donc fait, ce jeune homme, presque cet adolescent, ce garçon à peine majeur, déféré d'emblée à la guillotine, puis expédié au bagne ; d'abord, pour y finir ses jours, ensuite, pour y passer vingt ans ?

Je l'ai dit : des articles de journaux.

Ces documents de l'époque, que j'étudiai jadis, à cause de la mère, je viens de les reparcourir attentivement; de les relire, sans passion d'aucune sorte, avec, je vous l'assure, un grand désir d'équité. Or, le crime de Cyvoct est tout de « tendances » — c'est, uniquement, pour l'espèce de sa conviction et la forme de sa polémique, qu'il fut ainsi frappé.

Et quelle incohérence inimaginable même dans la déterminante et le libellé de ce jugement !

C'est dans la nuit du 22 au 23 septembre 1882, vers les deux heures et demie du matin, qu'explosionne, dans le restaurant attenant au théâtre Bellecour (vulgo « l'Assommoir »), un engin qu'on suppose être une bombe.

Quel est le coupable ?... On l'ignore ; et jamais on ne le devait retrouver. Mais n'y a-t-il pas, dans Lyon, une bête noire à magistrats, un exalté, un violent, qui, sans réserve aucune, incendie de sa prose le *Droit social*, le *Drapeau noir* ?

Il a déjà été condamné, il le sera encore ; subversif au premier chef, éminemment « dangereux ». Comme prosateur, bien entendu.

Où peut-il être ? Car, enfin, il faut à tout une consécration, à ceci un résultat. De la grive échappée, ne saurait-on se consoler en prenant un merle — à défaut de l'auteur du forfait, le forfait lui-même ne saurait-il fournir un complice, et, de préférence, celui-là ?

C'est peut-être ce que, de son côté, pressent Cyvoct ; c'est peut-être en vertu de quelque instinct divinateur qu'il décline l'aventure et se refuse au jeu. Il disparaît, passe la frontière, avec Monnin Magdine, sa maîtresse.

Plus de doute, c'est lui !... N'étudiait-il pas la chimie ? N'a-t-il point proféré des menaces ? Que dis-je, « proféré » ? Il les a même écrites, le malheureux ; puisque déjà, de ce fait, il a été poursuivi ! L'instruction, cahin-caha, un bon semestre durant, se dirige en cette voie, s'arrête presque à cette conclusion. L'auteur ? Non, trop évidemment. Mais le complice, oui — le complice préventif, *par ses écrits !*

...

Cyvoct est passé en Suisse, puis en Belgique.

S'il n'aime trop la chimie, il a du moins le tort, en telle occurrence, de fréquenter des chimistes.

L'un d'eux, Paul Métayer, faisant des expériences au bois de Gautheron, près Bruxelles, est victime de sa scientifique témérité. Chose curieuse : Cyvoct, qui l'accompagne ; Cyvoct qui, s'il était coupable, ne devrait, pour rien au monde, s'exposer à être reconnu ; Cyvoct s'en va, lui-même, quérir les agents, les médecins, les autorités, pour les amener à son camarade, dont l'état est *certainement* désespéré.

Celui-là expire immédiatement, sur place ; l'autre, interrogé, suspecté, arrêté, et dont l'identité ne tarde guère à être établie, se trouve successivement incarcéré, extradé, livré.

Voilà Cyvoct, à Lyon, devant ses juges.

Quelle est l'issue des confrontations ?... Sur vingt témoins, il n'en est que deux à le reconnaître comme étant présent à « l'Assommoir », la nuit de l'attentat : Kremgen et Flo ; l'un, patron, l'autre, garçon de l'établissement — Jean Leurat, collègue de ce dernier, se déclare incompétent à prononcer.

La demoiselle Teano, le coiffeur Lucien Morel affirment énergiquement que Cyvoct n'était pas là, qu'ils ne l'y ont jamais vu ; tandis qu'Ermingros, tailleur à Lausanne, Rosalie Koller, sa femme, Félicien Darblay, coupeur d'habits en la même ville, jurent sur le Christ, soutiennent mordicus, qu'il était ailleurs.

Mais cet alibi est à peine nécessaire. On sait bien que ce n'est pas lui ; et les termes du jugement le reconnaissent, le proclament, pourrait-on dire.

« Cyvoct (Antoine-Marie) est-il coupable d'avoir, à Lyon, dans la nuit du 23 au 24 octobre 1883, volontairement donné la mort à Louis Miodre ? »

Réponse : « Non ».

Est-il tout au moins convaincu :

1° « D'avoir, par machinations ou artifices coupables, provoqué à ce meurtre ou d'avoir donné des instructions pour le commettre ? »

Réponse : « Oui », à la majorité.

2° « D'avoir procuré des armes, des instruments ou moyens qui ont servi à commettre ce meurtre, sachant qu'ils devaient y servir ? »

Réponse : « Non ».

3° « D'avoir, avec connaissance, aidé ou assisté l'auteur ou les auteurs de ce meurtre dans les faits qui l'ont préparé, facilité ou consommé ? »

Réponse : « Non ».

Aussi, le jeune homme fut-il condamné en vertu de cet article perfide de la loi sur la Presse de 1881, où tant de jurys se laissèrent prendre, car il étend la portée de l'arrêt bien au delà leur intention.

Celui de Lyon, du moins, saisi de regret et de pitié, signa en son entier — moins une voix — l'immédiat recours en grâce. Et M. Grévy exauça le vœu.

Mais voilà quatorze ans que, pour quelques phrases outrancières, et déjà expiées, Cyvoct est au bagne ; quatorze ans qu'il traîne sous le fouet des chiourmes et la casaque des forçats ! M. Rochefort, dont le délit fut identique, voici un quart de siècle, se trouve amnistié ; et, avec lui, tous les polémistes véhéments qui, des gémonies, sont montés au pinacle. Est-il juste que, seul, Cyvoct reste là-bas, mis hors la loi commune, rejeté de toute miséricorde ?

Sa mère est morte, son père va bientôt la suivre... Quatorze ans d'un tel martyre, mon Dieu ! n'est-ce point assez ?

LA FIN DU TYRAN

Pour Paul Jouy.

22 juin, 1894.

Le voilà déchu — enfin ! — ce Stambouloff sous qui, huit années, agonisa la Bulgarie ; ce suppliceur par qui tant de femmes furent veuves, tant d'enfants orphelins, tant de parents en deuil de leurs filles ou de leurs fils !

Ainsi que Bismarck (et toutes proportions gardées de génie et de puissance), il tombe de haut ; après l'exercice le plus absolu de la dictature renié par son maître, s'avouant la disgrâce jusqu'à la lie.

Mais la nation allemande n'était pas d'accord avec son souverain. Elle se rappelait le troupeau des petits États rassemblé par le dogue Otto ; le dogue puissant, au mufle carré, aux crocs formidables, mordant les uns, flattant les autres, inquiétant pour tous... et que l'unité teutonique était l'œuvre de celui-là, qui avait fait la Prusse souveraine au bénéfice du vieil empereur !

Sur tout le parcours, ce ne fut que cris de regret, rumeurs de tendresse, ovations telles que ministre favori n'en connut jamais. La Germania (il faut lui rendre cette justice) sut être reconnaissante jusqu'au fanatisme, à l'heure de l'abaissement. Elle joncha de fleurs la route de l'exil.

Tandis qu'à Sofia, et sur tout le territoire bulgare, c'est une clameur de délivrance, c'est une huée d'exécration, qui salue la chute du conseiller de massacre et de malheur. Il avait défié le ciel et profané la justice — le ciel et la justice se vengent... et le populaire applaudit !

Il faut remonter à l'extermination des Flandres par l'Espagne, à la vice-royauté du duc d'Albe, pour s'imaginer le cauchemar sanglant qui pesa sur ce pays, et quelle allégresse suit le réveil.

Ce n'était plus, dans les villes terrorisées, qu'espionnage et délation, enlèvements de suspects, disparitions de mal notés, procès iniques, exécutions sommaires ; et la « question », ainsi que l'entendait le Saint-Office, rétablie dans les prisons !

Ceux qui les avoisinaient n'osaient quitter : tout départ équivalant à l'aveu d'avoir entendu. Mais, dès le crépuscule, ils bouchaient les issues, s'en allaient dormir dans la pièce la plus reculée. Et malgré tout, parfois, ils se réveillaient en sursaut la nuit, hagards, baignés de sueur ; se dressaient sur leur couche, prêtant l'oreille, aspirant l'air.

Un cri, un cri aigu, horrible, suppliant, avait traversé les épaisses murailles ; ou bien filtrait, par les interstices des fenêtres, une odeur âcre, écœurante, de roussi et de graisse — comme une odeur de chair brûlée...

Il y avait aussi des échos de musique, des chocs de coupes, le cadencement des pas rhythmés : Stambouloff s'amusait !

Il « visitait » ses captifs.

. . . .

Cependant, le voici à bas, celui devant qui tout tremblait. Quelle va donc être son attitude ? Arrogante, comme il convient aux cruels ? Ou digne, simplement, comme il sied aux vaincus ?

Sans doute, l'usage de la domination lui a affermi l'âme, l'a aguerri contre les défaillances ?

Que nenni ! Il a demandé des gardes pour sa maison, contre laquelle hurle la foule — cette foule qu'on doit braver au moins quand on l'a décimée ! Il a demandé à la Sublime-Porte si elle le voulait bien recueillir : la Sublime-Porte a répondu dédaigneusement qu'il pouvait venir si tel était son désir ; mais qu'elle ne répondait aucunement de sa sûreté.

Et ce sera partout ainsi dans les pays limitrophes, dans les capitales avoisinantes, qu'il a peuplés de bannis. Il est le but des représailles, traînant des spectres après soi ; il est celui dont les mains sont rouges et le front marqué d'un signe : le moderne Ahasvérus, le Caïn dont on s'écarte avec dégoût, avec horreur !

Marche, errant, quête un asile ! Franchis les monts, franchis les mers, cherche le toit où l'on t'accueillera... ignorant qui tu es ! Tremble sous la parole divine qu'a transcrite le poète :

> Qui du glaive a frappé périra par le glaive !

Garde-toi — bourreau !

.·.

19 juillet, 1895.

Le lundi 15 juillet, jour de la Saint-Henri, trois hommes se jetèrent au-devant de la voiture qui emportait Stambouloff et Petkoff sortant de l'*Union-Club*. Petkoff fut renversé d'une bourrade ; le cocher fut désarmé. Stambouloff, essayant de fuir, reçut une balle dans le dos ; eut, en se démenant, le crâne labouré d'un coup de couteau, les deux poignets presque tranchés.

La rue est passagère, éclairée, le temps était limpide... Nul n'est survenu, n'a pu intervenir, entraver la fuite des meurtriers : de tout jeunes gens, presque des enfants, dit-on.

Il y avait treize mois que Stambouloff (sois bénie, ô douce influence qui délivras ce peuple!) était tombé en disgrâce : treize mois qu'affranchie la Bulgarie ressuscitait. Mais il est des plaies qu'aucun baume ne saurait guérir ; des deuils qui demeurent farouches ; des serments qui ne se peuvent oublier.

La chirurgie a achevé l'œuvre de la haine : les mains, — cette main qui knouta le front de Karaveloff ; qui ordonna de rompre les os à Khristo-Tscherdaroff ; qui alluma Tufektchieff flambeau vivant comme au temps de Néron !) ; cette main qui portait le toast ironique au milieu des supplices ; cette main sous qui se débattit, dans les affres et les angoisses, huit années, toute une nation — ces mains, complètement détachées par le fer de la science, sont mortes, désormais loin des moignons sanglants !

Elles ne tiendront plus ni le sceptre ni la hache! Celui devant qui tremblèrent tant de faibles, même si la tombe le refuse, est plus faible, à son tour, que le dernier d'entre eux.

O Justice immanente, l'on t'attend bien parfois... mais toujours tu surgis, dernier mot du destin, recours des opprimés !

25 juillet, 1893.

Ce cadavre ! Ces obsèques !... Jamais rien de plus eschyléen n'apparut dans l'Histoire ; jamais fantôme n'eut à exhiber tel nombre de plaies ; jamais trépas ne fut salué d'autant de vivats, de plus de réjouissances !

Écoutez le procès-verbal :
« Les bandages, qui entouraient la tête, ont été enlevés et les terribles blessures qu'ils recouvraient apparaissent à la vue. Une grande balafre s'étend de la joue gauche, coupant le nez et l'œil droit, jusqu'à l'oreille droite. Une autre court du sourcil gauche jusqu'au sommet du crâne ; une troisième, de la tempe gauche, jusque derrière l'oreille. La joue gauche est aussi entamée et une longue blessure descend jusqu'au cou.

» Le derrière de la tête est littéralement haché d'un réseau de blessures terribles et sur le sommet on remarque encore trois ou quatre coups de pointe.

» Au pied du cercueil est placé un récipient en verre rempli d'alcool dans lequel baignent les deux mains amputées de Stambouloff ; le premier et le second doigt de la main gauche sont enlevés. »

Je suis une femme et devrais me sentir émue, à l'évocation de pareilles horreurs. D'où vient donc que pas une de mes fibres ne bouge, n'a un tressaillement de pitié ? Mon cœur reste fermé, inexorable, plus accessible au bêlement des moutons qui, là-bas, sur la route, cheminent vers l'abattoir.

C'est que je me souviens...

D'autres encore plus : témoin le télégramme farouche envoyé à la veuve par la mère de Milaroff, exécuté jadis, en suite d'une orgie :

« Pleurez ce meurtrier sanguinaire, qui dans une veillée joyeuse, au milieu des chants et des danses des tziganes, au monastère de Bourgas, a signé l'arrêt de mort de mon fils Svietoslaf. Dieu m'a donné la force de vivre assez pour avoir la consolation de voir le meurtrier baignant dans son propre sang. J'envoie mes malédictions à son cadavre qui pourrit. »

C'est terrible — mais qui oserait jeter l'anathème ?

Pas plus que si le frère de Tufektchieff, ou quelque autre parent d'assassiné, avait vengé la chair de sa chair. La loi humaine le pourrait condamner : la loi morale lui serait plus clémente — tant chacun redouterait de regarder en soi ; d'y découvrir le germe d'une fureur jumelle : excuse d'autrui !

D'ailleurs, d'ores et déjà, la nation s'est prononcée ; les funérailles ont été, à cet égard, un magistral enseignement. Mais ni les couronnes foulées aux pieds ; ni les sifflets, ni les vociférations ; ni les flux et reflux du cortège ; ni l'ouragan de fureur déchaîné autour de ce cercueil ne valent, à mes yeux, l'épilogue.

Soudain, quand le Métropolite a fini de bénir ; que, sur la bière, les pelletées de gravats ont chu avec un heurt lourd ; que l'assistance se désagrège, soudain, vers l'autre extrémité du cimetière, une grande clameur de triomphe, le retentissement des cuivres, des sistres, des guitares, sonnant à la joie

et toute une multitude qui chante, danse, devant les tombes de ses martyrs !

JEAN GRAVE

Pour Saint-Auban.

Ceci n'est pas l'apologie d'un individu — c'est l'hommage à un caractère en harmonie avec ses actes; qui jamais ne se démentit; et dont une couple de mots suffirait à concrétiser les dominantes : Simplicité-Sincérité.

La devise n'est point banale ; et banal n'est point l'homme. Méconnu, traqué comme un loup, dès que l'occasion s'en peut saisir ; volontiers proscrit, plus volontiers encore arrêté, emprisonné, condamné, il demeurera, quoi qu'on fasse, dans la mémoire des âges, comme un précurseur : un de ces philosophes hautains, doux, et farouches, qui, ne souhaitant rien de personne, s'employèrent au mieux de tous.

Il est sans haines privées, ce qui le fait fort; il ne ressent que les injures aux autres ; il ne rêve de représailles que pour la souffrance du prochain... Ainsi, ce réprouvé, cet athée, voué, semblerait-il, aux flammes éternelles, se trouve-t-il plus près que bien des orthodoxes de la doctrine évangélique, de l'état d'âme chrétien.

Ses rancunes se sont purifiées au feu des saintes colères ; et c'est de leur cendre, peut-être, qu'ont grisonné ses tempes — sous lesquelles rien ne couve plus que le Songe impersonnel au bénéfice d'autrui.

Et cela, sans même l'orgueil de l'humilité, sans l'ostentation du dédain ou de l'indulgence, sans le mérite souligné du sacrifice... virilement, parce que c'est un mâle, dans le domaine des idées ; sereinement, parce que son « Moi » lui semble vétille trop négligeable pour qu'il s'abaisse à le servir ; logiquement, parce que, ne se croyant ni l'axe ni le nombril du monde, il a, dans toute amertume, retrempé sa conviction, fortifié son renoncement, accru l'essor de sa pensée vers des cimes toujours plus hautes, des clartés mieux entrevues...

C'est un homme, oui, au sens antique du mot ; qui a le respect du verbe, outil d'affranchissement ; qui a le respect de la plume, instrument de libération — et croirait profaner l'une ou l'autre, en gaspiller l'usage, en galvander l'effort, en les faisant servir à autre chose qu'à l'avènement de sa croyance, des temps nouveaux, d'une ère meilleure pour la pauvre humanité.

Ce mécréant est un juste...

∴

C'est que l'âge est venu, aplanissant les « pâtés » de sable auxquels s'amuse la jeunesse ; donnant, au peul seur, pour mesurer gens ou faits de son époque, le recul de la maturité — tandis que les lignes du visage, traductrices de la métamorphose intérieure, se distendaient, s'estompaient, comme enveloppées d'une douceur ;

tandis que le regard filtré, clarifié, révélait, en son immuable lumière, l'abdication de l'être au profit de son idéal.

Assagi? Que non pas! Bien plus redoutable — parce que meilleur!

Tel en est-il des âmes d'une certaine trempe. Lorsqu'elles ont détaché, une à une, rompu, s'il est besoin, toutes les fibres qui les relient au commerce des semblables, à la décevante évolution d'ici-bas, elles acquièrent en audace, en puissance, et en grandeur, autrement qu'elles n'ont abandonné.

Qui ne tient plus à rien est maître de tout...

Ainsi Jean Grave, dans sa pauvreté, dans son isolement, avec sa science conquise par lambeaux, son érudition disputée aux ténèbres des débuts, l'expérience acquise par l'épreuve, ainsi Jean Grave, sans se détourner, poursuit la marche ascendante dont s'étonnent les profanes, dont s'inquiètent les illogiques, dont s'intimident les irréfléchis.

Et tous ont raison qui, incapables d'abnégation, ne sauraient comprendre l'abstraction d'une personnalité dans une idée.

Puis, il déconcerte l'imagination qu'on se fait des prophètes, avec la modestie de sa parole, le calme de ses yeux, l'effacement de son allure, la sobriété de son geste — et le beau rire, le large rire silencieux qui, illuminant soudain la mélancolie du visage, y fait rayonner la droiture, la loyauté, la candeur, pourrait-on dire, dont déborde cette âme ; semble y faire aussi la nique aux augures, aux pontifes, aux pharisiens...

De même que sa blouse, sa blouse noire de typographe, qu'il porte non comme une affiche, non comme un programme, non comme une enseigne, mais parce qu'elle est son ordinaire habit de travail, paraît symboliser toute cette existence de deuil, de devoir, et de labeur.

∴

Jean Grave, ainsi que l'était Jules Vallès, est Auvergnat ; né au Breuil, près d'Issoire. Son père était homme de peine ; sa mère, repasseuse. A six ans, le bambin fut amené à Paris, rue Mouffetard, dans la maison, je crois, où il loge encore aujourd'hui. Et il fut à l'école chez les Frères du quartier.

Il n'a pas douze ans que le voici déjà apprenti mécanicien, tournant la roue — comme les pauvres chiens attelés au tourne-broche ; comme les chevaux fourbus circulant autour des puits. Un voisin, cordonnier, s'apitoie sur sa faiblesse, et, pour l'amour de saint Crépin, lui enseigne le métier.

En même temps, le gamin, tout seul, s'éduque. Les quelques sous qu'il gagne passent en emplettes de la *Petite Bibliothèque nationale* : les « Chefs-d'œuvre » à vingt-cinq centimes. Ainsi, il se meuble le cerveau ; se forme le goût ; s'oriente, par la route du Beau, vers le Bien pressenti...

La guerre arrive, le siège, l'investissement. Il y a un club à l'Ecole de droit. Y parlent Régère, Tabaraud, Henry Bauer, à peine l'aîné d'un tas de gosses patriotes, enthousiastes, et risque-tout. Grave, qui va vers ses quinze ans, s'y fait inscrire, en une ferveur sans pareille.

Nous le retrouvons bien après — soldat. La mort a fauché largement autour de lui : mère, sœur, ont été emportées par la phtisie. Et quand le père, à son tour, les va rejoindre, voici le garçon soutien de famille, seul appui de sa jeune sœur.

Donc, en 1876, un an après l'entrée au régiment, Grave est rendu à la vie civile. Je ne dis pas à la liberté ; car il ne la recouvre guère que pour chercher le moyen de tôt la reperdre.

Cependant, il lui faut passer par la filière inévitable en ce temps-là, où rien de définitif n'était encore formulé.

En cette période transitoire, il écrit au *Prolétaire*, à l'*Egalité* ; il fait partie du « Groupe d'études du V⁰ arrondissement » en compagnie de MM. Guesde, Deville, etc. Mais il n'a guère le tempérament d'un discipliné ; et, dès le congrès de l'*Union fédérative du Centre*, tenu faubourg du Temple, le voilà qui, délégué des V⁰ et XIII⁰ arrondissements, prend la parole pour combattre quoi ? Le suffrage universel !

On s'imagine l'effet de cette pierre, dans la mare aux candidats !

Dès lors, Jean Grave suit sa voie. Il entre en communication avec l'*Etendard*, le *Droit social*, de Lyon ; avec le *Révolté*, de Genève.

Si bien que lorsque a lieu, en épilogue aux troubles de Montceau-les-Mines, le procès de Lyon, le procès des Soixante, où comparaissent Kropotkine, Emile Gautier, Paul Bernard, etc., Grave, en tant que correspondant de journaux, est arrêté ici et détenu trente-six heures — à tout hasard ! — après quoi, relâché.

C'est le début.

*
* *

Car Elisée Reclus, de passage à Paris, propose à Grave de s'en aller, en Suisse, faire le *Révolté*. L'autre accepte ; et désormais, tous les quinze jours, lâche la cordonnerie pour la typographie. Il a appris à « lever la lettre », soucieux de pouvoir suffire à la partie manuelle, comme à la partie intellectuelle, de l'entreprise.

Le journal est interdit en France : ce sont des ruses d'Apache qu'il faut déployer pour déjouer la consigne, lui faire passer la frontière. Près de deux ans, Grave s'y adonne. Puis, un jour, en suite de je ne sais quelle ténébreuse histoire (traquenard tendu aux réfugiés) voilà les correspondances interceptées et un décret d'expulsion intervenant.

Il y a détente, par ici. On revient. Grave installe chez lui le *Révolté*, tôt mué en *Révolte* pour s'évader du filet de la loi. C'est le moment où il subit la plus atroce douleur dont un cœur d'homme puisse être atteint : où il perd la chère compagne de sa jeunesse...

Mais il est de ceux qui utilisent leur mal au mieux de leur cause — et il se rejette dans la lutte avec l'âpreté des chercheurs d'oubli !

En 1891, pour un article sur Fourmies, un tribunal lui octroie le maximum : six mois. Ces six mois-là, il les emploiera, à Sainte-Pélagie, à écrire son premier livre : *La Société mourante et l'Anarchie*, œuvre de penseur, singulièrement raisonnée et suggestive.

La même année, deuxième procès pour la reproduction d'une colonne de l'*En-Dehors*. Cette fois, c'est le gérant qui attrape son semestre de mise à l'ombre.

En 1892, ébauche de la future affaire des Trente... qui si bien réussit à M. le juge Meyer-*rre !* Rafle générale d'un tas de suspects, ensuite reconnus innocents (dont Grave) et relaxés seulement après un mois de prévention.

Depuis, chaque événement d'un certain genre aura, pour contre-coup, la descente de police rue Mouffetard ; les perquisitions ; la saisie du journal ; la main mise au collet du théoricien.

C'est six mois de prison, encore, pour un article sur la peur; c'est, le 1er janvier 1893, M. Touny venant, *sans mandat*, s'offrir ses étrennes administratives dans les papiers de l'ennemi; c'est le même, récidivant à date identique, en anniversaire, une année plus tard.

Une semaine après — pour les Rois, alors? — voici, de nouveau, Grave arrêté. A quel sujet? Il passe dix jours à Mazas sans le savoir. Enfin, on daigne l'en informer. C'est pour son livre : ce livre écrit à Sainte-Pélagie, publié QUELQUES ANNÉES AUPARAVANT ! Et malgré la belle fougue, la haute éloquence du défenseur *, c'est à deux ans de prison que se chiffre la peine.

On met Grave dans la section des condamnés de droit commun; revêtu de l'uniforme infamant; soumis au travail réglementaire; s'usant la peau des doigts à éplucher des noix de corrozo...

Mais la presse, sinon à l'unanimité, au moins d'une voix assez forte pour être entendue, protesta. Et il fut mis bon ordre à pareille ignominie.

Ensuite, Grave fit encore *huit mois de prévention*, pour le fameux procès des Trente, aboutissant à l'acquittement. Puis, la *Révolte*, encore débaptisée, devint les *Temps nouveaux*.

Telle est la carrière du militant.

.*.

Mais il reste à parler de son bagage.

Ses « loisirs » de seconde captivité, il les employa, dans sa cellule de Clairvaux, à écrire un deuxième volume : *La Société future*.

Ecoutez en quels termes un adversaire théorique,

---

* Émile de Saint-Auban.

M. Georges Renard, le lettré qui préside aux destins de la *Revue socialiste*, le bibliographe de la *Petite République*, écoutez en quels termes il exprime une opinion à laquelle rien ne se saurait ajouter :

« Quand je songe que ce livre a été écrit en prison, par un homme puni pour avoir osé dire toute sa pensée, je ne puis m'empêcher de rendre hommage à sa franchise et à son courage ; et quand je pense, par surcroît, que l'écrivain a été longtemps simple ouvrier cordonnier, je ne puis me défendre d'un sentiment de respect pour la somme de travail et d'intelligence que représente cet effort vers les hautes spéculations sociologiques. On peut, en effet, se dispenser de lire tout autre ouvrage, si l'on veut connaître les doctrines anarchistes : je n'en sais pas d'exposé plus habile, plus vigoureux, plus complet. »

Aujourd'hui, c'est un roman qu'apporte Jean Grave, un roman militaire: *La Grande Famille*, que je ne saurais juger, car il m'épouvante...

Mais la véhémence n'en est pas égoïste. Encore là, ce n'est ni le fruit de sa rancune, ni le cri de sa souffrance : seulement la notation d'un convaincu enregistrant les abus dont il fut le témoin, peut-être la victime, dans l'espoir d'en abréger l'intensité, la durée — et que toujours, servent au salut de tous, les maux de quelques-uns !

Simplicité-Sincérité. Je ne suis pas bien sûre que ce portrait ne me brouille avec Jean Grave, offusqué d'être révélé. Mais ce me sera, quand même, joie de l'avoir tracé, et l'une des fiertés de ma vie d'écrivain.

COINS DE BATAILLE

———

Pour Steinlen.

Laissons les « déclamateurs » à leurs vaines querelles, les fauteurs de désordre, les facteurs d'anarchie, les utopistes et les chimériques, les théoriciens et les philosophes, les subversifs et les frondeurs, toute la regrettable engeance dont l'ordre est troublé, dont s'affligent, à juste titre, les cervelets bien pensants.

Laissons la casuistique et la discussion, la phrase et la période, l'argument et la réplique, tout le fatras ou la sublimité du mot — viande creuse ! Rien n'est, en matière sociale, que le fait. Lui seul est l'arbitre ; départage les avis ; confirme ou dément ; établit, d'irréfutable sorte, où gît la vérité ; vers quel Nord est le pôle, vers quel Orient est l'aube !

Il est, à l'incertitude des consciences, ce que l'aiguille de la boussole est à l'hésitation du voyageur... à suivre sa tendance, à conclure de sa déduction, nulle erreur n'est possible, nul doute ne survit.

Allons-nous-en donc le chercher, ce talisman magique, au plus fort de la lutte sociale, dans le prosaïsme des quotidiennes réalités. Loin des rhéteurs, et même des précurseurs qui, à l'encontre de Jean Grave, ne font point de l'action la sœur du rêve, ne lient pas étroitement le geste au verbe et leur être à leur Idée ; très loin du vain bruit des syllabes, allons-nous-en, dans la grande bataille des appétits et des intérêts, quérir la clairvoyance, par la contemplation des résultats.

Ils sont la révélation suggestive et complète d'un antagonisme où le plus fort — aujourd'hui ! — s'obstine à accaparer tous les droits, laissant au plus faible tous les devoirs.

Et l'on juge de la mentalité d'une caste comme de la moralité d'une armée : en suivant ses traces... en dénombrant, hors du combat régulier, les inutiles victimes, les spoliations outrancières, les inhumaines dévastations, les hécatombes, et les incendies.

Il y avait sûrement d'honnêtes hommes, dont le cœur vibra de révolte, dont les tempes suèrent de honte, parmi les Bavarois assistant au sac de Bazeilles. La fatalité de l'Histoire toujours l'ignorera. Impassible, elle écrit au livre de mémoire : « L'armée bavaroise saccagea Bazeilles, mit le feu au village, massacra les habitants. »

Ainsi en est-il du patronat. Si impartial que l'on s'efforce d'être, le principe prime l'individu ; et l'on ne saurait distinguer, en ce qui est l'œuvre de la collectivité.

— Blessé, qui t'a meurtri ?
— Je ne sais. Celui qui forgea l'arme...

Cette forge-là a, pour enseigne, une toute petite

balance, gage d'équilibre; et un glaive formidable, menace de châtiment!

Il vaut mieux ne point parler des poids.

⁂

Et cependant si, parlons-en! Car ils jouent leur rôle dans le premier des faits dignes d'attention entre tous ceux que j'ai récemment notés.

Celui-ci n'est que pittoresque, instructif; il ne vise qu'une simple fraude : la bouchée de pain rognée, filoutée à la maigre pitance de fillettes gagnant trente sous par jour — pour onze heures de travail!

A tel compte, P..., fabricant de baleines, ne trouvant pas encore assez de bénéfice, imagina de payer aux pièces. Il pesait, à l'aller, au retour, la matière soit brute soit façonnée, n'ayant ainsi qu'à régler la main-d'œuvre.

Or, toujours, il y avait contestation, déchet, au détriment de l'ouvrière. Et, sous peine de renvoi, *défense de vérifier*.

L'une des jeunesses, plus dégourdie, un dimanche, en l'absence de son patron, chipa la masselotte. ELLE ÉTAIT BOURRÉE DE PLOMB; PESAIT SOIXANTE-CINQ GRAMMES — soit 6.50 pour cent de volé, par l'industriel, sur le salaire journalier de chacune; soit neuf centimes de perte, sur ces malheureux trente sous déjà si durs à acquérir!

P... a été condamné à dix jours de prison et vingt-cinq francs d'amende, pour falsification de poids. Hé! bien, mais, et l'escroquerie? N'était-elle donc pas assez caractérisée; ou les dupes en étaient-elles trop infimes, pour que point ne s'émût l'équité vengeresse du Parquet?

Mais ses foudres sommeillent, lorsqu'il s'agit seulement de ce pauvre troupeau!

Ainsi, les métallurgistes ont pour aides les piqueurs de sels. Qu'est-ce donc que cet étrange métier ? A quelle besogne correspond ce nom ?... Je vais vous le dire.

A l'user, il se dépose, dans les chaudières, une couche épaisse de chlorure de sodium (autrement dit de sel marin) qu'il faut attaquer à coups de marteau tranchant.

Les yeux en sont brûlés ; et aussi de l'âcre fumée que dégage la lampe. L'humidité, en hiver, glace le corps, gâte les poumons, mène à la phtisie ; tandis que la cuisson des paupières, et la quasi-asphyxie de l'appareil respiratoire, congestionnent affreusement le cerveau.

Un de ces damnés, un nommé Sabatier disait au confrère de *L'Ouvrier syndiqué*, de Marseille, à qui j'emprunte ces révélations :

— J'ai servi les maçons ; j'ai fait le cordier ; j'ai travaillé comme garçon charbonnier ; et maintenant je suis piqueur de sels. Eh ! bien, le plus dur que j'aie trouvé, de tous ces travaux, c'est assurément le garçon maçon ou manœuvre ; mais celui qui me fatigue davantage, qui m'affaiblit la poitrine, c'est le piquage des sels. Et, pourtant, je suis obligé de le faire, si mes frères veulent manger un morceau de pain.

Or, savez-vous quel est son âge, à ce malheureux ?... *Treize ou quatorze ans.*

Car (voilà l'horrible crime !) ce sont des enfants que l'on prend, que l'on utilise, pour ce travail meurtrier. L'ouverture de la machine est généralement trop restreinte pour la corpulence d'un adulte. Les chaudières munies de « vironts » transversaux empêchent l'homme de se rendre jusqu'au point indiqué. Alors, on prend des petits de douze ans — QUE L'ON CHOISIT MAIGRES !

. . . .

Après les lésées, les martyrs. Après les martyrs, les mortes.

C'est de quinze à vingt ans qu'elles disparaissent, les pauvres petites poudreuses de Limoges : celles qui diaprent les faïences en aile de papillon, y jettent les roses de leurs joues et l'éclat de leurs yeux.

La poudreuse (ainsi dénommée de ce qu'avec un tampon de ouate elle fixe, sur une feuille de décalque encore fraîche, les couleurs pulvérisées, ornementation de la vaisselle de luxe) touche 15 à 20 centimes de l'heure, *et ne dure guère que trois ans.* Entrée là vers quinze ans, quelques mois après, elle est atteinte ; et vers dix-huit ans — dix-neuf ans, les traînardes — elle s'en va mourir où elle peut, empoisonnée, pénétrée de sels de plomb jusqu'aux moelles !

En vain, on leur applique un masque sur la figure ; en vain, on les abreuve de lait ; bientôt elles ne sont plus que des squelettes, des vieilles ravagées par le mal. Et la souffrance les dévore, les déchire constamment... jusqu'à ce que la Camarde les achève !

C'est, pour le moins, le septième décès qui nous fait crier grâce, en quelques mois ; et aucune mesure énergique n'est intervenue — et, comme presque toujours, notre appel s'est perdu dans le vide, dans le désert, dans la profonde indifférence !

Il en est trépassé, comme cela, dix-sept ou dix-huit, récemment, à l'hôpital de Limoges. Deux autres ont expiré chez leurs parents. Et ni le Conseil d'hygiène, ni le Service des inspections n'ont prévenu le retour de pareils crimes. Ils ont laissé faire !...

Actuellement on chicane autour du dernier cadavre : seize ans ! L'inspecteur accusé de négligence, affirme en avoir référé quatre fois à l'Administration en deux mois : les 3, 10 et 17 novembre, puis le 1ᵉʳ décembre.

Que va répondre l'Administration ? Pendant la durée

de ces chinoiseries, s'empoisonnant à raison de quatre sous l'heure, d'autres enfants aspirent la mort...

Tandis que, vers la Somme, il est une fabrique de silice où, en quatre ans, quarante-deux ouvriers sont morts de phtisie, tant le genre de travail est meurtrier, par l'aspiration des poussières dont se désagrègent les poumons. Ceux qui m'en écrivaient disaient, dans l'immensité de leur désolation sans révolte : « Qu'on nous rende le servage ; « au moins le seigneur nous nourrira, car notre mort se- « rait une perte ! » Et ils me contaient les affres des six mille ouvriers de la région du Vimert : de Saint-Valéry, d'Escarbotin, de Fressenneville, de Wonicourt.

*
* *

Oui, c'est monstrueux, mais d'une monstruosité banale, courante, usagère, dont aucun ne s'inquiète plus que de raison.

Les casseuses de sucre sont vouées à la gastrite, à la phtisie ; blessées aux flancs par le port des boîtes, du cassoir à la basculeuse ; les ongles usés jusqu'au vif, les dents perdues, la poitrine creusée — qui s'en soucie ? Bien plus : quand elles ont essayé d'atténuer leur infortune, combien s'en est-il trouvé pour les soutenir ?

Les ouvrières en allumettes (fabrication de l'Etat) sont assurées à la nécrose, c'est-à-dire la mort des os... la plus épouvantable torture qui soit au monde ! Elles ont demandé qu'on employât un phosphore inoffensif, plutôt que celui qui leur inflige pareils supplices. Il leur a été répondu par un refus : CE SERAIT TROP CHER !

Devant ces choses, voyez-vous, la notion du mal et du bien légal s'efface dans les âmes ardentes ; pour n'y laisser subsister qu'une morale affranchie des conventions, puisant son appui dans la conscience et sa force dans le droit.

Une société qui permet, qui patronne de tels meurtres, au profit d'intérêts, est une société pourrie — laissez passer les porteurs de haches!

LA VÉRITÉ

Pour Edouard Conte.

Ayant des yeux pour ne point voir, des oreilles pour ne point entendre, ils l'ont lue et ne l'ont pas comprise, mon cher confrère, la page magistrale que, mardi 6 août, vous burinâtes dans l'*Echo de Paris*.

Sans quoi, ils n'entasseraient pas bourdes sur bourdes, inepties sur inepties ; en une incohérence où l'ignardise le dispute à l'affolement. Dans un même numéro de journal, la version de la seconde page dément absolument le thème du recto. Ce n'est, partout, que contradictions, obscurités, aberrations si pitoyables, si intéressées, ou si nigaudes, qu'on en demeure saisi.

Parfois, c'est roublardise... et ça n'en est pas plus malin ! Pourquoi biaiser ? Pourquoi mentir ? Pourquoi, adeptes ou adversaires, ne pas regarder la vérité en face, crânement ; et peut-être — qui sait ? — de s'être rencontrés dans une commune franchise, en venir à rechercher ensemble les moyens d'éviter la catastrophe ?

A ce jeu d'autruche, l'ancienne société risque sa peau.

Ce n'est pas que j'y tienne! Pour ce qu'elle vaut!

Mais je ne puis m'empêcher de songer aux innocents entraînés dans l'orbe des coupables, compromis dans les respousabilités, exposés aux éclaboussures! Et le devoir me semble de s'actionner à dégager la solution préservatrice, du moins quant à ceux-là.

Je ne suis pas, je ne saurais être une implacable — et l'air est chargé de tant de haines, et tant de menaces obscurcissent l'horizon! Autour des méchants, quel troupeau d'inconscients, d'irresponsables : d'êtres *qui ne savent pas !*

Voilà pourquoi je m'efforce (pauvre Cassandre inécoutée) à déchirer le voile, à démontrer le péril. Ce n'est pas moi qui le fais, ce n'est pas moi qui le crée; pas plus que le geste, le cri avertisseur, n'amoncellent l'obstacle ou ne creusent l'abîme. M'en vouloir serait sottise; ce que je dis, je le crois : JE LE VOIS!

Sors donc la tête du trou, vieux monde, ouvre grand les paupières! A envisager la situation, on risque moins qu'en cette attitude pleutre et poltronne — qui ne sauvera rien! Hier valait mieux qu'aujourd'hui; aujourd'hui vaut mieux que demain... attendras-tu donc qu'il soit trop tard?

.[.].

Oui : l'attentat de Decoux, à Aniche, est un attentat anarchiste.

Non : il ne résulte pas d'un complot.

Voilà bien le terrible, l'effrayant du problème qui se pose au seuil de l'autre siècle, babines gourmandes et griffes allongées.

Il est passé, comme l'ère des diligences, le temps des bonasses conspirations avec complices, mot de passe, lieu de rendez-vous... en foi de quoi l'on arrêtait une poignée de coupables, quelques naïfs, un fonctionnaire, un aubergiste, et un cocher.

Les derniers qu'on connut (même sous l'Empire!) furent machinés par la police pour compromettre des adversaires gênants. Les hommes de la Commune ne complotèrent ensuite qu'au bagne, pour s'évader. Et, depuis, la tradition est tombée dans le marasme, en désuétude ; la légende s'est perdue.

En vain le pouvoir a-t-il tenté de la galvaniser, de faire accroire à sa résurrection, lors de ce procès des Trente si piteusement avorté. Cela n'a pas pris, cela ne prendra plus. Car il n'y a pas affiliation, car il n'y a pas association, même point de conciliabules. Il y a « entente » — c'est-à-dire l'insaisissable !

Car elle ne se formule point. On se voit, on se connaît, on s'écrit, entre gens d'inclination identique, de rêves communs. Mais, devenues prudentes par l'enseignement du passé, la bouche ne prononce point, la main ne transcrit pas, fût-ce à l'endroit des parents les plus proches, des amis les plus chers.

Voyez plutôt la stupeur de ceux-ci, chaque fois que l' « isolé », arrivé à la maturité de son projet, le réalise. Personne ne savait... Personne ne se doutait...

« Bon ouvrier, très rangé, sobre, de caractère égal », dit-on de Clément Decoux, à l'usine Cail. « Il a déjeuné comme d'ordinaire, ni triste ni gai », ajoute un témoin. Et l'on a beau enquêter, perquisitionner — c'est partout même réponse, même résultat, même étonnement.

Quant à l'hypothèse de la vengeance personnelle, particulière, comment sérieusement l'admettre ?

D'abord, l'affiche apposée le matin et annonçant la reprise de tous les ouvriers, sans exception, annulait la cause du grief, en permettant au jeune homme de rentrer dans la mine. Ensuite, d'après la déposition même du fils Vuillemin, depuis des mois, presque seul à seul, d'homme à homme, à maintes reprises, Decoux avait eu l'occasion d'assouvir son individuelle rancune, de frapper le directeur.

Pourquoi ne l'a-t-il pas fait?

***

Précisément parce qu'il entendait donner à son acte une signification hors conteste; montrer, du choix de l'heure et du lieu, qu'il visait le Patronat dans son apothéose, le Capital dans une de ses manifestations les plus typiques et les mieux caractérisées.

Les faits sont les faits, de quelque façon qu'on les juge: voilà la stricte, la rigoureuse vérité.

Voilà aussi pourquoi l'acte de Clément Decoux est un acte anarchiste au premier chef, préparé, prémédité — sans aides et sans confidents.

Que faire contre cela?... Des textes? Il en existe. En pareille occurrence, à quoi servent-ils? Comment prévoir? Comment prévenir? Comment réprimer, alors que le coupable est, en même temps, l'holocauste?

On n'y peut rien! On y peut d'autant moins que ces manifestations meurtrières sont la traduction brutale et fugace, comme est l'éclair, d'un état d'âme plus répandu que ne se l'imaginent les puissants et les satisfaits. Quand bien même on rétablirait le régime de l'Inquisition, du Conseil des Dix, ou la Loi des suspects, ce serait peine perdue.

Une complicité tacite relie le monde de la misère à tout être qui s'inscrit, même criminellement, contre les causes de son mal. Il ne sera pas dénoncé *avant;* il ne sı pas dénoncé *après* — le flot gris se refermera, muet et profond, sur sa chute, sans en laisser trace ; favorisera son effort, entre deux eaux, vers la barque de l'évasion, vers le rivage de l'oubli !

On souffre trop, en bas. Si vous voulez enrayer tels faits, supprimer l' « entente » : diminuez la souffrance humaine !

AUX TEMPS BARBARES...

LES BIENFAITS DE LA CIVILISATION

Pour Henry Fèvre.

Un peuple est peuplade ; des hommes sont des sauvages ; à de certains jours, ils s'assemblent pour voir égorger un des leurs en grand pompe : offrande aux dieux, pourboire aux lois.

Ou régal. Car ils sont de mœurs simples ; estiment que tuer ne servirait à rien, si l'on n'en tirait bénéfice ; dînent de l'ennemi, et soupent de l'ancêtre. Leur estomac est caisse de retraite pour la vieillesse.

Quand un guerrier-laboureur, après une longue carrière de services rendus à la communauté, atteint l'âge de déchéance, ils ne l'abandonnent pas aux hasards d'une fin dégradante ; ne le livrent point, sans hutte, sans nourriture, à la risée des enfants, à la dent des chiens. Ou ils ne le jettent pas en captivité, pour le punir d'avoir usé ses forces à leur service ; d'être devenu faible et resté sans richesses.

Non : ils l'« utilisent ». Lui-même, après la période

de repos qui est sa récompense terrestre, sollicite qu'on délivre son âme (anxieuse aussi de recevoir le prix de ses vertus) des liens charnels — désormais pénibles, puisque sa main tremble, puisque ses yeux et ses jarrets sont las !

Il n'est plus bon ni à la reproduction, ni à la guerre, ni à la pêche, ni à la chasse... Que fait-il parmi les virils et les vigoureux ? L'y laisser végéter est même une humiliation cruelle ; ayant fait sa tâche, il a bien le droit de partir.

Puis, ronchonneur comme tous les vieillards (éternellement tournés vers le passé !) il songe que ses fils ne le valent certes pas ; que sa réincarnation en leurs fibres ravivera l'origine déjà éloignée ; leur remettra dans le cœur un peu de la vieille flamme dont ses veines sont pleines, sous le faix d'impuissance amassé par tant de saisons.

Cérémonieusement, l'aîné de sa lignée, son plus proche parent, le tue — ni par haine, ni par cupidité, remarquez ! Respectueusement, on le dépèce ; solennellement, on le mange, avec les voisins ; tandis que les musiques des sorciers célèbrent l'accès du juste aux joies célestes. Et tandis que, silencieusement, les digestions s'opèrent, parmi la fumée des calumets, chacun, dans le tourbillon bleu qui l'environne, voit passer la gloire du défunt, l'âme du délivré ; regarde se formuler son propre avenir.

. . . .

Quels sauvages ! Quels abrutis ! Ils ignorent tout ce qui est notre orgueil : l'agio, le Code, l'électorat, la guillotine ! Ils font travailler les captifs épargnés — mais ils les nourrissent ! Eux-mêmes subviennent à leurs besoins, échangeant le mutuel superflu pour compléter le nécessaire ; réparant les inégalités de la nature par le libre trafic de ce qu'ils lui arrachent; n'infligeant la souffrance à l'animal que par la prompte mort.

Ils sont si barbares que les coqs ignorent l'éperon d'acier des combats ; que les taureaux, chargés du seul accroissement des troupeaux, ignorent les banderilles ; que les rats, voisinant avec les chiens, ne servent qu'à la voirie, nettoient, des immondices et des pourritures, le campement familial !

Ils n'ont qu'un médecin par village (aussi, on y vit vieux!); des « chefs » au sens biblique du mot, pas d'état-major ; et ils riraient aux larmes, si on leur disait que, chez nous, des gens sont payés pour décider du bien ou du mal — pour punir.

Alors qu'ils ont des prêtres, ayant un idéal !

Chacun se suffit, tisse ses filets, construit ses barques, dresse ses appeaux, aiguise ses flèches, tend ses arcs. Le travail de chacun est à chacun ; nul ne songe à s'approprier celui du voisin, pour en tirer bénéfice... si abruptes, ils se figureraient commettre un vol !

Cependant, cette indépendance n'est pas égoïsme; on s'entr'aide, on est solidaire, d'une case à l'autre, contre le danger ou pour le mieux commun. Cela se reconnaît en nature : soit du même procédé, si l'occasion se présente ; soit d'un rayon de miel, d'une jarre d'huile, d'un couffin de fruits, d'une poignée de grains !

Comment des fils de Japhet, des Européens, des civilisés, supporteraient-ils pareille dénégation des lois humaines ; semblable offense à la morale reconnue ; tel défi à la suprématie du vieux monde? On ne peut abandonner des êtres à l'obscurantisme; il faut absolument ravir aux ténèbres leur proie — ouvrir un débouché... Ce sol est neuf, ces contrées sont riches. Colonisons, mes frères, civilisons !

∴

Civiliser ? Coloniser ? Mais où que l'on regarde, par ici, il ne fait pas très bon vivre, pour les amateurs de justice — j'entends la vraie ! — les rêveurs d'idéal, les partisans du Mieux, en l'âge du Pire... car le spectacle n'est pas beau !

En vain, les pitres de la politique, prônant leur onguent, nous viennent-ils célébrer les charmes de l'ère présente ; en vain, les charlatans, à grand renfort de caisse, proclament-ils la supériorité de la foire où ils siègent sur les foires antérieures, non agrémentées de leur présence, l'impression, pour le penseur, est pénible, quasi-douloureuse, avivée d'irritation.

C'est ça, leur progrès ! C'est ça, « leur siècle de lumière » ! C'est ça le *summum* atteint, de leurs désirs, de leurs espoirs ! C'est ça leur chimère saisie aux ailes, leur vision réalisée !

Les tristes sires ! Le mesquin rêve ! Et de quel droit ces satisfaits (à si bon compte !) viennent-ils entraver notre essor vers des cimes plus hautes, des buts plus lointains ?

S'ils se taisaient, s'ils avaient moins de faconde, l'humilité qui sied à la créature faillible, en quête du bien, déviant sans cesse vers le mal — atome perdu sur son grain de sable, en l'immensité des mondes, dans l'infini roulis de l'univers ! — il y aurait peut-être matière à extase, quant aux rapports de l'homme avec la matière, sa lente conquête des plus inaccessibles éléments.

Mais le propre de la pleutrerie triomphante est de vous rendre même l'équité haïssable, si, par mégarde, une ironie du sort, une distraction du hasard, l'a momentanément laissée s'égarer entre leurs mains.

Oui, certes, ils ne sont pas à dénier, les prodiges de la science ; mais quelle merveille morale est à constater? Les rares bienfaits que l'on vante sont nés uniquement de l'excédent des maux — la *Croix-Rouge* devenue indispensable par le perfectionnement de l'outillage à massacre, par l'accroissement du nombre des victimes, le développement fantastique de la tuerie ; les hospices, les asiles, suivant l'étiage de la misère, entraînés simplement à rejoindre son niveau.

On n'étouffe plus les enragés entre deux matelas, on ne lapide plus les aliénés, c'est vrai, ayant trouvé moyen de parfois les guérir. Et encore, quant aux fous, doit-il être stipulé quelques réserves... étant donnés les échos, qui, constamment, parviennent des cabanons.

Plus d'hygiène est entrée dans la vie publique ; on fait de l'eau, de l'air, un usage plus courant. Est-ce à dire que les âmes soient propres davantage ? Non. Mais l'hypocrisie entrée, ancrée dans les mœurs, elle aussi, permet de le prétendre.

A la vérité, nous sommes d'ignobles barbares, guère meilleurs, moins francs que la bête ancestrale — dont nous avons les vices, sans la vigueur, et les appétits sans l'estomac.

Paradoxe? Attendez !... Jetons un coup d'œil à la ronde sur le monde dit civilisé, soit en la douce Europe, soit en d'autres continents : et que chacun juge.

S'il est au monde un principe sacré, c'est le droit d'asile, que pratiqua l'Eglise, aux époques d'« obscurantisme ». Ne pas livrer le fugitif, cela semble tout simple ; ne point se faire les complices des sbires, les pourvoyeurs du bourreau ?

Le 5 septembre, deux Japonais se réfugient au consulat des Etats-Unis, à Shang-Haï. Ils sont remis aux Chinois ;

et décapités. Tandis qu'il est vrai, un peu plus tard, le brave petit Portugal acquittait, haut la main, ses deux commandants de navire, Castilho et Oliver, coupables d'avoir résisté aux sommations du vainqueur : gardé à bord, et transporté, à Rio de la Plata, des réfugiés brésiliens.

Mais que, pour un tel acte, ils soient passibles du conseil de guerre, n'est-ce point déjà trop ?

La France, elle — jadis mère des proscrits, refuge des opprimés, consolatrice du monde ! — la France, elle, n'y va pas par quatre chemins.

On se souvient de ses hésitations, quant à Parmeggiani ; de son arbitraire, quant à Lazareff ; de son empressement, quant à l'expulsion des cinq Polonais ; de son zèle pour offrir à la Troisième Section les papiers de feu Sawicki... compromettant, livrant là-bas tant de pauvres gens !

Or, voici la récidive : le dernier haut fait !

Un ouvrier italien nommé Turina, condamné politique en son pays, qui, depuis deux ans, travaille chez nous sans que sa conduite ait donné prise au moindre reproche, est soudain visé par un arrêté d'expulsion.

Se contente-t-on de le mettre dehors, droit contestable évidemment, au point de vue humain, mais absolu quant au système national ?... Du tout ! On le remet à la monarchie qu'il a combattue ; dont il a dû fuir les représailles. Si bien qu'il peut écrire à un ami, en toute exactitude, les lignes suivantes :

« On m'a sorti de ma cellule en disant que je devais partir pour l'Italie. Ce n'est donc pas l'expulsion, c'est une extradition. On me dit que je serai à Turin mardi. On pouvait dire au bagne de Porto-Erco, car, assurément, c'est là que va m'envoyer le gouvernement italien. Et je le devrai à la France, qui extrade les hommes politiques comme on ne ferait pas pour des condamnés de droit commun. »

Hélas, il dit vrai.

*
* *

Voilà pour ce que j'appellerai l'honneur, la loyauté, cette fleur de chevalerie dont jadis se targuaient les nations, avant que l'échange des suspects ne devînt trafic, dans la brocante de la peur.

Mais il y a pis, que ces négations du sens de la probité. Il y a l'acte honteux et vil, que l'on cache, mais que l'on commet ; la sauvagerie voulue, accomplie sciemment, en connaissance de cause, à l'encontre du plus minime scrupule de commisération.

En Espagne, ce sont ces anarchistes torturés dans leur cachot, en extraction d'aveu, avant que de subir la mort, comme aux beaux temps de l'Inquisition !

En Italie — où, cet hiver, à Sambucci, à Vivacori, à Artena, aux portes de Rome enfin, des populations ont vécu d'herbes arrachées d'entre les pierres — c'est Da Felice agonisant dans son *carcere duro* de Volterra ; plus un homme, plus un citoyen, plus un mandataire élu : le numéro 608, en habit de galérien, les moustaches rasées, épuisé par l'hémorragie et les privations !

Ceux-là sont des innocents. J'oserai cependant parler des « coupables ».

En même temps que je signalais les traitements infligés, en Afrique, à nos soldats punis, M. Gauthey (qui y passa) témoignait, dans l'*Intransigeant*, des faits atroces dont Biribi est le théâtre.

Lisez cela, vous qui parlez du « siècle de lumière » et des « progrès révolus » !... Ce n'est que famine, bastonnades, liens pénétrant dans les chairs, malheureux perdant la raison, sous l'action de la soif et l'ardeur du soleil!

Récemment, j'ai conté le supplice infligé à un disciplinaire de la 4ᵉ Compagnie, ligoté de telle sorte qu'il avait dû, ensuite, être transporté à l'hôpital *pour l'amputation des doigts.*

Et ceci n'est qu'un détail, un incident — les faits abondent, devant lesquels l'esprit s'arrête, épouvanté que votre fameuse civilisation en soit là, d'enfanter telle barbarie.

« Chédel criait. Le caporal Gally, sur l'ordre du sergent Michel, alla chercher une pierre et l'enfonça dans la bouche du patient ; puis, comme elle avait passé entre la joue et la gencive, il en renfonça une seconde à coups de poing... Le docteur Courtet ne put que constater le décès. »

Le 24 juin, c'était un nommé Lemaire qui avait subi le bâillon et la crapaudine. L'opération avait même servi d'apprentissage à Gally, Michel démontrant.

Le 16 juin, le capitaine P...... fait mettre à la crapaudine, et priver de nourriture pendant vingt-quatre heures, un pauvre diable du nom de Jacquet ; qu'ainsi ficelé, il cravache et frappe, au visage, d'un coup de soulier — devant deux Compagnies, vingt-huit kilos aux épaules, en armes, prêtes à partir.

Le lendemain, en ce même détachement, c'est le soldat Frey, mains liées en arrière, attelé par le cou à la queue d'un cheval de spahi, forcé de galoper pour suivre le trot de la bête.

A Batna, comme Fazille tombe, on le hisse, attaché, sur une prolonge... et il demeure près de quatre jours sans manger.

A Khenchela, enfin, but du voyage, l'existence des malheureux est telle qu'en un mois *onze hommes se sont enfuis*.

Ce chiffre ne manque pas d'éloquence.

D'ailleurs, voici un bilan qui, lui aussi, en dit long.

C'est le relevé des « tués », de 1891 à 1894 : Riefer, à Oran ; Mazoniller, à Blidah ; Delacour, dans les cellules de l'atelier de Travaux publics n° 1 (Cherchell), abattu par le revolver d'un surveillant ; Barbarin, *mort de faim*, au camp de Teniet-el-Had ; Sedille, fusillé au « jugé », dans le détachement de Tamlatt.

Et j'en passe ! Mondet, qui, pendant vingt-huit jours de cellule, mangea sept fois, et finit par y passer — encore au 3ᵉ Bataillon, celui du Kef, celui de Chédel ! Ferrand, acquitté au conseil pour « refus d'obéissance » au peloton de punition : son sac étant reconnu peser plus lourd que lui ! Dupollais, qui, d'avoir été jeté nu, en cellule, par un hiver terrible, dut subir l'amputation du pied droit : gelé ! Roux, mort de la crapaudine subie dehors, sous le soleil, par cinquante degrés ; les cordes arrosées d'eau POUR LES FAIRE RÉTRÉCIR. Rousseau, décédé à l'hôpital du Kef (encore un !) en suite de sévices infligés par un supérieur. Et, à Mencheria, le chasseur attaché la tête en bas, expédié ainsi ad patres !...

Dans l'instructif rapport, qu'a dressé M. Gauthey, témoin oculaire, il faut relever encore Blondin qui, à la barre, eut les pieds gelés ; Cailleux, assommé à coups de nerf de bœuf, tandis que lié en crapaudine ; Rey, après un jour d'exposition au soleil, à Teboursouk, devenu fou ; Henriette, trois mois, nuit et jour, aux fers ; Frevent et Dubrulle, punis de suspension de gamelle et des fers pour s'être présentés indûment comme malades — et rendant l'âme !

En fleuron au tout, Ben-Abou, chargé, à Aïna Sefra,

de « reprendre » les fuyards. Il en est à sa douzième tête coupée... et a reçu la Médaille militaire.

Rappelez-vous le considérant du verdict qui acquitta les bourreaux de Chédel.

« Attendu que les trois accusés ont agi suivant la » tradition du bataillon. »

Est-ce cela, le progrès, la mise en pratique du précepte, l'adoucissement des mœurs par la civilisation?

En est-il trace davantage aux Iles du Salut, où les évasions sont « préparées »; où des captifs, enduits de sucre, sont livrés aux fourmis par les surveillants; où encore le pavillon tricolore couve et couvre de pareils forfaits?

Tandis que l'Angleterre — la prude et impitoyable Angleterre! — est en train de se déshonorer par l'application du *hard labour* à Oscar Wilde : un misérable pervers, justiciable seulement du ridicule et du mépris.

*
* *

Mais tout ceci se passe en famille, entre nous. Sans doute n'en est-il pas de même envers le « sauvage » dont je parlais au début de cette étude : le sauvage vraiment pittoresque, digne d'estime puisqu'il défend son sol, ses usages, et ses dieux, contre l'étranger envahisseur? Car c'est nous les Prussiens, chez lui; et quand nous mettons le feu, symétriquement, aux quatre coins d'un village, nous brûlons Bazeilles...

Mais quoi! Ces gens refusent les bienfaits dont la philanthropie européenne s'obstine à les accabler : le guêpier de nos lois; la pourriture de nos conventions; la spoliation qui sert de base à notre système social; et tous les mensonges inscrits dans nos codes; et toutes les iniquités qui font faux poids dans toutes les balances — bien nommé, le fléau! — et toutes nos hypocrisies, d'autant impudiques, comme nos vices, qu'elles font semblant d'être vêtues !

Ah ! oui, un fier cadeau !

Et comme on comprend qu'ils le repoussent avec horreur, ces sortes de singes féroces, plus près de l'humanité, peut-être, que nous !

Peut-être ?... Sûrement !

Behanzin, cet illettré, est loin d'avoir sur la conscience les trente mille massacrés du père Thiers, cet érudit. Et je ne sache pas, quelle que soit l'ingéniosité des supplices perpétrés par ces barbares, qu'aucun ait atteint le degré de raffinement imaginé par le très honoré commandant Mattei — ex-agent consulaire de France à Brass ; ex-agent général de la Compagnie française de l'Afrique équatoriale ; hier, commissaire du gouvernement près le conseil de guerre de Grenoble ; aujourd'hui, rapporteur près le conseil de guerre de Paris.

Son rêve ? Oh ! peu de chose ! Mais, c'est si joli !

Comme ces nègres sont des sauvages incultes et cruels, de misérables brutes, un peu moins lucides, un peu moins intellectuels que les gorilles de leurs forêts, il est bon de les conquérir doucement, de les capter, de les gagner à la cause sainte de la civilisation. En conséquence, M. le commandant Mattei est l'auteur d'un appareil militaire destiné à les asperger de vitriol !...

N'est-ce pas que c'est une belle idée, et humaine, et délicate, et admirable de tous points ? N'est-ce pas qu'elle semble une aigrette au bonnet de Marianne ; une branche en fleurs dans la gueule des fusils ; une cocarde au front du drapeau ? N'est-ce pas qu'il sonne bien, ce projet, dans le pays de Vincent de Paul et de Hugo, des cléments et des généreux ?

Et l'on nous donne des détails ! Le tube projecteur aura quatre ou cinq mètres de développement ; le ressort à boudin lancera le liquide corrosif, en pluie impalpable, jusqu'à vingt-huit ou trente mètres de distance ; le principe sera le même que celui des pulvérisateurs à parfums !

Enfin, écoutez ce mot délicieux : « Le vitriol fera » merveille sur les peaux nues. » Je te crois ! — pardon, je vous crois, mon commandant — qu'il fera merveille ; et que tout ce bois d'ébène grincera, gémira, grésillera sous cette infernale ondée ; et qu'il y aura des yeux brûlés, des chairs calcinées, des os mis à nu ! Mais savez-vous qu'elle est tout à fait gentille, votre machinette, inventif militaire ? Et que Néron, qui passa cependant pour un maître-ès-torture, n'était, auprès de vous, qu'un clampin, un « bleu », un conscrit !

Le chancelier Leist lui-même, dont les exploits révélés consternèrent tantôt l'Allemagne, n'avait pas prévu celle-là !...

Et cependant, à l'instar de certains explorateurs anglais que dut renier la Métropole, tout ce que la tyrannie peut enfanter de cruels raffinements, tout ce que la perversité d'un être peut imaginer de supplices, il l'a infligé aux pauvres noirs placés sous sa garde, à l'ombre du drapeau allemand.

Ce ne sont que villages incendiés ; aïeules décapitées ; prisonniers laissés mourir de faim ; blessés déposés au soleil jusqu'à pullulement des vers dans leurs plaies ; femmes violées, puis fouettées publiquement devant des soldats indigènes — leurs maris ! Ecoutez un des propos de table de l'assesseur Wehlau : « Les soldats prenaient plaisir à leur arracher la peau du crâne ; ils faisaient, à la mâchoire inférieure, une entaille, avec un couteau, puis, saisissant la peau *avec les dents,* ils dénudaient tout le visage et la tête. » D'autres captifs furent dépecés à coups de couteau, lentement. Aussi, l'insurrection éclata, formidable. Mais soutenus par le *Nachtigal* et le *Soden*, les « civilisateurs » en eurent raison.

Alors, tout fut pendu...

Je puise ces détails dans la *Freie Bühne*, journal allemand. Et je pense combien il est heureux, pour les natifs de Cameroun, d'avoir enfin connu les bienfaits inappréciables de la civilisation — cette civilisation dont la postérité, établissant notre bilan, parlera à peu près dans les termes que nous employons vis-à-vis des Huns d'Attila ou des Nègres de Dinah-Salifou.

L'AVENIR DU BON DÉFENSEUR

Pour Léon Maes,
du Cri du Peuple.

Quelqu'un a-t-il gardé mémoire de l'affaire Duval ? C'est bien vieux ; presque dix ans ! Sauf un homme qui peine au bagne, sous la trique des chiourmes ; sauf une femme qui pleure son homme, nul ne saurait se souvenir de si lointaines choses.

C'était au début de l'anarchie ; alors que la théorie n'en était même point philosophiquement admise ; alors que la violence et la fréquence de ses actes, par leur excès même forçant l'attention, n'avaient encore incité personne à réfléchir, donc à discuter. Les doctrinaires apparaissaient comme de vagues fauves, bêtes du Gévaudan ou de l'Apocalypse, se repaissant le plus volontiers de chair humaine — et nul, dans les milieux bourgeois, qui n'eût préféré Lacenaire à Kropotkine, Troppmann à Elisée Reclus ; en survivant rassuré quant au crime de la veille, autrement soucieux des surprises du lendemain !

Les communards en semblaient de tout doux petits

agneaux... d'ailleurs, pas mal déjà accédaient au pouvoir. Les autres étaient candidats.

Tandis que cette engeance, répudiée même du socialisme — ainsi ! — rebelle, sacrilège jusqu'envers l'urne sainte du suffrage universel ! Les autres, on savait comment les prendre ; et de quelle sorte, en combien de temps, suivant quelles règles déterminées, s'accomplirait l'évolution.

Non qu'ils reculent. Mais parce que la marche ascendante du progrès ne s'arrête point de ce que l'être, ou sa génération, ont atteint le terminus de leur carrière intellectuelle ; demeurent enlizés dans les ans révolus ; immobilisés d'impuissance. Lui, devancé, soutenu, suivi par les jeunes et les valides, a tôt fait de dépasser ce qui semblait jadis le *summum* des audaces, le comble des *désiderata*. Et, ainsi, des gens semblent être revenus sur leurs pas, qui seulement n'ont pu suivre ; traînards dès longtemps distancés, qu'on reconnaît encore, en tournant la tête ; puis qu'on entrevoit ; puis qu'on devine... puis que quelques enjambées encore font perdre de vue, abolis désormais dans l'oubli, avant que le trépas !

Mais ceux-ci, que voulaient-ils, si épouvantablement précurseurs que leur époque ne suffirait pas à atteindre la première étape de leur rêve — et que, cependant, ils se vouaient (sans même le mirage de l'approche) à cette chimère farouche, invisible, inaccessible, sphynx gardant la porte des Edens pressentis ?

On n'avait pas eu le procès des Trente, prétexte à conférence contradictoire obligeamment fourni par un pouvoir malintentionné, mais naïf ; Grave n'avait pas publié cette série d'études que quelques-uns, fiers juges en la matière, ont pu qualifier d'admirables ; Sébastien Faure n'avait pas écrit sa *Douleur universelle*...

Ce fut alors, en cette ombre, en ce chaos, que Clément Duval commit son crime : s'introduisit pour voler, afin d'alimenter la propagande, dans l'hôtel inhabité de madame Madeleine Lemaire ; vola, en effet ; incendia ensuite, dans le but de faire disparaître toutes traces d'effraction, de demeurer indemne et libre... puis, poursuivi par l'agent Rossignol, défendit sa liberté, à coups de couteau dans la peau de l'adversaire.

*
* *

Quelle que soit la hardiesse de mes vues, j'avoue ne pas raffoler de ce genre d'exploits.

Ceci dit, il me sera permis d'établir, cependant, une distinction entre celui qui, pour la diffusion d'idées qu'il estime supérieures, et préférables à son propre honneur, dispose du bien d'autrui, entre celui-là, et le carottier qui se l'adjuge, tout simplement. Sur son butin — considérable — Duval (ceci fut établi au procès) garda trois ou quatre francs ; et expédia le reste on ne sait où.

Mais parlons de Rossignol, le courageux chien de garde de la société, qui, tandis que son meurtrier passait aux assises, encourait un verdict capital, puis, peine commuée, cinglait vers Cayenne, parlons de Rossignol qui gisait dans son lit, poitrine trouée, perdant tout son sang, en danger de mort...

Le préfet s'en alla le voir, d'autres autorités aussi. Des personnes enthousiastes envoyèrent leur obole, afin qu'il pût goûter quelques douceurs.

Les journaux illustrés publièrent son portrait, de face, de trois quarts, et de profil ; l'humble presse quotidienne, matin et soir, donna aux Parisiens, à la France entière, comme s'il s'agissait d'un roi, ou d'un immortel génie, le bulletin de santé du héros.

On raconta sa vie, son origine; on cita ses traits de ruse et de bravoure; une complainte fut rimée à sa gloire — il reçut des félicitations sans nombre et des encouragements hors pair.

J'ai gardé quelques-unes des feuilles en question; et ce m'est plaisir, aujourd'hui, de les consulter.

Quel élan! Quelle émotion! Quel faste d'épithètes, quels trémolos dans l'accent! En peu de circonstances, le journalisme se montra aussi unanime, pour la louange, l'intérêt, et l'attendrissement.

Quant à l'Administration, c'était une mère pour Lui! Elle le couvait, le réchauffait, le dorlotait, le bichonnait; en pleurs dès que le médecin hochait la tête, en joie lorsque la fièvre baissait.

Ce Rossignol!... Quel agent! Quel serviteur! Quel soldat! Il avait sauvé l'ordre, à lui tout seul; et jamais son pareil ne se retrouverait! On lui devait de la reconnaissance; on lui devait de l'estime; on lui devait de l'admiration! Ah! si le ciel voulait qu'il en réchappât, en voilà un envers qui la société saurait payer sa dette, et dont l'avenir était assuré!

A vrai dire, le pauvre diable ne l'avait pas volé. Son métier, il l'avait exercé en conscience; son devoir professionnel, il l'avait rempli avec une rare intrépidité, une ténacité rare. Pour quinze ou dix-huit cents francs par an, empocher de pareils atouts — et courir encore après la distribution; et se cramponner au distributeur, comme il l'avait fait! — ce n'est pas se terrer en une sinécure : ce n'est ni d'un lâche, ni d'un feignant!

De la fonction, en soi, on pense ce qu'on veut; mais il est bien certain qu'en la circonstance l'homme avait amplement mérité de qui le payait — si peu ! — de ses chefs, et du vieil ordre social.

.˙.

Laissez-moi rire... et m'extasier un brin, à mon tour, comme le grand Bossuet, sur la mobilité des choses d'ici-bas.

En suite de je ne sais quelle révolution de palais, Rossignol, le chéri d'antan, fut compris dans les mesures de disgrâce, évincé, rejeté : on pourrait presque dire renié.

Philosophe (en ayant tant vu !), il s'en alla vivoter de sa retraite sur les bords de la Marne, vers Nogent ; dans une péniche où il installa un bout de cabaret, et un *Musée criminel* composé de souvenirs recueillis par lui au cours de ses pérégrinations judiciaires.

Ici, une parenthèse intervient. Je suis très de l'avis des confrères, proclamant qu'une police suffit — oh ! oui ! — et qu'il est bon, qu'il est sain, de garantir la sécurité des citoyens contre les entreprises d'ex-policiers peu délicats et demeurés corporativement documentés.

Mais, à côté de cela, il n'est pas un préfet, il n'est pas un juge d'instruction, il n'est pas un chef de la Sûreté, qui n'ait gardé des bricoles sans importance, provenant des causes célèbres auxquelles il fût mêlé ! Pense-t-on à les en inquiéter ? Que nenni ! Ce sont de bien trop gros personnages pour qu'on s'y hasarde.

Tandis qu'un « héros » en disponibilité !... Si quiconque s'imagine que cette chicane ne cachait pas autre chose, et que c'est pour la sauvegarde d'intérêts particuliers qu'on a mobilisé le personnel ; perquisitionné chez Rossignol ; tout mis sens dessus dessous à bord de son bateau ; et brisé ensuite les scellés qui défendent de rien introduire ou de rien soustraire pouvant être préjudiciable au propriétaire des objets saisis — si quiconque s'imagine cela, il est encore ingénu !

De même pour les procès intentés par les portraicturés : ça les prend sur le tard !

On cherchait au nid la pie envolée, voilà le vrai ; quelque oiseau jacasseur particulièrement désagréable à l'Administration, de mère devenue marâtre avec furie...

Le démêlé, pour beaucoup de raisons, n'a rien qui me passionne. Mais il comporte une moralité, dont le sens plaisant ne me chagrine point à faire ressortir.

Cet homme a consacré sa jeunesse, sa force, son activité, son courage, à défendre le régime présent, soit économique, soit politique. Pour un salaire dérisoire, il a vingt fois joué ses os ; dont une, entre toutes, mémorables, où la guérison ne lui assurait pas la santé — si les anarchistes, peut-être plus généreux qu'on ne se l'imagine, n'avaient tenu, eux, pour acquit de la dette, tout le sang versé...

Et, voilà qu'après l'avoir congédié, on le traite en suspect, quasi en malfaiteur ; qu'on le menace ; qu'on lui jette aux jambes tous les embarras, tous les ennuis possibles à fomenter ; qu'on s'acharne à le ruiner, à l'affamer !

Ceci est un symbole, ceci est un exemple, et d'enseignement précieux. Que le méditent ceux qu'il concerne : ils y puiseront le commencement de la sagesse, qui est l'absence d'illusions.

Moi, je n'en puis que sourire — et savourer la douce ironie...

LOT DE COUPABLES

Pour Frantz Jourdain.

Les gens que le soleil gêne, qu'incommode l'évidence de sa clarté, reprochent à la cigale la monotonie de son refrain. Ils ne comprennent pas qu'elle est la voix chantante du rayon; que tant qu'une flèche d'or viendra piquer la terre, on entendra cette vibration stridente et triomphale, parmi la symphonie en vert mineur des oliviers.

Eh! bien, cette résultante, ce *la* de diapason, si joyeux au pays des roses, si carillonnant sous le ciel de Provence, je le donne, hélas, mélancolique et sempiternel, dans la contrée de misère dont mon verbe traduit les plaintes, les soupirs, les douloureuses clameurs !

Ma volonté n'y est presque plus pour rien — je ne saurais faire autrement. Je suis à jamais l'écho de ces infortunes; et qui souhaiterait qu'on se taise là-dessus n'a qu'à tourner son effort contre la cause première, remonter à la source; tuer l'autour dans son œuf, le mal dans son germe ; essayer d'atténuer ou d'abolir l'humaine détresse.

Tant que cela ne sera pas fait, tant que le pain sera refusé à la bouche des pauvres ; tant que l'outil sera mis aux mains du travailleur comme la pioche aux mains de l'esclave, sous le fouet du besoin, sous le knout de la nécessité ; tant que les nouveau-nés mourront faute de lait, que les vieux usés à la tâche mourront faute de soupe, qu'un estropié, qu'un infirme, qu'un malade, n'aura pas, DE DROIT, sa part taillée à la miche commune ; tant que les veuves, les filles-mères, les orphelines, les femmes du peuple enfin, se tueront à la peine sans pouvoir vivre du salaire ; tant que les juges décideront contre la justice ; tant que les Pharisiens recloueront Jésus à tous les arbres de la route ; tant que la loi de fraternité ne régnera pas sur le monde, je resterai, suivant le vers du poète :

La voix qui dit : « Malheur ! » la bouche qui dit : « Non ! »

« Malheur ! » je le crierai quelquefois railleusement, quand l'ironie l'emportera sur la colère ; quand nos Vespasiens seront trop grotesques ou nos Néronicules trop cabots. Et « Non ! », quelle qu'en soit l'intonation, ne me coûtera guère à répéter — c'est le premier mot que j'ai su dire !

D'ici à ce que mon idéal soit atteint, hélas, j'ai de la malédiction sur la planche ! Peut-être même mes pauvres os blanchis serviront-ils de jouets aux petits enfants, sur le bord des routes, avant que soit de loin entrevue cette Terre promise des misérables... Qu'importe cela, puisque nous y marchons ! Est-ce motif, parce que nous ne serons probablement pas des favorisés, pour restreindre égoïstement notre effort, ralentir notre élan ? Bien au contraire ! Mettons les étapes doubles, dépensons-nous tout, sans compter, afin d'accélérer la marche de la colonne ; que ce Purgatoire soit vite franchi, que ce Calvaire soit vite gravi... et d'économiser nos peines au moins à une génération !

.·.

Mais, avant, il faut démolir le vieux monde. Et, pour cela, rien ne vaut comme d'en signaler les vices ; d'en démontrer les tares ; d'en dénoncer les forfaits. Tandis que d'autres, plus savants, élaborent, échafaudent, la société de demain (plans que, peut-être, le destin renversera d'un coup d'aile), moi, je me suis attelée à cette besogne de destruction — souris patiente qui va, vient, à sa guise, grignote par-ci, ronge par-là ; sape l'antique carcasse, de tout le courage de ses menues griffes, de ses frêles crocs.

Le labeur est monotone ; voilà pourquoi je rôde si souvent par le prétoire, la caserne, ou l'usine, trouvant toujours un feuillet du Code ou du règlement à portée de mon museau. Il y a des pièges... mais c'est pour les gros rats !

Ainsi, j'ai, par des faits (la meilleure de toutes les démonstrations), indiqué les moisissures de la loi ; à quel point les balances étaient vétustes et les poids rouillés — quand ils ne sont pas faussés !

Aujourd'hui, ce n'est pas à sa décrépitude, mais à sa cruauté qu'on va s'en prendre : au glaive demeuré, lui, intact et plus tranchant que jamais. Et, loin d'être l'arme noble de l'archange, il est l'arme servile du roi Midas... bien plus implacable à qui attente au principe de propriété qu'au principe de vie ; à l'argent qu'à l'existence !

Entendons-nous, pourtant : je parle des petits voleurs. C'est, qu'en effet, voler pour sa faim est autrement redoutable que voler pour son luxe. Derrière ceci, il n'est que les convoitises d'une « élite »; derrière cela, il y a les appétits de toute une foule — les affamés aux yeux ardents, ruminant leurs rancunes pour assouvir leur fringale!

Voilà pourquoi la loi est si dure à ces coupables qui sont des victimes; pourquoi elle réprimande le vol d'un million et châtie le vol d'un sou; pourquoi le taux de la peine est en raison inverse de la somme du délit.

En voulez-vous des preuves? Je les prends à poignée, dans les journaux judiciaires.

En juillet 1893, un vieillard de soixante-dix ans, un vieux travailleur fourbu, hors de service, avait dérobé, dans un champ, *trois carottes et un chou*. Il avait faim; se fit une soupe... puis alla se constituer prisonnier. Il comparut devant le tribunal de Pontoise, qui le condamna à DIX MOIS DE PRISON. Dix mois, vous avez bien lu!

Le lendemain, jour de la Fête nationale — la voilà bien, l'émancipation du citoyen! — un nommé Jean-Pierre Suty, sa femme, et ses enfants, mouraient de famine, dans un taudis de la rue Malor, à Puteaux. A bout de résistance, le père sortit, s'en alla, par la campagne, déterrer quelques légumes, pour que sa nichée ne crevât pas tout à fait. Les gendarmes l'arrêtèrent, l'enfermèrent, sanglotant et désespéré (il pensait aux siens!) dans la chambre de sûreté. Il s'y pendit: on le décrocha. On lui fit promettre de ne pas recommencer; j'ignore ce qu'il est devenu.

Mais enfin, des poireaux, des navets, représentent encore l'intérêt d'un travail, le résultat d'un labeur.

Attendez... voici mieux!

Encore un vieillard de soixante-dix ans, sans travail, sans pain, sans gîte, qui vient d'être frappé d'une amende — ô ironie ! — c'est-à-dire de prison, par le tribunal de Troyes. Ce qu'il avait fait? Il avait *ramassé un peu de crottin sur la route.* Or, de par un arrêté du maire, M. Delaunay, il est interdit de toucher aux ordures de la ville, lesquelles appartiennent à l'entrepreneur de la voirie, M. Denizot.

Et ce pauvre vieux a comparu en justice, a été condamné comme voleur, pour avoir détourné peut-être la valeur d'une pelletée de fumier!...

Cette année, c'étaient de pauvres hères inconnus les uns aux autres, réunis seulement par l'identité du délit, qui faisaient treille au banc des accusés — prévenus d'avoir maraudé quelque verdure au long des échalas.

Il y avait une pauvre femme de cinquante-trois ans, la mère D....., négociante en mouron pour les petits oiseaux, et herbages pour les petits lapins ; il y avait un ancien caissier, Alfred B....., sans place pour le moment, et préférant recourir à cette rustique ressource, que dévaliser ses concitoyens noctambules ou pochards ; il y avait Sylvain P........, à la recherche aussi d'une position sociale, « extra » sans emploi.

Dépourvus d'antécédents judiciaires, ils protestaient de l'innocuité de leur geste : qu'ils avaient cueilli « dans les haies ». Mais le garde champêtre de Montreuil, mais le garde champêtre de Bezons, mais le garde champêtre de je ne sais plus où, pour le dernier, affirmaient le contraire. Comment douter de la parole d'un fonctionnaire, d'un homme qui porte plaque et baudrier ?

Le tribunal n'a pas connu l'hésitation : il a fait, à chacun, son petit cadeau.

Un mois de prison à la vieille ;
Quinze jours de prison au comptable ;
Quinze jours de prison au limonadier ;
Sans application de la loi Bérenger.

Cependant, voici trois autres verdicts.

Les sieurs P........, père et fils, agents de la Compagnie « La Retraite pour tous », avaient escroqué à plus de cinquante prêtres du diocèse de Lyon, desservants de village, pour la plupart, leurs maigres économies. Les juges de Montbrison, indulgents à cette vaste filouterie, ont alloué un an de détention au père, et huit mois au fils. Dame, ces messieurs opéraient en grand !

Les mêmes magistrats ont condamné à *quinze jours de prison*, et cent francs d'amende, les époux Néel, qui, depuis VINGT-CINQ ANNÉES, séquestraient et suppliciaient une pauvre fille issue du premier lit. C'est pour rien !

Enfin, le tribunal correctionnel (toujours de Montbrison) — et pourquoi le tribunal correctionnel en semblable affaire ? — a puni de quinze jours de prison l'aimable incartade des jeunes gens de Saint-Etienne-le-Mollard, qui, après avoir roué de coups Pierre Bernard, l'ont enduit de pétrole et brûlé vif. Il n'en est même pas mort de suite, le malheureux ! Il a agonisé, depuis, dans des souffrances atroces ; son état est désespéré : il va mourir.

Quinze jours de prison, pour avoir fait cela ! Si c'étaient des grévistes qui eussent accompli cet acte sauvage envers un patron, un contremaître, ce serait le bagne, peut-être l'échafaud !

Je ne regrette pas l'indulgence de la cour de Montbrison envers ces brutes... mais alors pourquoi cette sévérité à Pontoise, à Puteaux, à Troyes, envers ce trio d'affamés ?

Est-ce donc, comme je l'ai dit, parce que la Faim leur fait peur ?

ET LE CHAR DU 200ᵉ ?

Lorsqu'il a fait monter la rente d'un centime,
  Le soldat peut mourir content ;
Car il faut qu'on s'amuse et qu'on chante et qu'on
  Car il faut que les Turcarets   [rie;
Battent monnaie avec les deuils de la Patrie,
  Quittes à déguerpir après ;
Il faut que tel gaillard aux gestes hypocrites
  Pris au piège des concordats
Puisse, un de ces matins, liquider ses faillites
  Avec le sang de nos soldats !

                              CLOVIS HUGUES.

(*Les Jours de combat.*)

Lui seul manquait, à ce défilé de Carnaval, le char du 200ᵉ... et c'était vraiment dommage !

Car s'il n'y avait qu'à sourire des grâces de la cavalcade, du bel ordonnancement des chars, de la joliesse des atours, du pittoresque décor, enrubanné de serpentins, pointillé de confettis — et du peu qu'il faut à cette foule pour être prise aux pipeaux de l'amusette, distraite de ses soucis, écartée de ses idées, détournée de ses droits ! — s'il n'y avait qu'à sourire de cette apothéose de la matière, parmi l'émerveillement des badauds accourus, j'avoue qu'un malaise, fait de surprise et de honte, m'a poigné l'âme, quand est survenu le char dit Colonial.

Tous l'ont vu, ou à peu près, compléter l'exhibition des victimes — entre les moutons prédestinés au boucher et le bœuf qu'attend l'abattoir ; entre le porc triomphal, symbolique, et les agneaux combien encore symboliques davantage, si de notoriété moins souveraine, de gloire plus éclipsée !

Tout en haut, théâtralement groupés à l'ombre du drapeau tricolore, un marin, un zouave, un marsouin, se tenaient enlacés, ou saluaient militairement le public. Au dessous, un orchestre de cuivre trombonait (dans l'air déjà troublé des fanfares de l'avant, des sonneries de l'arrière) une *Marseillaise* dont la cacophonie ambiante faisait un hymne de foire, désolant et brutal.

C'était à crier !

Non que les organisateurs eussent commis quelque faute de goût, dans la réalisation de leur fantaisie. Aussi bien que possible, même, la chose se présentait. Mais, sous les pieds des chevaux, sous les roues du véhicule, en masse les souvenirs se levaient... sinistres dans le tumulte des saturnales, voilant d'ombre le ciel embué de rumeurs !

*
* *

Le char colonial ! Y a-t-on bien pensé ? Avant que de célébrer ces mortelles aventures, a-t-on songé à soupeser ce que chacune avait bien pu rapporter d'honneur et de profits, auprès des sacrifices d'or et de sang par la même coûtés ?

Est-ce la Tunisie qu'on entend rappeler ?... Sur cinquante mille soldats, dix-huit mille y restèrent ; morts, la plupart, de fièvre typhoïde, de congestion, de soif, souvent de fatigue — ou suppliciés par les Kroumirs ! On doit lire, là-dessus, pour savoir ce qui se passa dans les hôpitaux militaires, le rapport du docteur Lereboullet. Il est concluant, quant à la portée du mal, quant à l'étendue du charnier.

Mais il y germa de si rapides fortunes, de si magiques opérations ! Et tant s'en engraissèrent, qu'on avait connus faméliques, gueux comme des rats, efflanqués comme des loups !

Est-ce le Tonkin qu'on prétend glorifier?... S'il s'y cueillit des palmes, rapportez-vous en donc à celui qui, le plus, en moissonna; dont le cercueil en fut tout jonché : à l'amiral Courbet — et relisez ses lettres ! Ce n'était, celui-là, ni un révolté, ni un raisonneur ; et il avait d'autant mérite à accomplir son devoir qu'il l'accomplissait sans illusion.

Reprenez aussi tous les récits du martyre de notre armée, décimée par le typhus, les fièvres paludéennes, le choléra, les pirates ! Ce n'est que malades crevant comme des chiens dans les rizières ; ce n'est que mutilés retrouvés au bord des routes, si abominablement défigurés, dépecés, que leur frère lui-même ne les reconnaîtrait pas !...

Mais qu'importe ces fléaux, ces souffrances, si les intérêts spéculateurs y trouvent quand même leur compte ; si la chair, la bonne chair de France, est engrais à la prospérité des financiers? Le jour où fut connu le désastre de Lang-Son, rappelez-vous : la Bourse monta ! Et qui veut savoir, aujourd'hui, n'a qu'à suivre attentivement toute enquête relative à la campagne d'Indo-Chine — il sera vite édifié !

S'agit-il donc de Madagascar ?... Vraiment, ce serait ironie ; car le scandale est d'hier. Et, de la brousse, là-bas ; du cimetière de Majunga ; des mers où les vaisseaux rapatrieurs ont laissé, par la semée de cadavres, un sillage de requins ; des hôpitaux de Port-Saïd, d'Alger, de Marseille, de Toulon, des spectres se lèveraient — protestant contre la glorification d'une opération financière qui fit des victimes sans permettre des héros.

On ne les avait pas envoyés au feu, mais au miasme ! Ils tombèrent comme des mouches, admirables seulement de résignation, de persévérance ; sans connaître la joie du combat... frustrés même des lauriers, ces soldats partis en vainqueurs sous des arcs-de-triomphe, et périssant de la colique, dans la boue, sans abri, sans linge, sans médicaments !

Mais tant de fils d'or sont déjà mis en quenouille après les croix des ossuaires, après les hampes des drapeaux !

*
* *

Que l'on se souvienne donc ! Le corps expéditionnaire était de quinze mille hommes : *trois mille* seulement arrivèrent à Tananarive. L'effectif était de deux mille cinq cents hommes, pour ce 200ᵉ de ligne qui partit si pimpant de la caserne de la Pépinière, mitraillé de bouquets, escorté de gamins :

Tambours, clairons, musique en tête !

Après, on sut qu'au camp de Sathonay, il avait trinqué avec le Président ; puis qu'il s'était embarqué, faraud toujours, parmi les acclamations, les mouchoirs agités, les baisers jetés. Vogue, soldat, vers la gloire !

Un jour, on apprit le décès du colonel Gillon. Par blessure? Non : de la dysenterie. Un autre jour, on apprit que le 200ᵉ était fondu. De quoi? Dans un guet-apens, une embuscade? Non : petit à petit, comme l'oiseau fait son nid — d'avoir porté trente kilos sur le dos, pour des marches de trente-cinq kilomètres (voir le rapport du docteur Lémure, témoin oculaire) ; d'avoir remué, pour y tracer son chemin, un sol méphitique ; d'avoir manqué de vivres, d'eau, d'habits, de quinine.

Mort la pioche en main... en terrassier !

Si bien que le 4 janvier, au matin, dans la cour des Invalides, pour la remise du drapeau, ils étaient douze survivants, officiers et sous-officiers, Des soldats, il n'en est plus guère — si même il en est encore !

. . . .

Voilà ce qu'il faut dire à la foule, pour lui faire voir clair en ces louches entreprises ; pour lui faire comprendre que, trop longtemps exploitée, elle ne doit point, par surcroît, demeurer dupe ; pour lui faire entrer dans le cerveau la notion de la servitude et, dans le cœur, l'horreur de la guerre, de toutes les guerres — y compris et plus encore de la guerre coloniale, prétexte à coups de Banque, à coups de Bourse, à coups de surin dans le dos du populo !

Telle est la vérité. Et qu'après semblables leçons, pareils exemples, si grand deuil planant sur le pays de France, il se pût évoquer, par la réclame d'une effigie, toutes les légions de Varus : la pâle cohorte des fantômes, nos frères, nos fils, trépassés là-bas pour l'enrichissement de quelques gueux, cela (sans emphase, et sans outrer l'importance de l'incident) valait d'éveiller les consciences, de ranimer les mémoires, de stigmatiser, comme il convient, le crime de lèse-patrie, de lèse-humanité qui fait verser le sang des uns pour assurer de l'or aux autres!

Assez!

LA « NUIT DU DESTIN »

Pour Georges Clémenceau.

29 février, 1896.

C'est le vingt-septième jour du mois de Rhamadan, le soir solennel où Allah, dans les nues profondes, décide, pour l'an qui va suivre, des destins de son peuple...

Que sera sa volonté ? Etendra-t-il le pouvoir du Croissant sur l'immonde giaour, sur le chrétien exécré ? Lui plaira-t-il, au contraire, d'épurer la foi des fidèles à la flamme de l'épreuve ? Laissera-t-il intervenir l'Occident, sans déchaîner sur lui ses fléaux ? Subira-t-il la muette audace des suppliciés, se refusant à renier Jésus ; et du Pape blanc, étendant la bénédiction de ses mains pâles sur tous ces fronts ensanglantés ? Souffrira-t-il qu'un schisme moral se produise au sein des mosquées ; et que la Jeune Turquie, baignée d'aurore, l'olivier au bras comme un lys de vierge, terrasse, sous ses pieds nus, le dragon du fanatisme, le démon de la cruauté ?

C'est le secret du ciel muet, du ciel étoilé. Allah est Dieu ; et Mahomet est son Prophète !

Aussi, est-ce par cette dernière intercession qu'on espère conjurer le mauvais sort. Et c'est le Commandeur des Croyants, lui-même, la Lumière d'Orient, l'Ombre de Dieu, Sa Hautesse Abdul-Hamid, qui doit, quittant son palais d'Yldiz-Kiosk, s'en aller à Sainte-Sophie, au Vieux-Sérail, solliciter, des reliques du Prophète, prospérité et gloire pour l'Islam.

Ce seul jour, il sort.

Voilà donc plus d'une semaine que des gens rôdent à travers les casernements, épient, s'informent, enquièrent.

— Soldat, qui est la belle de ton officier? Soldat, qui reçoit-il? Où va-t-il? Que fait-il? D'où viennent ses lettres ; et que sont ses livres?

Tout est scruté, soupçonné, surveillé. On fouille les malles : et les consciences! C'est la police qui s'assure du zèle, du loyalisme de l'armée... Abdul-Hamid va sortir!

Il doit, du crépuscule tombé à l'aube levante, méditer sur ses fautes; et les expier par son repentir, et les racheter par ses prières. Or, le voici qui monte, non au seuil de sa demeure, mais au fin fond des cours, dans la voiture fermée, encadrée, cernée, qui va, au galop, franchir la grille, et, dans le ruban de route vidé, triplement liseré de janissaires, gagner Dolma-Bagtché, lieu d'embarquement.

Regardez : le Bosphore en fête a des reflets d'incendie! Ecoutez, dans le tonnerre des roues, le rappel des rhythmes — un écho des *Orientales*, qu'apporte vent d'Arménie :...

> La flamme, par ton ordre, ô Roi, luit et dévore.
> De ton peuple, en grondant, elle étouffe les cris;
> Et, rougissant les toits comme une sombre aurore,
> Semble, en son vol joyeux, danser sur leurs débris.

*
* *

Dans le caïque à vingt-quatre rames, le Sultan est descendu. Il trône sous le dais aux quatre colonnes d'or, dont les draperies en soie écarlate, de blanche soie doublée, scintillent d'inscriptions brodées, de versets du Coran. A ses pieds, sur l'amoncellement des coussins, des tapis de fine laine, le Grand-Vizir s'accroupit — tout-puissant humilié.

Pas un vaisseau, pas une barque, qui n'ait l'air, dans l'ombre, avec la mâture entrevue toute surchargée de lanternes, d'un arbre ayant, pour fruits, des clartés : d'un sapin mort de Noël !

Au loin, sur les quais, le peuple accouru, le peuple entassé : trois ou quatre cent mille musulmans, anxieux d'entrevoir le Maître, le Chef des Croyants...

La lourde embarcation s'ébranle, dans un léger clapotis d'élan. L'autre caïque, derrière, contient la famille impériale, les tragiques « gêneurs », fils, frères, à demi captifs, et que le flot semble escorter, comme le squale suit le navire.

Après, ce sont les Ministres — quel fut le sort de ceux d'antan, quel sera le destin de ceux-là ? Ensuite, l'interminable défilé des fonctionnaires, chamarrés de décorations, et des bouffons, chamarrés de paillettes ; des devins comme vêtus de prismes, et des eunuques constellés de joailleries.

Les treize barques, sur l'onde lumineuse de reflets, évoluent telles qu'un serpent fabuleux aux écailles de pourpre et d'azur, laissant derrière soi un long sillage, plus lumineux encore.

C'est toute la magie et tout le mystère de l'Orient qui passe, les Mille et une Nuits du harem et de la conquête

— en cet homme seul, aux prunelles inquiètes, le front barré d'un pli soucieux.

C'est que, dans la pénombre fantastique, au delà des clartés, au delà du populaire, les choses prennent des aspects troublants. C'est que les vagues se lamentent, ainsi que des voix. C'est qu'il a passé, oui, au zénith nocturne, comme un vol d'oiseaux noirs, poussés par le vent d'Erzeroum.

> Le meurtre aux mille bras comme un géant se lève ;
> Les palais embrasés se changent en tombeaux ;
> Pères, femmes, époux, tout tombe sous le glaive ;
> Autour de la cité s'appellent les corbeaux.

. . .

Dans la mosquée, ainsi qu'un homme talonné par sa hantise, le Sultan-Calife est vite entré.

Le voici devant les reliques du Prophète ; le voici, pour des heures, isolé du restant des humains ; en tête-à-tête avec sa conscience, sous la coupole géante emplie, malgré tout, de ténèbres évocatrices.

Au dehors, le silence s'est fait. La multitude s'est retirée, comme, à la marée basse, le flot décroît, avec un bruit sourd. Le tumulte de la cohue s'évapore en chuchotements, tandis que s'éloigne, sur les dalles, la marche alanguie des pieds nus, ou la traînée des babouches.

Abdul-Hamid est venu, non pour prêter l'oreille à ces échos profanes, mais pour « se repentir de ses fautes ». L'année a été longue — et lourde ! Que de soucis ! Que le sceptre est pesant ! S'il n'était le glaive à la maintenir, qu'adviendrait-il de sa souveraineté ?

Le glaive !... Qui a remué dans l'obscurité, là ? Qui bouge ? Qu'est ce murmure qui s'élève, apporté, lui aussi, sur l'aile du vent : du vent de Diarbekir ?

— Sultan Abdul-Hamid, regarde-nous! Emplis ta vue de notre beauté et de notre souffrance. Vois les plaies de nos flancs et les larmes de nos yeux. Nous sommes les servantes du Christ, torturées en ton nom, livrées à ta soldatesque, tuées dans les supplices, parce que nous refusions d'abdiquer notre foi. Nous sommes les cinquante fillettes d'Arabkir, brûlées vives après le viol! Nous sommes les femmes de Sassoum, qui préférèrent, innombrables, le suicide à la honte, et se jetèrent dans les abîmes! Nous sommes le troupeau plaintif des faibles créatures sabrées, souillées, mutilées, éventrées, sous ton règne, ô Sultan, d'après le signe de ta dextre, à l'abri de ton étendard!

> Les mères ont frémi! les vierges palpitantes,
> O calife! ont pleuré leurs jeunes ans flétris,
> Et les coursiers fougueux ont traîné hors des tentes
> Leurs corps vivants, de coups et de baisers meurtris!

. . . .

— Gloire à Dieu, au plus haut du ciel, et paix soit, sur la terre, aux hommes de bonne volonté! Sultan Abdul-Hamid, envisage nos spectres défigurés! Nous étions les mandataires du Christ de douceur et de miséricorde : on a arraché l'hostie du tabernacle, et le prêtre de l'autel; on a bu le vin de l'orgie, et la saoûlerie du carnage, dans les vases consacrés. Voici Ter-Petros Ter-Kasarian, écorché vif! Voici le desservant de Brochentz, écorché vif aussi, puis dont le cadavre fut empaillé! Voici le prêtre de Bousséyid, décapité; le prêtre de Schmal, poignardé; l'archimandrite et les moines du couvent de Magapayetzvotz, exterminés! Et tant d'autres, tant d'autres... que les marbres de ton palais ne suffiraient pas à en inscrire les noms!

Vois d'un vaste linceul la ville enveloppée ;
Vois ! quand ton bras puissant passe, il fait tout plier.
Les prêtres qui priaient ont péri par l'épée,
Jetant leur livre saint comme un vain bouclier !

. . . .

— Nous sommes les chétives âmes à peine écloses. As-tu des enfants dans ta maison ? Alors, pourquoi nous as-tu laissé faire tant de mal que, depuis le roi Hérode, il n'était souvenir d'un tel massacre d'innocents ? Nos fronts ont été brisés contre les murailles ; on a mis nos frêles corps en haut des baïonnettes ; on nous a crevé les yeux, coupé les oreilles, les pieds, les mains... et quand les plus grands criaient trop : « Maman ! » on achevait de les tuer en les jetant dans les brasiers.

Les tout petits enfants, écrasés sous les dalles,
Ont vécu : de leur sang le fer s'abreuve encor...

Ton peuple baise, ô Roi, la poudre des sandales
Qu'à ton pied glorieux attache un cercle d'or !

LETTRE DE TOUS LES TEMPS

SEVERA CECILIUS AU POÈTE DAMASE

(Henry Bauer)

Pour le même.

A toi, très cher frère én N.-S. J.-C., salut !

Je te dirai tout d'abord que l'étranger à qui tu avais confié tes tablettes, pour m'être remises, s'est acquitté fidèlement de la mission. A l'heure que voici, il a repris sa route ; après avoir passé une nuit dans ma demeure et partagé mon repas, sans que je sache de lui autre chose que la formule d'invocation où figurait ton nom. Je l'ai, à mon tour, adressé à Domitien, du village de Naïes. Il lui dira, comme il te l'a dit, à toi, de la part de quelqu'un que j'ignore : « Gloire à Dieu le Père tout-puissant et au Christ, son fils, mort et ressuscité pour les péchés du monde ! » Puis, il ajoutera : « Je suis envoyé vers toi par Severa Cecilius, la fille du tribun Vella. » Ainsi, tu peux être assuré qu'il recevra aide, assistance, et protection ; sans qu'il lui soit demandé davantage ni qui il est, ni quels sont ses desseins. Car c'est vendre l'hospitalité qu'exiger, ou tenter de surprendre, le secret de l'hôte.

Cependant, te l'avouerai-je, celui-ci, sans m'induire en péché de curiosité, m'a inspiré quelque inquiétude. Son front était bien farouche... et il se signait du poing, comme les Daces convertis. Que le ciel le garde, le détourne des actes cruels, lui accorde d'être en exemple seulement par l'injustice de son sort ! Toi, moi, Domitien, ceux qui nous précédaient, ceux qui nous imiteront, avaient pour seul devoir d'ouvrir leur porte, de rompre leur pain, de partager leur manteau. Nous l'aurons accompli — l'avenir est à Dieu !

J'insiste sur ces choses, parce que la persécution s'aggrave, parce que le cercle se rétrécit, autour non seulement des fanatiques et des zélés, mais des tièdes, des indifférents, même des païens tentés de se montrer tolérants ou secourables. Si la peine de mort semble réservée aux violents, le plus dégradant esclavage est applicable désormais aussi bien aux suspects de la pensée qu'aux coupables de l'action. Bientôt, quiconque aura dit que ce mouvement des âmes (si incohérent encore, si entaché de brutal paganisme, en dépit de l'effort des diacres) prend sa source, peut-être, dans la grande misère des pauvres, sera passible de dures peines. Les délateurs pullulent ; des primes, en province voisine, sont promises à qui livrera les évadés ; on parle de bannissement aux régions meurtrières, pour ceux qui n'auront pas refusé asile au proscrit errant...

Tu sais quelle est ma pensée sur le fratricide, fût-il représailles, et combien je suis l'adepte, la servante, du commandement évangélique : « Tu ne tueras point. » Le sang me fait horreur, celui du bourreau surtout — car le nôtre, vin de l'expiation, offrande propitiatoire aux gloires futures, cimentera indissolublement les matériaux de l'Eglise bâtie sur la pierre sacrée !

Cependant, tout mon être se rebelle contre les nouveaux décrets. Ils sont outrage aux dieux d'hier, au Dieu de demain ; à l'humanité entière, atteinte, offensée, dans ce qui fut, est, sera, la rançon de toutes ses faiblesses, de toutes ses fautes : la Pitié sacrée !

Conçois-tu cela, toi, poète, qu'on puisse repousser la main qui se tend, la voix qui implore, parce que l'on craint pour soi-même ; parce que l'on a peur pour sa misérable dépouille charnelle, fiction provisoire, œuvre périssable, pétrie de la fange, retournant au limon ?...

Mais que vais-je t'invoquer ? Et ne riras-tu pas de mes alarmes, toi qui songes, dis-tu, à te dérober ; à quitter la lutte inégale ; à déserter le cirque où, sous les morsures, le chœur va s'affaiblissant ?

Cependant, tu le sais, le devoir — le décrivant trop bien, pour ne point l'avoir compris. Au détour de la route insoucieuse, et la neige des ans commençant à argenter tes tempes, tu l'as rencontré, le mendiant qui est Dieu, avec sa couronne d'épines, et son flanc ouvert. Il a trempé tes doigts dans sa béante blessure ; il a plongé son regard de lumière dans ton âme sceptique, par les trous meurtris de tes yeux...

Et tu as cru ! Visible, tangible, la vérité t'a imprégné jusqu'aux moelles ; tu as marché dans sa voie, la clamant aux incrédules autant qu'il était de ton pouvoir.

Tu n'étais plus seulement le scribe renommé, le critique redouté, l'arbitre du succès ou de l'insuccès des mimes. Quelque chose de plus âpre, de plus profond, une vibration de douleur et d'éloquence résonnait dans tes phrases — le charbon d'Isaïe t'avait vraiment touché les lèvres ; une Pentecôte était survenue : l'esprit songeur des multitudes parlait par ta voix !

Est-ce à cela que tu vas renoncer ? Va, les roses, fleurs éphémères, parfums frivoles, ne méritent pas telle abdication ! Tu les as ramassées, respirées à poignées ; n'es-tu pas las de la monotonie de leur ivresse, de la banalité de leur splendeur ? Et si elles seient au front d'Alcibiade, ne les juges-tu pas déplacées, presque railleuses, sur les cheveux gris ; demain les cheveux blancs d'Anacréon ? A la maturité, à la vieillesse, il faut le laurier ou le chêne... ou l'auréole des martyrs !

Tu ne veux plus l'être, dis-tu ; et, souhaitant t'abuser toi-même, tu vantes les attraits de l'indifférence, les jeunes femmes et les vieux vins. Pauvre homme ! Comme si tu étais libre, maintenant !

En vain, Clélia la brune, Lesbie la blonde, t'offriront le régal de leur chair sans pensée : festin sans épices ! En vain, le Falerne ou le Caprée ruisselleront dans ta coupe, sans cesse vidée, sans cesse emplie ! D'autres hantises obséderont ton rêve ; le plaisir tombera en cendres sous ta caresse, comme un fruit mauvais ; et tu aspireras, tel le cerf aux abois, à l'eau pure des fontaines.

Tu sais, malheureux, tu *sais* — la tunique de Nessus est sur ton dos !

Ne la repousse, ni ne la répudie. Reste avec nous, les doux convaincus, les servants de l'idéal, les rêveurs d'un monde meilleur... ceux qui soulagent, qui consolent, qui excusent ; pour qui le travail est prière, pour qui la prière s'exprime en miséricorde et compassion.

Car, nous aussi, nous avons nos roses ! Seulement, elles fleurissent des tombes ; cachent, sous l'avalanche de leurs pétales, la trace des tortures — rouges elles-mêmes, cependant, toutes rouges... tant de sang les a arrosées depuis que le premier croyant mourut pour sa foi ! Mais qui les respire n'en saurait plus goûter d'autres : leur arome est un philtre saint qui pénètre l'âme des vivants et l'induit en vaillance éternelle !

T'en aller ? Comment le pourrais-tu ? C'est l'heure du péril, les menaces s'accumulent, la foudre va frapper de préférence des innocents. N'est-ce donc pas le moment où quiconque possède une force doit étendre sa droite, faire bouclier de sa poitrine, entre le châtiment aveugle et les irresponsables ? De quelque point du ciel que choie le tonnerre, ne sera-t-il pas beau de s'entremettre, et de crier grâce — lorsqu'il s'agira de sauvegarder l'honneur de l'humanité ?

Ecoute-moi, Damase. Tu es mon aîné et je ne suis qu'une femme... une femme pauvre, puisqu'elle vit de son travail, une pauvre femme puisque la force lui a été refusée. Le peu que je sais, c'est d'avoir entendu parler mon père, Vella, qui défendit les misérables, fut proscrit avec eux, leur consacra l'effort de son intelligence ; le peu que je vaux, je l'ai pris au contact de la plèbe, de ses souffrances, et de ses vertus. Hé bien ! je te le jure, par ce passé qui m'est cher, par cet avenir pour qui nous souffrons, ce n'est pas l'instant des désertions !

Notre rôle est doublement pénible, entre les impatiences des uns, les méfiances des autres ; mais si tu crois comme je crois à l'immortalité du meilleur de notre être, c'est au chiffre des peines qu'est taxée la récompense, la sérénité souveraine où notre survivance s'épanouira !

Qu'importe le reste — l'horreur des ergastules, la hache des licteurs, ou la griffe des lions ! Ne faisons que le bien, et laissons dire aux proconsuls ! Ne tendons qu'au mieux, et laissons faire au destin !

Mais je m'aperçois que ma lettre est bien longue. Il faut m'en excuser ; de ne pouvoir raconter ce que l'on pense, on s'attarde à l'écrire. Ces tablettes te seront remises par quelqu'un de sûr que je ne connais pas, mais qui m'a été envoyé par Tertullius. Fais-lui bon accueil ; et adresse-le, s'il t'est possible, à quelque ami d'Ostie, où je ne connais personne. Il va vers Rome, j'ignore pourquoi... je sais seulement qu'on lui doit le vivre et le couvert, puisqu'il est malheureux.

T'ai-je dit qu'on ne laissait plus, ici, entrer le public au prétoire lorsqu'un chrétien est jugé ; surtout lorsqu'il s'agit d'un éloquent ou d'un érudit, n'ayant ni volé, ni assassiné? Car les réponses émanant de telles personnes pourraient, dans l'auditoire, provoquer des conversions.

T'ai-je dit, aussi, qu'un nouveau délit était créé à l'encontre des irréprochables, envers qui les lois antérieures ne pouvaient rien : celui d' « entente » chrétienne? Qui assiste les détenus, allège les malades, rassure les familles, est déclaré suspect — donc coupable. Comme si l'on ne pouvait aider son prochain pour l'amour de Dieu !

C'est en lui que je te salue, Damase ; le priant qu'il te maintienne en l'esprit d'indépendance ; qu'il me pardonne, si j'ai outrepassé, envers toi, le droit de conseil ; qu'il te garde de l'avis des faibles cœurs, et des embûches de la prudence.

Severa Cecilius.

FIN

TABLE DES MATIÈRES

PRÉAMBULE 1

La dernière leçon. 7
Rousse et noire. 13
Caïn. 21
Les Casseuses de sucre 26
Discipuli. 38

LES MINEURS. 45
   I. — Au puits de la Manu. 47
   II. — Les funérailles. 52
   III. — La Cité des larmes. 58
   IV. — En holocauste. 64

Les Satisfaits. 71
Pour un lapin ! 79
Tueurs de femmes 89
Stambouloff 95
Leur patriotisme ! 101
Moulin-à-café 105
Leur pitié ! 111

L'ANNÉE ROUGE.	119
— L'An des présages.	121
— L'Instigatrice.	128
— Simple récit.	143
— Trois lettres.	151
— L'Insaisissable.	161
— La mort de Vaillant.	170
— « Dieu le veult »	178
— Las-de-Vivre.	183
— La suprématie du savoir.	191
— La Légende du Couteau	196
Lieu d'asile !	203
Dans les chiourmes.	214
Le Christ en Sicile.	220
A comparer	228
Chez les empoisonnés.	233
Cyvoct.	242
La Fin du Tyran.	248
Jean Grave.	254
Coins de bataille	262
La Vérité.	269
Les bienfaits de la Civilisation	274
L'avenir du bon défenseur	287
Lot de coupables.	293
Et le char du 200ᵉ ?.	299
La « Nuit du Destin ».	305
LETTRE DE TOUS LES TEMPS.	313

ÉMILE COLIN — IMPRIMERIE DE LAGNY

www.ingramcontent.com/pod-product-compliance
Lightning Source LLC
Chambersburg PA
CBHW060415170426
43199CB00013B/2144